Stephan Hübler

Rhythmische Musikanalyse und -erkennung

TUD*press*

Studientexte zur Sprachkommunikation
Hg. von Rüdiger Hoffmann
ISSN 0940-6832
Bd. 76

Stephan Hübler

Rhythmische Musikanalyse und -erkennung

TUDpress
2015

Die vorliegende Arbeit wurde unter dem Titel „Rhythmische Musikanalyse und -erkennung“ von der Fakultät Elektrotechnik und Informationstechnik der Technischen Universität Dresden zur Erlangung des akademischen Grades eines Doktoringenieurs (Dr.-Ing.) als Dissertation genehmigt.

Vorsitzender: Prof. Dr.-Ing. P. Schegner, TU Dresden

Gutachter: Prof. Dr.-Ing. habil. R. Hoffmann, TU Dresden
Prof. Dr.-Ing. S. Weinzierl, TU Berlin

Tag der Einreichung: 14. April 2014
Tag der Verteidigung: 12. November 2014

Bibliografische Information der Deutschen Nationalbibliothek
Die Deutsche Nationalbibliothek verzeichnet diese Publikation in der Deutschen Nationalbibliografie; detaillierte bibliografische Daten sind im Internet über http://dnb.d-nb.de abrufbar.

Bibliographic information published by the Deutsche Nationalbibliothek
The Deutsche Nationalbibliothek lists this publication in the Deutsche Nationalbibliografie; detailed bibliographic data are available in the Internet at http://dnb.d-nb.de.

ISBN 978-3-944331-94-2

Verlag der Wissenschaften GmbH
Bergstr. 70 | D-01069 Dresden
Tel.: +49 351 47969720 | Fax: +49 351 47960819
http://www.tudpress.de

Gesetzt vom Autor.
Printed in Germany.

Danksagungen

Mein Dank gilt Prof. Dr.-Ing. habil. Hoffmann für die Betreuung meiner Doktorarbeit sowie die Einführung in Fachkonferenzen, während derer er mich gleichermaßen in die Kultur des Gastgeberlandes einführte. Weiterhin möchte ich mich bei Prof. Dr. Stefan Weinzierl für die Begutachtung meiner Arbeit und den interessanten Austausch bedanken. Zu Beginn meiner Zeit am Institut für Akustik und Spracherkennung der TU Dresden war der erste Ansprechpartner zumeist Prof. Dr.-Ing. habil. Matthias Wolff, dem ich für sein Vorbild als Wissenschaftler danken möchte. Ich hätte wohl gar nicht erst den Weg des Doktoranden eingeschlagen, hätte mich nicht mein Betreuer der Diplomarbeit und spätere Freund Matthias Eichner dazu ermutigt - danke.

Besonders bedanke ich mich bei den Kollegen und Mitstreitern der Professur Systemtheorie und Sprachtechnologie, allen voran Frank Duckhorn - Mitstudent, Wegbegleiter, Zimmernachbar, Freund, Ruhepol und Diskussionspartner. Im gleichen Atemzug möchte ich mich bei Guntram Strecha für das Philosophieren über Signalverarbeitung bis hin zu den großen Fragen des Lebens im Allgemeinen bedanken. Sehr bereichernd für mich waren unsere internationalen Gastwissenschaftler: Joan Ma aus Hongkong - danke für die angenehme und lustige Zeit zusammen im Büro, Yitagessu Birhanu Gebremedhin aus Äthiophien - danke für die Einführung in die äthiopische Kultur, Shota Morita und Yasuaki Kanai aus Japan - danke für die landeskundliche Betreuung während meines Aufenthaltes in Japan und Aymen Kadhi aus Tunesien. Mein Dank gilt den Kollegen Oliver Jokisch, Matthias Kortke, Ullrich Kordon, Steffen Kürbis und Barbara Wrann für die Frühstücksrunden und das angenehme Arbeitsklima.

Dank an meine Band D:PROJEKT für die stetige musikalische Aktivität zum Kopf frei bekommen, sowie Christoph Uschner und Thomas Schob für die Ermutigungen. Ein Dank gilt meinen Eltern für ihre verlässliche Unterstützung und Freisetzung. Der größte Dank gilt meiner Frau Debora, dass sie diese Etappe in meinem Leben ermöglicht und begleitet hat. Sei das die Betreuung unserer Kinder während meiner Auslandsaufenthalte, dem Mut zusprechen in herausfordernden Zeiten oder der praktischen Unterstützung im Korrekturlesen. Gemeinsam werden wir die nächsten Etappen angehen. Schließen möchte ich mit dem Dank an meine beiden Kinder, die unser Leben so bereichern und abwechslungsreich gestalten – Tamira, dem kleinen Sonnenschein und Timon, dem Nachwuchswissenschaftler. Bei ihm war sein Papa immer ein Musikmechaniker. Jetzt ein Doktor der Musikmechanik.

Inhaltsverzeichnis

1 Einleitung

Unser Alltag und unser Leben werden geprägt und begleitet von Musik. Seit Urzeiten ist Musik als Kulturgut ein wesentlicher Bestandteil des menschlichen Zusammenlebens. Wie wichtig Musik auch für die Deutschen ist, geht aus einer Umfrage des Verbandes der Musikindustrie hervor. Demnach hören 84 % der Deutschen in ihrer Freizeit gerne Musik. Bei den Unter-30-jährigen sind es sogar 93 % [Mus12]. Aber wie konsumiert der Deutsche Musik – über Radio, CD, Internet oder andere Quellen? Abbildung 1.1 gibt eine Antwort auf die Frage [Mus12]. Es zeigt sich, dass die

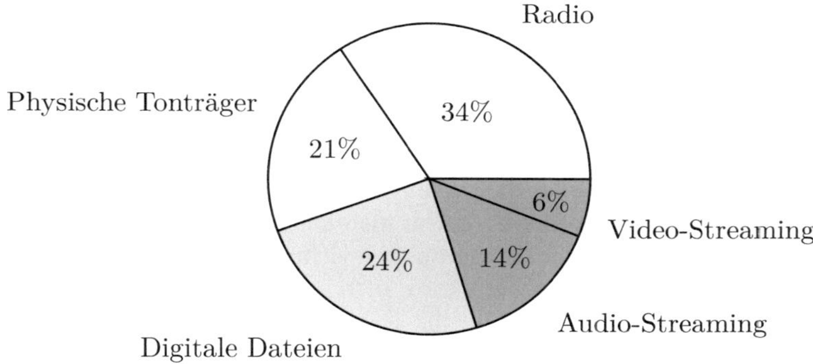

Abbildung 1.1: Hörgewohnheiten in Deutschland: Zeitlicher Anteil des Musikkonsums unter Nutzung verschiedener Medien [Mus12].

Deutschen gerne Radio hören, da es mit 34 % das meistgenutzte Medium ist. Aber auch physische Tonträger wie die CD spielen mit 21 % noch eine große Rolle. Die grau markierten Bereiche der Abbildung 1.1 beschreiben den Bereich der digitalen Musik, welche mithilfe des Computers, Smartphones oder MP3-Players konsumiert wird. Diese Medien können mit Methoden der digitalen Musikverarbeitung sortiert, indiziert, erkannt und verwertet werden. Zu 24 % wird Musik anhand von digitalen Sammlungen in Form von MP3 oder ähnlichen Speicherformaten angehört. Weitere 20 % der Musik werden durch Streaming im Internet, entweder als Audio, zum Beispiel Webradio, oder über Video, zum Beispiel via YouTube, konsumiert. Neueste Trends gehen damit über die eigene digitale Musiksammlung hinaus. Streaming-Services bieten den Zugriff auf tausende Musiktitel. Die private Sammlung und damit der Besitz der Musik entfallen komplett. Momentan werden 6 % der Musik auf diese Weise konsumiert, wobei zwischen Abo-Services mit monatlichen Gebühren (3 %) und kostenfreien Services (3 %) unterschieden werden kann. Kostenfreie Streaming-Services werden gerne in Anspruch genommen, um neue Musik zu finden.

Die Notwendigkeit neuer Technologien der digitalen Musikverarbeitung ist nicht nur im veränderten Musikkonsum, sondern auch in den neuen Möglichkeiten der Produktion und Verbreitung von Musik begründet. Die digitale Aufnahmetechnik ermöglicht es heutzutage jedem Hobbymusiker, seine Musik in der Garage oder im Wohnzimmer am eigenen Computer zu produzieren. Über Internetplattformen, wie Amazon, Itunes, Google Music oder Bandcamp, kann jeder seine Musik zum Verkauf oder zum Verschenken anbieten. Es ist keine Plattenfirma nötig, welche einen mehrstelligen Millionenbetrag in einen Künstler investiert, um ihn einer breiten Masse zugängig zu machen. Bahnbrechend für die digitale Verbreitung von Musik war die Entwicklung des MP3-Formats. Durch dessen Einführung Mitte der 90er Jahre verringerte sich die Dateigröße eines Musiktitels erheblich und ermöglichte den Austausch über das Internet und die massenhafte Speicherung von Musikdaten auf dem eigenen Computer [Mus06].

Die Entwicklung neuer Technologien für die Verarbeitung digitaler Musik, eröffnet die plakative Frage: Wie hört ein Computer Musik? Eine ähnliche Frage stellte sich der Reporter Leon Neyfakh vom Boston Globe im Juli 2012 in seinem Artikel „When Computers listen to music, what do they hear?“ [Ney12]. Der Computer verarbeitet Musik auf eine Art und Weise, die uns als Menschen unmöglich ist. Insbesondere durch die Anwendung statistischer Methoden auf großen Datenmengen können neue Zusammenhänge entdeckt werden. Das so entstandene Forschungsgebiet wird als Music Information Retrieval bezeichnet. Dieses interdisziplinäre Forschungsgebiet vereint Musikwissenschaft, Mustererkennung und Signalverarbeitung [Dow03]. Es ist offensichtlich, dass ein Musikwissenschaftler viele Feinheiten in der Musik hören kann, die als Grundlage für die Entwicklung von Algorithmen nötig sind. Die manuelle Annotation von Musik, z. B. welcher Akkord zu hören ist oder zu welchem Zeitpunkt ein Instrument angespielt wird, ist für die Evaluierung von automatischen Algorithmen nötig. Gleichzeitig kann es aber auch sein, dass der Computer, durch die wenig emotionale Behandlung der als Nullen und Einsen repräsentierten Musik, mittels Algorithmen Zusammenhänge aufdeckt, die vorher nicht sichtbar waren. Die computergestützte Musikwissenschaft macht davon Gebrauch [Hur99, Ari10]. Mögliche Anwendungen der computergestützten Musikverarbeitung sind Musikidentifikation, Musikempfehlung, Suche, Visualisierung und Transkription. Die erste Anwendung, welche der breiten Masse bekannt wurde, war die Musikidentifikation durch Shazam [Wan03]. Im Jahre 2002 ermöglichte Shazam die Identifikation von Musiktiteln, indem der Anwender das Handy für 10 s vor den Lautsprecher hielt, und ihm anschließend der Titel und Interpret des aktuellen Liedes per Kurzmitteilung übermittelt wurde. Weitere Systeme für die Empfehlung von Musik wie Pandora oder Last.fm eröffnen neue Möglichkeiten um, ausgehend von einem Lieblingslied des Nutzers, neue unbekannte Musik zu entdecken [Mag08].

Musik ist ein sehr komplexes Gebilde und kann aus unterschiedlichen Blickwinkeln betrachtet werden. Tabelle 1.1 stellt sieben Aspekte vor [Dow03]. Der tonale Aspekt beschreibt einen einzelnen Ton in der Musik, welcher durch seine Grundfrequenz charakterisiert wird. Mehrere gleichzeitig gespielte Töne, wie beim Anspielen eines Akkordes, bestimmen die Harmonie. Ein Musikstück entsteht in einem Orchester oder in einer Band durch das Zusammenwirken verschiedener Instrumente. Den Hörer erreicht

Aspekt	Bedeutung
Ton	Ein einzelner Sound in der Musik, welcher durch die Grundfrequenz beschrieben wird.
Harmonie	Mehrere Töne, zur gleichen Zeit gespielt, ergeben einen Akkord.
Klang	Gesamter Höreindruck, welcher maßgeblich durch die beteiligten Instrumente bestimmt wird.
Zeit	Die rhythmische Struktur von Musik.
Editor	Instruktionen vom Komponisten für den Musiker.
Text	Die Lyrik eines Musikstückes.
Bibliographie	Metadaten eines Musikstückes über den Urheber, Künstler, Musiktitel, Verlag, usw.

Tabelle 1.1: Aspekte von Musik nach [Dow03].

ein vielschichtiger und sehr komplexer Klang. Dazu kommt eine weitere Dimension: die Zeit. Musik entfaltet sich in der Zeit; es entsteht ein vergängliches Konstrukt. Oftmals erinnert uns gerade der Rhythmus an ein bestimmtes Lied, wie der wohl allseits bekannte Rhythmus des Liedes „We will rock you“ von der Band Queen aus dem Jahre 1977. Bereits Generationen haben dazu im Wechsel auf die Knie und in die Hände geklatscht und lautstark den Refrain mitgesungen.

Zu den Merkmalen des Musiksignals führt Stephen Downie noch drei weitere Aspekte von Musik auf. Instruktionen an den Musiker kann der Komponist eines Werkes im Notenblatt vermerken. Als Beispiel sei an dieser Stelle das ritardando zum Verlangsamen des Tempos am Ende eines Musikstücks genannt. Der Sänger einer Band oder einer Oper singt zumeist einen lyrischen Text, welcher ein weiterer Aspekt von Musik ist. Zu guter Letzt besitzt jedes Musikstück bibliographische Daten, wie Titel, Interpret, Erscheinungsjahr usw., welche als Metadaten abgelegt werden.

1.1 Das Forschungsgebiet Music Information Retrieval

Das Forschungsgebiet Music Information Retrieval (MIR) beschäftigt sich mit Methoden zum Auffinden gewünschter Informationen innerhalb von Musikstücken und Musikdatenbanken, sowie der Manipulation von Musik und deren automatischen Erzeugung. Der Begriff könnte mit automatischer Musikanalyse, Musikinformationsgewinnung oder Musikverarbeitung übersetzt werden. Jedoch hat sich auch im Deutschen der englische Begriff Music Information Retrieval durchgesetzt [Mü10]. Erste Veröffentlichungen gehen zurück in die 60er Jahre, als Michael Kassler den Begriff MIR für seine Programmiersprache einführte, mit deren Hilfe er musikwissenschaftlichen Fragestellungen nachging [Kas66]. Erst um die Jahrtausendwende hat das Forschungsgebiet, bedingt durch die Möglichkeiten der massenhaften digitalen Verbreitung und Konsumierung von Musik, einen enormen Aufschwung genommen. Im Jahre 2000 fand die erste Konferenz der International Society of Music Information Retrieval (ISMIR) statt [Dow09]. Einen guten Einstieg in die Herausforderungen des interdisziplinären Gebietes gibt Donald Byrd in seiner Veröffentlichung aus dem Jahre 2002, wo er insbesondere auf die komplexe Wahrnehmung und Verarbeitung von Musik durch den Menschen, als auch auf die Skalierbarkeit der Anwendungen auf große Datenmengen eingeht [Byr02].

Das Forschungsgebiet ist so vielschichtig wie das Medium Musik selbst. Drei unterschiedliche Gruppen sind an MIR-Technologien interessiert: a) die Musikindustrie, welche Musik produziert und verwertet, b) Konsumenten, die Musik nach ihrem Geschmack finden möchten und c) Fachleute, die sich beruflich mit Musik beschäftigen, sei es als Musiker, Lehrer oder Musikwissenschaftler [Typ05]. Aus den speziellen Anforderungen dieser Gruppen an die MIR-Technologie ergeben sich eine Vielzahl von Arbeits- und Anwendungsgebieten. Die meisten vorgestellten Anwendungsgebiete sind aktive Forschungsbereiche, für die es im Rahmen des Music Information Retrieval Evaluation eXchange (MIREX) jährliche Evaluierungen der besten Systeme auf dem jeweiligen Gebiet gibt [Dow08, Cun12].

Leider kann eine schriftliche Arbeit, auch wenn sie zum Thema Musik ist, keine Musik abspielen. Deswegen sei an dieser Stelle empfohlen, sich das Lied *Message in a Bottle* von der Band The Police anzuhören [tap14]. Hierbei handelt es sich um den ersten Nummer-1-Hit der Band um den Bassisten Sting aus dem Jahre 1979. Zur Zeit der Veröffentlichung war das Medium der Wahl eine 7-Inch-Vinylplatte. Der Musikliebhaber ging in den Plattenladen, um sich die aktuelle Scheibe zu kaufen. Musikaufnahmen waren teuer und nur in gut ausgerüsteten Studios mit analoger Aufnahmetechnik durchführbar. Das Lied beginnt mit einem markanten Gitarrenriff, begleitet von einem treibenden Schlagzeugrhythmus. Die typische hohe Stimme von Sting setzt zusammen mit dem Bass ein. Ein deutlicher rhythmischer Wechsel markiert den Übergang zum rockigen Refrain. Das Lied wird im Folgenden zur Vorstellung verschiedener MIR-Anwendungen verwendet.

1.1.1 Musikrepräsentationen

Ein Musikstück kann auf dreierlei Weise repräsentiert werden. Erstens als akustisches Signal, welches durch Abspielgeräte über Lautsprecher wiedergegeben werden kann, zweitens durch Formen der Notation, wie zum Beispiel eine Partitur, und drittens durch das Musikstück beschreibende Attribute. Dabei ermöglichen nur das Signal und die Notation eine vollständige Beschreibung des Musikstücks. Attribute sind das Musikstück beschreibende Textbausteine.

Signal

Die aufwendige analoge Aufnahmetechnik auf Magnetbändern ist in den meisten Tonstudios durch die digitale Technik verdrängt worden (auch wenn einige Musiker und Produzenten weiterhin auf die analoge Technik schwören). Beide Techniken haben Vor- und Nachteile, wobei der analogen Aufnahme mehr Wärme nachgesagt wird. Da Musik zumeist im digitalen Audioformat vertrieben wird, und zudem die Qualität der

Computeralgorithmen zur digitalen Musikverarbeitung in den letzten Jahren enorm verbessert wurde, überwiegen die Vorteile der digitalen Musikverarbeitung. Auch die in dieser Arbeit vorgestellten Algorithmen sind rechnergestützt und damit ausschließlich für digitale Audioformate bestimmt.

Die Überführung eines analogen Signals in ein digitales erfolgt mittels Abtastung. Maßgebliche Parameter sind dabei die Abtastfrequenz f_A und die Anzahl der Quantisierungsstufen. Bei der CD beträgt die Abtastfrequenz $f_A = 44{,}1\,\text{kHz}$. 16 bit ermöglichen $2^{16} = 65.536$ Quantisierungsstufen des Signals. Abbildung 1.2 zeigt 10 s des abgetasteten Musiksignals *Message in a Bottle*. Bei 44,1 kHz wird das Signal mit 44.100 Abtastwerte pro Sekunde abgetastet. Bei der feinen zeitlichen Auflösung wird sichtbar, dass es sich um zeitdiskrete Werte mit äquidistantem Abstand und wertdiskreten Amplituden handelt. Das Verfahren der Digitalisierung für die CD ist unter dem Namen Pulse Code Modulation (PCM) bekannt und wird auch in der digitalen Telefonie oder der digitalen Musikverarbeitung im Computer verwendet. Um PCM-Rohdaten zu

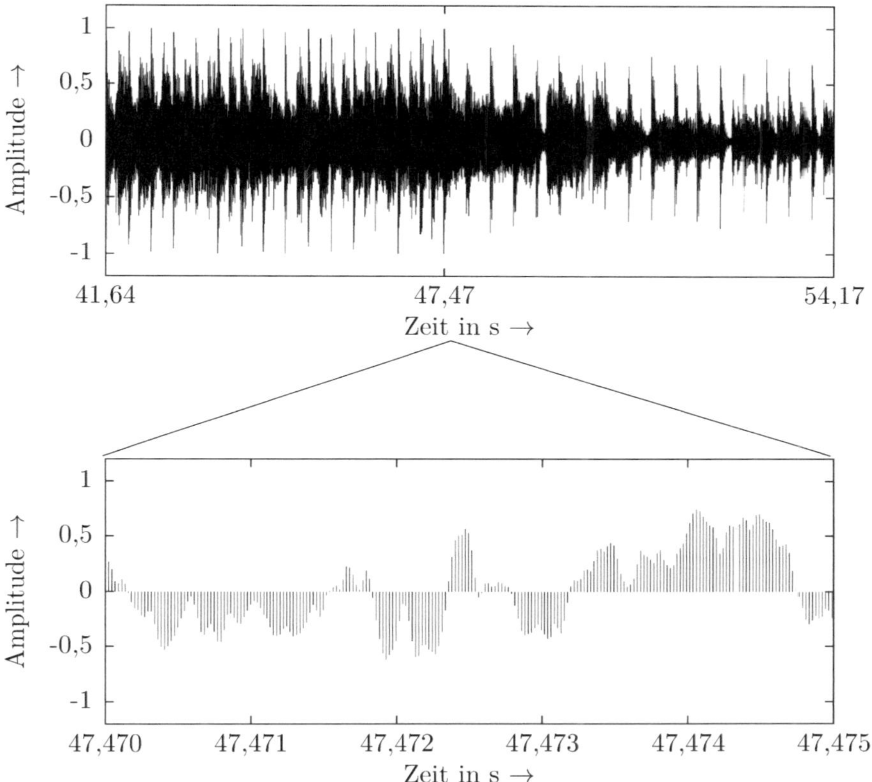

Abbildung 1.2: Digitales Signal von *Message in a Bottle* am Ende des Refrains. Durch die feine zeitliche Auflösung im unteren Teil wird deutlich, dass es sich um zeit- und wertdiskrete Abtastwerte handelt.

speichern existieren zahlreiche Dateiformate, wobei das bekannteste wohl das WAVE-Format ist. Das WAVE-Audioformat ist ein Containerformat, welches i.d.R. drei Abschnitte besitzt. Zunächst eine Kennung, einem Formatabschnitt mit Informationen über die Art der Digitalisierung, die Anzahl der Kanäle (Mono, Stereo), Abtastrate und Anzahl der Quantisierungsstufen und abschließend die Abtastwerte des Signals. Das Lied *Message in a Bottle* mit einer Dauer von 4:31 min ergibt im WAVE-Format bei CD-Qualität eine Dateigröße von 49,0 MB.

Um die Dateigröße zu reduzieren existieren verschiedene Komprimierungsverfahren wie z. B. das MP3-Format. Unter Ausnutzung der psychoakustischen Eigenschaften des Gehörs kann die Dateigröße, ohne für das Ohr wahrnehmbare klangliche Einbußen, deutlich reduziert werden. Das Lied *Message in a Bottle* ist als MP3-Datei bei einer Datenrate von 128 kbit/s noch 4,4 MB groß. Der Faktor zehn der Dateigröße gegenüber dem verlustfreien WAVE-Format erklärt, warum die massenhafte Verbreitung von MP3-Dateien im Internet möglich wurde. Es existieren zahlreiche weitere verlustbehaftete digitale Dateiformate wie AAC (iTunes), WMA (Windows Media Player) oder Ogg-Vorbis.

Beim Abspielen eines Signales durch den Lautsprecher werden die Signale wieder in den analogen Bereich überführt. Um ein korrektes Signal zu erhalten, muss bereits bei der Abtastung das Nyquist-Theorem eingehalten werden. Das Nyquist-Theorem besagt, dass die maximale Frequenz im Signal kleiner sein muss als die halbe Abtastfrequenz. Um die Bedingungen des Nyquist-Theorems zu erfüllen, werden mithilfe eines Tiefpasses alle Frequenzen oberhalb der halben Abtastfrequenz im Signal entfernt. Bei dem CD-Standard mit $f_A = 44{,}1\,\text{kHz}$ werden dementsprechend Frequenzen oberhalb von 22,05 kHz entfernt. Für eine detaillierte Behandlung der Digitalisierung von Signalen sei auf [Hof98] verwiesen.

Notation

Musik kann mithilfe von Noten nieder geschrieben werden. Diese symbolische Form kann ein Musiker auf seinem Instrument umsetzen. In der gebräuchlichen modernen westlichen Notation ermöglichen fünf Notenlinien das Einordnen von Tönen bezüglich ihrer Tonhöhe. Der Abstand zweier Notenlinien entspricht einer Terz. Der Notenschlüssel zu Beginn einer Notenlinie legt den Referenzton einer bestimmten Linie fest. Außerdem wird die Tonart durch die Vorzeichen bestimmt. Die zeitlichen Eigenschaften werden durch verschiedene Notenwerte und Pausen umgesetzt. Die Anzahl der Schläge pro Takt wird durch die Taktart festgelegt. Zusätzlich befinden sich im Notenblatt Hinweise zur Interpretation (zum Beispiel Lautstärke) und eine Tempoangabe. Werden die Noten von verschiedenen Instrumenten untereinander mit jeweils fünf Notenlinien notiert, so spricht man von einer Partitur. Ein Ausschnitt der Klavierpartitur von *Message in a Bottle* ist in Abbildung 1.3 zu sehen. Auch Schlagzeug kann notiert werden, wobei jede Trommel einer Notenhöhe mit einem bestimmten Symbol zugeordnet wird, da die Trommeln selbst keine Tonhöhe besitzen. Zum Austausch von Daten zwischen Notensatzprogrammen und der Verbreitung im Internet wurde das MusicXML-Dateiformat entwickelt [Goo01]. Bis zu diesem Zeitpunkt stellte jeder Anbieter von Noten ein proprietäres Format mit eigener Software zur Verfügung.

Abbildung 1.3: Notenbild der Piano Partitur von *Message in a Bottle* am Ende des Refrains des Anbieters Musicnotes [Mus13]. Zusätzlich zu den Noten und Pausen sind die Akkorde mit Griffen angegeben.

Was MusicXML als Standard für den Austausch von Partituren und Notenblättern darstellt, hatte bereits in den 90er Jahren das Musical Instrument Digital Interface (MIDI) für elektronische Instrumente erreicht [MID96]. Bei der MIDI-Schnittstelle handelt es sich um ein Datenübertragungsprotokoll mit Steuerinformationen zur Kommunikation zwischen elektronischen Musikinstrumenten wie Keyboard oder Synthesizern [Rot92]. Zum speichern dieser Daten existiert ein eigenes Dateiformat. Als symbolische Repräsentation für Notenblätter ist es unzureichend, da zum Beispiel Pausen nicht explizit angegeben werden können. Für die Darbietung und den Austausch von Befehlsdaten für elektronische Elemente war es bahnbrechend [Goo01]. In Musikprogrammen wird das MIDI-Format durch die Piano-Roll Ansicht wie in Abbildung 1.4 zu sehen, visualisiert. Dabei werden die einzelnen Noten als Blöcke dargestellt. Ihnen kann Lautstärke, Dauer und ein Instrument zugeordnet werden.

Eine MIDI-Datei besteht aus Tracks. Ein Track ist ein Container, welcher Steuerinformationen zusammenfasst und auch als Kanal bezeichnet wird. Das General-MIDI-Format, eine weitere Konkretisierung des MIDI-Formates, hat sechzehn Kanäle, wobei auf Kanal zehn stets das Schlagzeug zu finden ist. Damit ergibt sich die Möglichkeit, sechzehn Instrumente gleichzeitig spielen zu lassen. Das General-MIDI-Format definiert 128 Instrumente, welche ein Abspielgerät zur Verfügung stellen muss. Die Time Division einer MIDI-Datei gibt die Anzahl der Abschnitte an, in die ein Grundschlag unterteilt wird und bestimmt damit die mögliche zeitliche Auflösung der Steuerinformationen. Die Steuerinformationen, als Events bezeichnet, unterteilen sich in drei

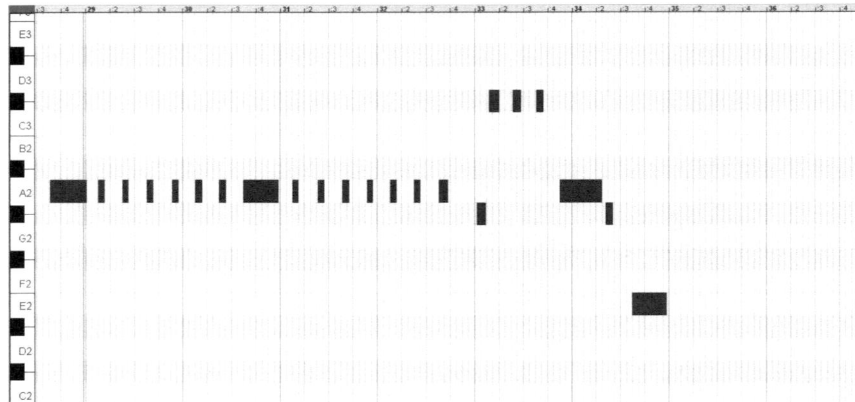

Abbildung 1.4: MIDI Piano Roll der Melodie von *Message in a Bottle* am Ende des Refrains. Einzelne Noten werden als Blöcke angegeben [Mag07].

verschiedene Typen:

1. MIDI-Channel Events: Beinhalten musikalische Informationen zu Noten, Instrumenten, Lautstärke und der Regelung verschiedener Controller.
2. Meta Events: Informationen welche nicht über einen MIDI-Port gesendet werden, aber zum Speichern in einer Datei nötig sind wie Tempo, Taktart und Copyright.
3. System Exclusive Events: Systemnachrichten von Herstellern zur Kommunikation und Kontrolle firmeneigener Hard- und Software.

Jedes MIDI-Channel Event beinhaltet eine Zeitangabe, den MIDI-Kanal für den das Event bestimmt ist, eine Angabe über den Eventtypen und dessen mögliche zwei Parameter. Die möglichen Eventtypen sind Note Off, Note On, Note Aftertouch, Controller, Program Change, Channel Aftertouch und Pitch Bend [Spo07]. Gesang kann nicht gespeichert werden. Die Gesangsmelodie wird zumeist durch ein Instrument repräsentiert. Durch Synthese ist es möglich, ein Audiosignal zu erzeugen.

Attribute

Die dritte Repräsentation ist keine vollständige Beschreibung des Musikstücks, sie ordnet dem Musikstück lediglich textuelle Informationen zu – im Englischen als bag-of-words bezeichnet [BM10]. Am bekanntesten sind wohl die Metadaten, welche einem jeden Stück bereits während der Produktion zugewiesen werden. Dabei handelt es sich um Attribute wie Albumtitel, Songtitel, Interpret, Komponist und Länge des Musikstücks. Sie werden von verschiedenen Datenbanksystemen wie gracenote, freedb oder musicbrainz verwaltet, gespeichert und angeboten. Dabei wird bereits deutlich, dass keine zentrale Verwaltung von Metadaten existiert und verschiedene Programme, welche zum Beispiel die Musikstücke einer CD in MP3-Dateien umwandeln, auf verschiedene Datenbanken zugreifen. Adrian Freed hat verschiedene Fehler in den Metadaten, ihre Ursachen und ihre Verbreitung analysiert [Fre06]. Er benennt unter anderem die teilweise unpassenden Strukturen der Datenbanken, sowie die fehlenden Möglichkeiten von Korrekturen durch den Nutzer. Tabelle 1.2 zeigt die Metadaten des Stückes *Message in a Bottle* von `www.musicbrainz.org`. Das MP3-Dateiformat ermöglicht über die ID3-Tags (Identify an MP3) das Speichern der Metadaten in der Musikdatei. Ein Tag ist ein Schlagwort zur thematischen Einordnung und Beschreibung eines Musikstücks.

Name	**Wert**
Album	Reggatta de Blanc
Title	Message in a bottle
Arranger	The Police
Engineer	Nigel Gray
Mastering	Dave Collins
Producer	Nigel Gray, The Police
Composer	Sting
Lyrics	Sting
Length	04:52
Label	A&M Records
Date	1979

Tabelle 1.2: Metadaten von *Message in a bottle* des Anbieters musicbrainz [Mus14].

Metadaten sind der herkömmliche Ausgangspunkt zur Organisation von Musiksammlungen. Neben diesen Fakten kann ein Musikstück weiterhin durch Instrumentierung, Tempo, Taktart, Genre oder Stimmung beschrieben werden [Cas08]. Dabei ist der Übergang von objektiven zu subjektiven Attributen fließend. Ist die Instrumentierung zumeist noch eindeutig, so ist die eindeutige Zuordnung eines Genres bereits schwierig [McK06, Sor08]. Die Ermittlung von Attributen aus dem akustischen Signal oder den symbolischen Daten ist wie eine Einbahnstraße, denn aus den Attributen lässt sich das Musikstück nicht erneut generieren. Attribute dienen als Grundlage für viele Anwendungen des MIR, da mächtige Datenbanksysteme und Operationen für die textuelle Verarbeitung zur Verfügung stehen.

Attribute, welche von den Musikhörern vergeben werden, sind subjektiv und kulturell beeinflusst. Tabelle 1.3 zeigt die von Nutzern des Internetportals `www.lastfm.com` vergebenen Tags für das Lied *Message in a Bottle*. Insgesamt wurden 60 Tags vergeben. Durch die Möglichkeit, Attribute frei zu vergeben, unterscheiden sich manche nur in der Schreibweise wie *pop rock/ pop-rock* oder *love/ loved*. Einige Tags wie *1979* oder *the police* stimmen mit den Metadaten überein. Bereits über das Genre gibt es verschiedene Ansichten der Nutzer, wie die Tags *alternative-rock*, *new wave*, *pop*, *ska* und *reggae* belegen. Einige Tags sind sehr spezifisch wie *groove based composition*, *minor key tonality* oder *upbeat* und einige, wie *awesome*, *catchy* oder *legendary* recht subjektiv und damit nur schwer durch automatische Klassifikation zu bestimmen.

Nr.	Tag	Nr.	Tag	Nr.	Tag
1	1979	21	english	41	party
2	1980s	22	extensive vamping	42	police
3	70s	23	favorite songs	43	pop
4	77davez-all-tracks	24	favorites	44	pop rock
5	80's	25	favourites	45	pop-rock
6	80s	26	groove based composition	46	post-punk
7	80s pop	27	guitar hero	47	progressive rock
8	alternative	28	guitar hero 2	48	prominent drums
9	alternative-rock	29	guitar hero ii	49	punk
10	awesome	30	indie	50	reggae
11	british	31	legend	51	rock
12	catchy	32	legendary	52	rock band
13	classic	33	love	53	ska
14	classic rock	34	loved	54	soft rock
15	classics	35	male vocalist	55	sting
16	dance	36	male vocalists	56	summer
17	dance the dream with your body on	37	message in a bottle	57	the police
18	driving	38	minor key tonality	58	the police - message in a bottle
19	electric guitar riffs	39	new wave	59	uk
20	energetic	40	oldies	60	upbeat

Tabelle 1.3: Von Nutzer des Internetportals Last.fm vergebene Tags des Liedes *Message in a Bottle* [Las14].

1.1.2 Überführung der Repräsentationen

Zahlreiche Anwendungen des Music Information Retrieval beziehen sich auf ein Musikstück und dessen unterschiedliche Repräsentationen. Dabei geht es zum einen um die Umwandlung des Musikstücks zwischen den beiden Repräsentationen Signal und Notation, und zum anderen um die Gewinnung von Attributen aus Signal und Notation. Abbildung 1.5 zeigt die drei unterschiedlichen Repräsentationen eines Musikstücks und die damit verbundenen Anwendungen.

Nur zwischen dem Signal und der Notation ist eine nahezu äquivalente Umwandlung möglich. Der Vorgang der Umwandlung zwischen Signal und Notation wird als Transkription bezeichnet. Die Transkription gilt nach wie vor als Königsdisziplin in der Musikverarbeitung und ist insbesondere für polyphone Musik noch nicht voll-

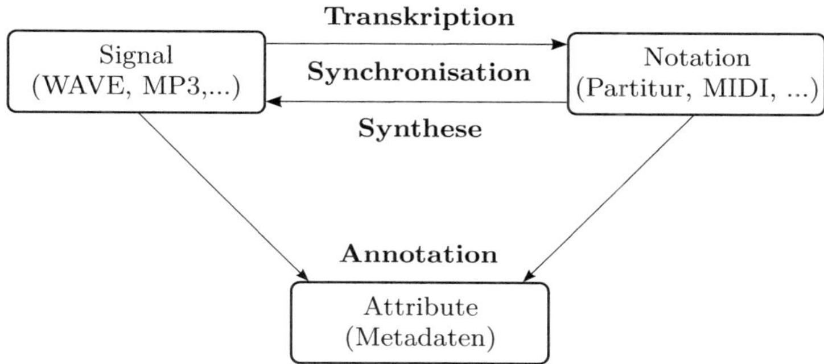

Abbildung 1.5: Verschiedene Repräsentation eines Musikstücks und die damit verbundenen MIR-Anwendungsgebiete.

ständig gelöst. Der Transkriptionsprozess ist sehr vielseitig und teilweise mehrdeutig, da für gleiche Sachverhalte unterschiedliche Notationen möglich sind. Vielfältige Teilaufgaben sind für die Transkription zu lösen, darunter fallen die Bestimmung von Akkorden, Melodie, Tonart, Tempo, Rhythmus, Metrik und Taktart. Eine Auflistung der Teilaufgaben, einschließlich Erklärung und Einstiegsliteratur, ist in Tabelle 1.4 zu finden. Liegt ein Musikstück sowohl als Signal als auch als Notation vor, so ist es Aufgabe der Synchronisation, die verschiedenen Modalitäten zeitgleich abzuspielen. Auf diese Weise ist es zum Beispiel möglich, ein Musikstück anzuhören, während gleichzeitig am Computerbildschirm ein Cursor den aktuellen Zeitpunkt im Notenbild markiert. Durch Synthese ist es möglich, aus der Notation, wobei hier vornehmlich das MIDI-Format zu nennen ist, ein Signal zu erzeugen.

Der Prozess der Informationsgewinnung aus einer der beiden Repräsentationen Signal oder Notation wird als Annotation bezeichnet. Dabei geht es um die Gewinnung von Attributen ohne auf Metadaten zurück zu greifen. Vielfältige Anwendungen der Annotation sind klassische Klassifikationsaufgaben, bei der ein Musikstück einer Klasse zugeordnet wird [Fu11]. Darunter fallen die Erkennung von Genre, Instrumenten, Stimmung und Künstler. Im allgemeineren Fall werden dem Musikstück weitere semantische Beschreibungen zugeordnet, wie sie auch ein Mensch vornehmen würde. Jeremy Reeds Algorithmus ordnete den Musikstücken unter anderem Tags wie *ein dynamischer männlicher Sänger* oder *melodische Komposition* zu [Ree09].

1.1.3 Anwendungen mit Musikdatenbanken

Die umfassende Beschreibung eines Musikstücks durch verschiedene Repräsentationen ist Grundlage der Organisation von Musikdatenbanken. Es gibt zwei Hauptanwendungen, welche auf eine Musikdatenbank zurückgreifen: Musikidentifikation und Musikempfehlung (Abbildung 1.6). Die Musikidentifikation hat zur Aufgabe ein Musikstück in einer Datenbank zu finden. Die Anfrage kann zum einen das Musikstück selbst sein oder aber der Mensch, welcher durch Summen, Singen oder Klopfen Teile des gesuchten Musikstücks vorgibt. Bei der Anfrage mit dem Signal, zum Beispiel

Anwendung	Beschreibung	Literatur
Transkription	Erstellen eines Notenbildes aus Audiomaterial	[Kla06a, Gro12a, Ben13]
Akkorde	Identifizieren der Harmonien innerhalb eines Musikstückes	[Lee08, Mau10]
Melodie	Bestimmen der Melodie	[Pol07]
Tonart	Erkennen der Tonart	[Pau04]
Rhythmus	Bestimmung rhythmischer Muster	[Gou05, Mau12]
Metrik	Oberbegriff für die Bestimmung zeitlicher Regelmäßigkeiten	[Gou02, Kla06b]
Tempo	Bestimmung der Dauer des Grundschlags	[Gou06, Zap12]
Beat Tracking	Verfolgung des Grundschlags	[Ell07a, Gro12b]
Taktart	Bestimmung der Taktart	[Uhl03b, Rob09b]
Synchronisation	Verlinkung zweier Datenströme unterschiedlichen Formats	[Mül12, Jod13]
Alignment	Zeitliche Synchronisation unterschiedlicher Versionen	[Dix05, Mü08, Kir11]
Synthese	Erzeugung von Audiomaterial aus einer Notation	[Rot92]
Komposition	Erzeugung neuer Musik durch den Computer	[Jeh05, Yü11, Kir09]
Annotation	Beschreibung von Musikstücken durch textuelle Attribute	[Fu11, BM10]
Genre	Identifikation des musikalischen Genres oder Stils	[Tza02, McK04, Stu12]
Instrument	Identifizieren der Instrumente eines Musikstückes	[Gia13, Fuh09]
Stimmung	Beschreibung von Musik durch Emotionen	[Kim10, Che08]
Künstler	Identifizieren des Künstlers ohne auf Metadaten zurückzugreifen	[She09, SS09]
Tagging	Automatische Zuordnung von semantischen Beschreibungen	[Eck07, Tur08, Ree09]
Liedtext	Erkennen des gesungenen Textes	[Hos05]
Segmentierung	Finden von Segmentgrenzen, z.B. Strophe/ Refrain	[Pau10]

Tabelle 1.4: MIR-Anwendungen auf den Repräsentationen eines Musikstücks.

durch das Handy vor dem Lautsprecher, wird zunächst eine Art Fingerabdruck des Audiomaterials erstellt und damit in der Datenbank gesucht [Cha11]. Musikidentifikation gilt als weitestgehend gelöst. Die Einsatzmöglichkeiten sind vielfältig und werden mit angepassten Technologien in Bereichen wie Versions- und Plagiatserkennung eingesetzt (Tabelle 1.5). Ein Spezialgebiet ist die Copyright-Überwachung, bei der durch Watermarking-Technologien nicht hörbare Informationen in dem Musikstück selbst abgelegt werden [Kia11].

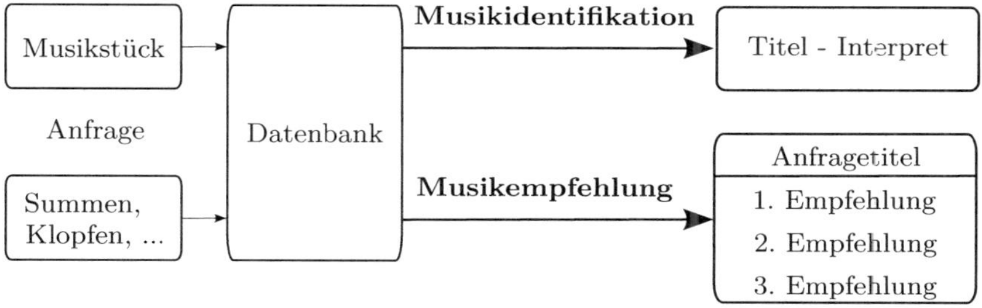

Abbildung 1.6: MIR-Anwendungen unter Verwendung einer Musikdatenbank.

Bei der Musikempfehlung erhält der Nutzer alle Titel der Musiksammlung, welche ähnlich bezüglich des Titels, mit dem er angefragt hat, sind [Mag08]. Dabei stellt sich zunächst die Frage, was Ähnlichkeit von Musik überhaupt bedeutet? Alberto Novello ist der Frage in einem umfangreichen Hörversuch zur perzeptuellen Ähnlichkeit von Musiktiteln in westlicher populärer Musik nachgegangen und zu interessanten Erkenntnissen gekommen [Nov11]. Er kommt zu dem Schluss, dass Hörer durchaus in der Bewertung der Ähnlichkeit übereinstimmen, wobei wesentliche Ähnlichkeitskriterien Genre, Tempo und Instrumentierung darstellen. Auch der Rhythmus wird als Grundlage für Empfehlungen verwendet [HE02, Tou04, Bas07, Poh09]. Neueste Entwicklungen beziehen Hörgewohnheiten des Hörers und den Kontext (Umgebung, Aktivität) des Musikkonsums mit in die Empfehlung ein [Ham07, Kam12]. Die Visualisierung der Musikempfehlungen eröffnet neue Wege der Musikauswahl [Lam08]. Zum Beispiel können Titel bezüglich der Ähnlichkeit von Stimmung, Tempo und Klang in einem dreidimensionalen Raum dargestellt werden.

1.1.4 Quelle der Information

Um Informationen über ein Musikstück zu erhalten, gibt es zwei Möglichkeiten. Zum einen können Informationen aus dem Signal oder der Notation eines Musikstücks gewonnen werden und zum anderen durch die Aussagen von Menschen, seien es Plattenfirmen, Experten oder Nutzer. Entsprechend werden die Systeme als inhaltsbasiert oder nutzerbasiert bezeichnet. Inhaltsbasierte Systeme gewinnen die nötigen Informationen aus dem Signal oder der Notation eines Musikstücks. Nutzerbasierte Systeme gewinnen die nötigen Informationen ausschließlich durch den Menschen, sei es über die aktive Vergabe von Tags, durch Abspiellisten, Rezensionen, Nutzerverhalten oder Nutzerinterkaktion. Systeme welche inhalts- und nutzerbasierte Informationen kombinieren, werden als hybrid bezeichnet.

Anwendungsgebiet	Beschreibung	Literatur
Musikidentifikation	Erkennen einen Musikstücks anhand des Audiosignals oder eines Ausschnitts	[Wan03, Cha11]
Suche durch Summen, Singen oder Klopfen	Finden eines Titels anhand der gesummten oder gesungenen Melodie bzw. des geklopften Rhythmus	[Ghi95, Che98, Kot12]
Versionserkennung	Identifizieren von Remixes, Live bzw. Studioaufnahmen des selben Titels oder von Coverversionen	[Ell07b, Rav10]
Plagiatserkennung	Schutz des geistigen Eigentums	[Dit12]
Watermarking	Einbringen zusätzlicher Informationen zur Copyright-Überwachung von Musikstücken und Notation	[Bus00, Kia11]
Musikempfehlung	Finden von Musik, die dem persönlichen Geschmack eines Nutzers entspricht	[Cel08, Whi13]
Musikähnlichkeit	Finden aller Titel, die bezüglich Klang und/ oder Rhythmus ähnlich wie eine vorgegebene Aufnahme klingen	[Ber04, Auc04, Poh09]
Musikvisualisierung	Grafische Darstellung von Musiktiteln, die eine Navigation innerhalb der Sammlung ermöglicht	[Don09, Sto11]

Tabelle 1.5: Auswahl typischer MIR-Anwendungsgebiete unter Verwendung einer Musikdatenbank

Unter dem Begriff Musiksysteme werden die in den Tabellen 1.4 und 1.5 vorgestellten Anwendungen zusammengefasst. Es liegt auf der Hand, dass die vielfältigen Systeme unterschiedliche Anforderungen an die zu Grunde liegenden Informationen haben. Je nach der nötigen Spezifität der Information werden sie als hoch-, mittel- oder wenig-spezifisch eingeteilt [Cas08]. Hoch-spezifische Anwendungen benötigen eine sehr genaue Beschreibung des Musiksignals. Typische Anwendungen sind Plagiatserkennung, Copyright-Überwachung und Musikidentifikation. Dementsprechend sind hochspezifische Systeme inhaltsbasierte Systeme. Mittel-spezifische Anwendungen sind Melodieerkennung, Künstlererkennung, Synchronisation und Transkription. Die nötige Information muss das Musikstück nicht exakt beschreiben, aber sie müssen immer noch genau genug sein, um komplexe musikalische Eigenschaften wie die Melodie abzubilden. Die Quelle der Informationen kann dabei eine Kombination von inhaltsbasierten und nutzerbasierten Informationen sein. So kann Transkription durch die Interaktion des Nutzers mit dem System deutlich verbessert werden [Ben13]. Wenig-spezifische

Anwendungen kommen oft mit globalen statistischen Beschreibungen des Signals aus. Dazu zählen Systeme zur Genre-, Stimmungs- oder Instrumentenerkennung. Diese Klassifikationssysteme ordnen ein Musikstück einer Klasse auf der Grundlage von Audiomerkmalen zu. Der Zusammenhang zwischen der Klassenbezeichnung und den Audiomerkmalen ist nicht trivial. Er wird als semantische Lücke in der Musikverarbeitung bezeichnet [Fu11].

1.2 Rhythmus

Eine einheitliche Definition des Begriffes Rhythmus existiert nicht. In einem sind sich die vielfältigen Annäherungen einig: Rhythmus beschreibt zeitliche Ereignisse [Ler83, Lon10, Pfl06, Lev08]. Fabian Gouyon beschreibt vier unterschiedliche Methoden, sich dem Thema Rhythmus in Musik zu nähern [Gou05]. So formuliert die theoretische Analyse Theorien über die syntaktische Struktur von Musik und deren Notation [Yes76, Lon10]. Der zweite Ansatz rückt die Erfahrung des Zuhörers ins Zentrum der Betrachtung und untersucht Hypothesen mit der Hilfe von Stimuli [Fra82, Des00]. Die computergestützte Analyse und Erkennung von Rhythmus in Musik, versucht Prozesse des Menschen mit dem Computer nachzubilden [Gou05, Uhl05, Gro12b]. Als letztes wäre die neurophysiologische Methode zu nennen, eine Analyse der Gehirnstrukturen, welche für die Wahrnehmung von Musik entscheidend sind [Lev08].

Die vorliegende Arbeit untersucht computergestützte Ansätze zur zeitlichen Beschreibung von Musik. Im Forschungsbereich des Music Information Retrieval finden sich Begriffsdefinitionen des Rhythmus wie die Folgenden:

> Rhythm is about recurring musical events occuring roughly periodically.
>
> Fabian Gouyon [Gou05]

> Rhythmic structure refers to the statistical distribution of times between onsets that largely characterizes the temporal nature of a music signal.
>
> Norberto Degara [Deg11]

> Rhythm can be roughly defined by the tempo, the position and duration of the events and their timbre characteristics.
>
> Geoffrey Peeters [Pee11]

Es wird deutlich, dass sich die genannten Autoren bezüglich einer genauen Begriffsdefinition zurück halten und jeweils den für ihre Arbeit wesentlichen Aspekt von Rhythmus benennen. Nach einem kurzen Abschnitt über die Wahrnehmung zeitlicher musikalischer Aspekte durch den Menschen, werden die Begrifflichkeiten Rhythmus und Metrum für die vorliegende Arbeit eingegrenzt.

1.2.1 Zeitliche Wahrnehmung des Menschen

Die zeitliche Wahrnehmung von Ereignissen ist durch die physiologischen und kognitiven Gegebenheiten des Menschen vorgegeben, welche durch Hörversuche untersucht werden können [Wit99]. Durch die Darbietung zweier akustischer Stimuli mit größer werdendem zeitlichen Abstand kann die minimale zeitliche Auflösung des Menschen bestimmt werden. Ab einem zeitlichen Abstand von 2 ms nimmt der Mensch zwei statt einem Stimuli wahr [Hir59]. In Experimenten von Jan Zera konnten Probanden die Unterschiede im Einsatz von Anschlägen sogar von unter 1 ms erkennen [Zer93]. Die Akzeptanz des Hörers für ein asynchrones Einsetzen von Tönen erlaubt allerdings eine Zeitspanne bis 30 ms, je nach Instrument [Moo03]. Ab einem zeitlichen Abstand von 20 ms ist der Mensch in der Lage, die zeitliche Reihenfolge zweier Stimuli zu bestimmen [Hir59].

Die Metrik beschreibt die Periodizitäten eines Musikstücks auf unterschiedlichen Ebenen. Justin London legt als Untergrenze für den zeitlichen Abstand von Anschlägen zur Ausprägung einer Periodizität beim Menschen 100 ms fest [Lon04, S. 27]. Diese Grenze lässt sich sowohl in der Wahrnehmung von Musik, als auch in der Darbietung von Musik bestätigen. So ist die kürzeste zeitliche Distanz von kontinuierlich gespielten Anschlägen auf dem Ride-Becken im Jazz 100 ms [Fri02]. Als Obergrenze für die Wahrnehmung einer musikalischen Periodizität nennt Justin London 5 - 6 s [Lon04].

Die Anhebung der Mithörschwelle durch einen Störschall ist in der Psychoakustik unter dem Begriff Maskierung bekannt [Zwi82]. Er unterteilt sich in die simultane Verdeckung eines gleichzeitig gespielten Signals mit ähnlicher Frequenz, und die zeitliche Vor- und Nachverdeckung eines anderen Schalls. Ist der Effekt der Vorverdeckung noch auf wenige Millisekunden beschränkt, so kann die Nachverdeckung einen Zeitbereich von 20 - 100 ms annehmen.

1.2.2 Rhythmus und Metrum

Sowohl der Begriff Rhythmus als auch Metrum stehen in engem Zusammenhang mit der zeitlichen Struktur von Musik. Jack London postuliert eine klare Trennung der Begrifflichkeiten Rhythmus und Metrum.

> Rhyhthm involves patterns of duration that are phenomenally present in the music, ... while meter involves our perception [and anticipations of such patterns].
>
> Jack London [Lon04, S.4]

Rhythmus bildet sich durch die Noten, deren Länge und ihrer Zusammenfassung zu Gruppen aus. Die Platzierung von Noten ist in westlicher Musik aber nicht zufällig, sondern sie folgt bestimmten Regeln, welche die Noten in eine hierarchische metrische Struktur organisieren, dem Metrum [Ler83]. Dieses mentale Raster des Komponisten, Musikers und Hörers wird zunächst aus dem Musiksignal extrapoliert und dann als innere Referenz für die Wahrnehmung von Musik verwendet. Grundlage für die

Entwicklung des Metrums sind die Akzente im Musiksignal. Als Akzent werden Betonungen im musikalischen Fluss bezeichnet. Treten diese regelmäßig auf, so bildet sich beim Hörer schnell ein mehrschichtiges metrisches System heraus, welches dann nur noch durch sehr starke gegensätzliche Betonungen im Musiksignal aufgegeben wird. Anhand des Notenbildes der ersten drei Takte des Lieder *„Der Hahn ist tot“* in Abbildung 1.7 soll die Entstehung des Metrums erläutert werden.

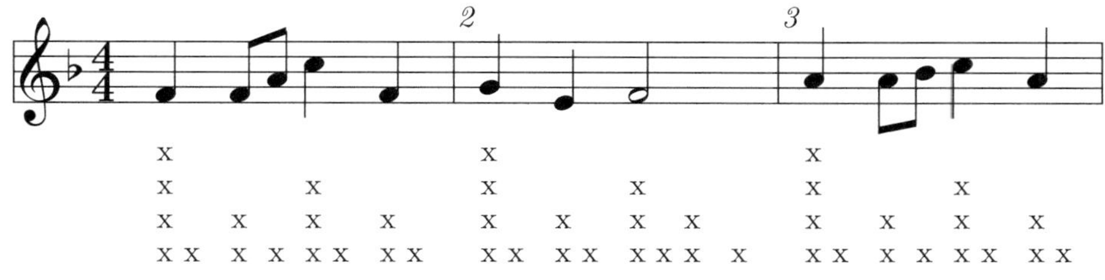

Abbildung 1.7: Die ersten drei Takte des Volksliedes *Der Hahn ist tot* mit Notenbild und der zugehörigen metrischen Struktur.

Die metrische Struktur beschreibt mögliche Zeitpunkte eines Anschlags ohne Betrachtung der Notendauer. Unterhalb des Notenbildes, welches mit einer Viertelnote beginnt, sind die vier metrischen Ebenen des Liedes dargestellt. Nachdem der Hörer des Liedes die ersten zwei Takte vernommen hat, bildet sich durch Wiederholungen der Viertelnote der Grundschlag heraus (die dritte metrische Ebene von oben in Abbildung 1.7). Die höhere metrische Ebene der halben Noten ergibt sich implizit durch das doppelte Intervall der Ebene des Grundschlags, sie wird durch die halbe Note am Ende des zweiten Taktes bestätigt. Weiterhin ergibt sich die höchste Ebene der Taktgrenzen. Um alle Anschläge des Liedes beschreiben zu können, ist die tiefste Ebene der Achtelnoten erforderlich. Sie wird als schnellster Puls bezeichnet. Der metrische Bezugsrahmen bildet sich beim Hörer zumeist automatisch und unbewusst. Sobald das Metrum etabliert ist, ändert sich unser Hörverhalten dahingehend, dass das Metrum auf die Musik projiziert wird und damit die Wahrnehmung leitet. Abweichungen einzelner Noten, von den durch das Metrum vorgegebenen Zeitpunkten, werden toleriert. Die Kopplung zwischen musikalischen Ereignissen in Musik und der metrischen Struktur ist komplex und umfassender als hier grundlegend dargestellt [Ler83, Lon04].

Das Metrum folgt Gesetzmäßigkeiten, welche mit Hilfe der Abbildung 1.8 erläutert werden. Die Zeitpunkte jeder Ebene besitzen einen konstanten Abstand und sind damit periodisch. Das Tempo eines Musikstücks bestimmt die absolute Zeit zwischen zwei Anschlagszeitpunkten. Der Abstand verringert sich von den hohen zu den tieferen Ebenen in westlicher populärer Musik um den Divisor zwei oder drei. Ein Anschlag einer hohen Ebene tritt auch in allen tieferen Ebenen auf. Es existieren verschiedene metrische Ebenen gleichzeitig, wobei die Aufmerksamkeit des Hörers zwischen analytisch (Fokus auf tiefere Ebenen) und zukunftsorientiert (Fokus auf höhere Ebenen) wechseln kann [Lon04, S.18]. Zentrale Periodizität ist der Grundschlag. Da das Metrum aber auch den Wechsel von betonten und unbetonten Schlägen beschreibt, ist

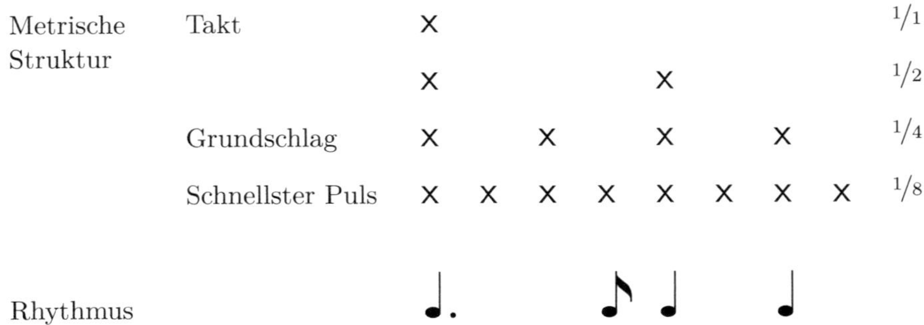

Abbildung 1.8: Hierarchisch metrisches System in Musik.

mindestens eine weitere metrische Ebene nötig ist. Ein Schlag ist auf einer Ebene dann betont, wenn der Schlag auch in der nächsthöheren Ebene in der metrischen Struktur vorhanden ist [Ler83, S.68]. Die wichtigsten Ebenen Takt, Grundschlag und schnellster Puls sind in Abbildung 1.8 mit ihrem musikalischen Notenwert beispielhaft anhand eines 4/4 Takt dargestellt. Das Tempo des Grundschlags wird durch die Anzahl der Schläge pro Minute angegeben (engl. beats per minute).

Es sei auf die tiefste Ebene, den schnellsten Puls, im Detail eingegangen, da er eine wichtige Segmentierung des Musiksignals ermöglicht. In der Literatur finden sich zahlreiche Bezeichnungen für den schnellsten Puls, wie Attack-Point [Sch85], Tatum [Bil93], oder Tick [Gou02]. Alle beschreiben den gleichen Sachverhalt. Der schnellste Puls ist die Periode der tiefste metrischen Ebene in einem Musikstück und damit der kürzeste vorkommende Abstand zwischen zwei aufeinanderfolgenden Noten [Bil93]. Ist der schnellste Puls bekannt, kann daraus ein Raster erstellt werden, dessen Rasterpunkte alle den gleichen zeitlichen Abstand haben. Es gilt die Annahme, dass alle Anschläge der Musik an einem Rasterpunkt auftreten [Ler83]. Es ist offensichtlich, dass diese Annahme nur für künstlich erzeugte Musik (und das ist ein nicht unerheblicher Teil der westlichen populären Musik) vollständig zutrifft. Ein Musiker wird von der starren zeitlichen Struktur abweichen, so dass die tatsächlichen Anschläge etwas um die Rasterpunkte des schnellsten Pulses schwanken können. Fabian Gouyon gibt einen typischen Wert für den zeitlichen Abstand des schnellsten Pulses mit 150 ms an, was einem 16tel-Notenraster bei einem Tempo von 100 bpm entspricht [Gou02].

Der schnellste Puls teilt ein Musikstück in bedeutungsvolle Einheiten ein. Diese sind für zahlreiche Anwendungen von Vorteil, wie zum Beispiel „Ausschneiden und Einfügen“-Operationen in der Bearbeitung von Musiksignalen [Kla06b]. Andrew Robertson ermöglicht die automatische Synchronisation eines Synthesizers mit der im Tempo schwankenden Darbietung eines Schlagzeugers [Rob07]. Die Einheiten des schnellsten Pulses können auch in der Transkription von Musiksignalen eingesetzt werden, indem jedes Segment einzeln klassifiziert wird. Der schnellste Puls kann wertvolle Informationen für die Berechnung anderer metrischer Ebenen wie das Tempo liefern [Gou02].

1.3 Sprache und Musik

Wenngleich bei der vorliegenden Arbeit die Verarbeitung von Musiksignalen im Vordergrund steht, werden in jedem Kapitel Verbindungen zur Sprache hergestellt. Dies liegt zum einen in der Verwendung des ursprünglich für Sprache entwickelten UASR-Systems (Unified Approach for Signal analysis and Recognition) [Hcf07] und zum anderen in der Überzeugung, dass beide Bereiche voneinander profitieren können, begründet [Reb12, Pat03b]. Dieser Ansatz wird durch Erkenntnisse der Neurobiologie unterstützt, welche erstaunliche Gemeinsamkeiten bei der Verarbeitung von Sprache und Musik im Gehirn zeigten [NkM10]. Insbesondere in Bezug auf Rhythmus könnte Sprache von der Musik profitieren, da Musik stärkere und offensichtlichere rhythmische Eigenschaften besitzt [Hüb11a].

1.3.1 Vergleichende Studien

Musik und Sprache organisieren perzeptuelle diskrete Elemente in hierarchisch strukturierte Sequenzen [Pat03a]. Diese diskreten Elemente sind auf der einen Seite Töne und auf der anderen Seite Phoneme. Die Kombination dieser Elemente folgt Prinzipien auf verschiedenen Ebenen. Neben verschiedenen Tönen und Lauten beinhaltet die Musik- und Spracherzeugung ein weiteres entscheidendes Element: Zeit. Es können verschiedene Zeitspannen, Betonungen und Muster der Basiselemente beobachtet werden. Es ist weit verbreitet, diese zeitlichen Phänomene mit dem Begriff Rhythmus zu bezeichnen. Verbindungen zwischen den Forschungsbereichen der technischen Musikverarbeitung und der Sprachverarbeitung stellt unter anderem Jacek Wolkowicz als vielversprechend für die Zukunft dar [Wol10]. A. Krishna zieht beispielhaft Parallelen zwischen folgenden Anwendungen in der rechnergestützten Verarbeitung der beiden Bereiche [Kri04]:

- Spracherkennung – Transkription
- Fremdsprachenerkennung – Genreerkennung
- Sprechererkennung – Instrumentenerkennung

1.3.2 Rhythmus in Sprache

Menschliche Sprache wird mit einer gewissen Regelmäßigkeit wahrgenommen [Kel07]. Die zeitliche Struktur von Sprache wird durch Stauchung und Streckung, Beschleunigung und Verlangsamung ebenso beeinflusst wie durch Akzente, Charakter, Dauer und Anzahl von Sprachelementen, welche zwischen verschiedenen Sprachen variieren [Kel05]. Einen sehr guten Überblick bezüglich der Rhythmik in Sprache ermöglicht die Habilitationsschrift von Petra Wagner [Wag08]. Für die Sprachverarbeitung ist es wichtig, eine rhythmische Beschreibung zu finden, welche auf dem Sprachsignal selbst ermittelt, oder durch ein systematisches Modell beschrieben werden kann.

Eine der ersten Ansätze zur Beschreibung von Rhythmus in Sprache ist die Isochronie, die These, dass Sprache Zeit in gleich große Segmente unterteilt. Die Sprachen wurden anhand der Segmente in Silben-, Akzent- oder Morasprachen unterteilt. Ilse Lehiste stellte aber bereits 1977 fest, dass es keine einfachen akustischen Parameter gibt, welche Isochronie beschreiben [Leh77]. Vielmehr handelt es sich um ein perzeptuelles Phänomen zeitlicher, intonatorischer und motorischer Parameter. Es konnte kein empirischer Beweis der Isochronie in anderen Studien gefunden werden [Dau83]. Andere Veröffentlichungen beschäftigen sich mit der Metrik [Hir09, Vol09] und den Anschlägen des akustischen Sprachsignals [Kel07]. Laut Eric Keller dienen starke stimmhafte Anschläge als Ankerpunkte, welche dem Hörer eine bessere Orientierung in der Sprache ermöglichen. Andere Ansätze zur rhythmischen Beschreibung von Sprache stammen aus dem Bereich der Chaostheorie, Oszillatorsystemen, Neuropsychologische Erwartung und mathematisch statistische Vorhersage von Sprachereignissen [Por03, Kel03].

1.3.3 Rhythmus in der technischen Sprachverarbeitung

Obwohl die Phonetik sich seit vielen Jahren mit der Prosodie und insbesondere mit den zeitlichen Eigenschaften von verschiedenen Sprachen beschäftigt, ist deren Einfluss auf die technische Sprachverarbeitung auf verhältnismäßig einfache Algorithmen wie die Berechnung von Tonhöhe, Intensität und Dauer für die Sprachsynthese, begrenzt. Dabei birgt insbesondere der Rhythmus das Potential, die Leistungsfähigkeit von Sprachtechnologie zu verbessern. Die Vorhersage von Prosodie ist für eine gute Natürlichkeit von synthetisierter Sprache unerlässlich. Intonation und Phonemdauern können aus dem Text durch bekannte Modelle ermittelt werden [Bec04]. Eine höhere Organisation zeitlicher Koordinierung wird zumeist nicht berücksichtigt [Wer04]. Eric Keller diskutiert die Rolle von Rhythmus in synthetischer Sprache [Kel05, Kel07]. Obwohl bekannt ist, dass Prosodie in der Spracherkennung einen positiven Einfluss haben kann [Kom97], wurden sie bis heute nur wenig als ergänzendes Merkmal verwendet [Kü04]. Es wird erwartet, dass die Verwendung von zeitlichen Merkmalen die Erkennung von verrauschter oder simultaner Sprache deutlich verbessern kann [Cus10].

1.4 Aufbau der Arbeit

Die vorliegende Arbeit ist, neben der Einleitung, in drei Kapitel gegliedert: Anschlagserkennung, metrisches Modell sowie Transkription und Folgemodell. Einen graphischen Überblick über die Arbeit bietet Abbildung 1.9, wobei jedes Kapitel einem grauen Kästchen entspricht.

Anschlagserkennung (Kapitel 2)

Ausgangspunkt ist zunächst das Audiomaterial eines Musikstücks, welches durch die Fensterung und die Merkmalextraktion in eine Merkmalvektorfolge umgerechnet wird. Im Kapitel der Anschlagserkennung wird aus der Merkmalvektorfolge eine Detektionsfunktion gebildet, welche die Anschläge der Instrumente eines Musiksignals deutlich

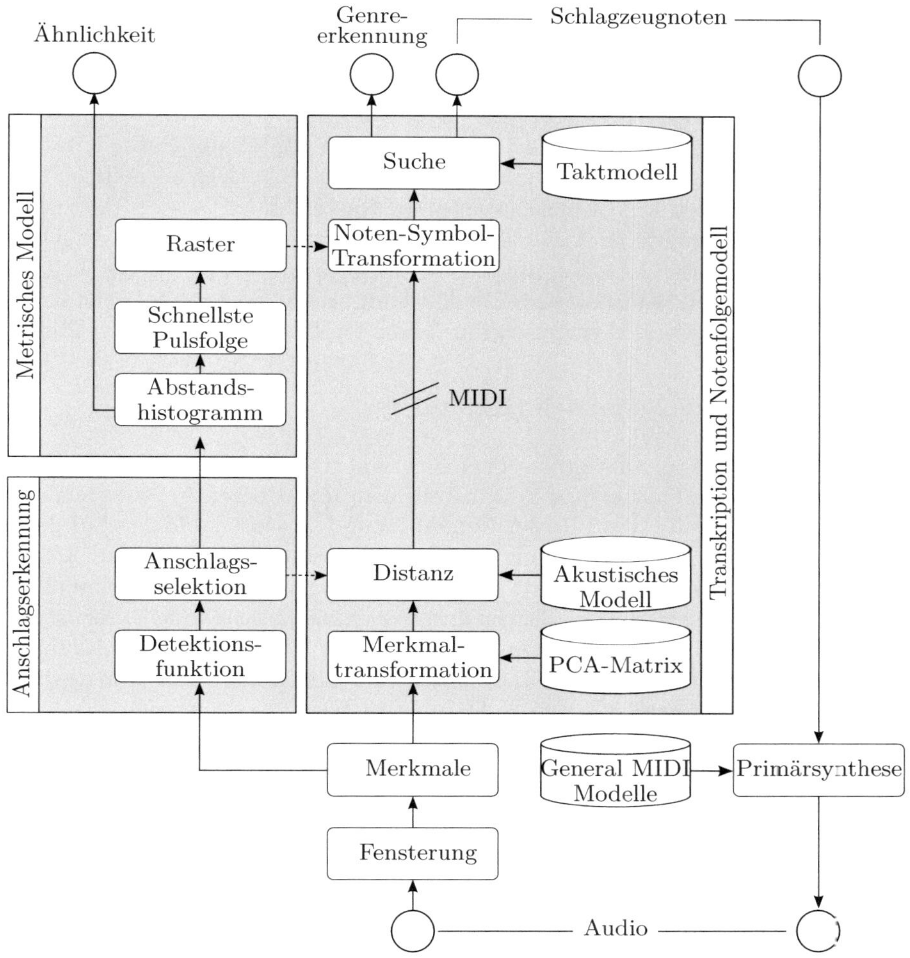

Abbildung 1.9: Aufbau der Arbeit. Jedes grau hinterlegte Kästchen entspricht einem Kapitel.

herausarbeitet. Es ist dann möglich, die Anschläge zu detektieren. Im Zuge der Arbeit werden verschiedene Detektionsfunktionen vorgestellt, unter anderem ein neuer Algorithmus auf der Grundlage des MPEG-7 Merkmals Audio Spectrum Envelope. Um die Güte der Anschlagserkennung beurteilen zu können, ist annotiertes Audiomaterial nötig. Dazu werden zunächst frei verfügbare Datenbanken verwendet. Da diese einen sehr begrenzten Umfang haben, und keine statistisch relevanten Aussagen der Erkennungsleistungen gemacht werden konnten, wurde die R60-Datenbank erstellt. Deren manuelle Annotation zu 10.238 Anschlägen führte.

Metrisches Modell (Kapitel 3)

Über die Abstände der ermittelten Anschläge wird das Anschlagsabstandshistogramm gebildet. Im Kapitel metrisches Modell wird gezeigt, wie das Histogramm metrischen Eigenschaften des Musiksignals abbildet. Dazu zählen die Periodizitäten wie der Grundschlag, die Taktgrenzen und der schnellste Puls. Der schnellste Puls beschreibt die tiefste metrische Ebene, welche ein Raster bildet, dessen Rasterpunkte im Idealfall alle Zeitpunkte der Anschläge eines Musikstücks vorgeben. Auf der Grundlage des Anschlagsabstandshistogramms ist es möglich, metrische Ähnlichkeiten von Musiktiteln abzubilden. Eine vorgestellte Anwendung ist das automatische Erstellen einer Empfehlungsliste von rhythmisch ähnlichen Titeln zu einem Anfragetitel.

Transkription und Folgemodell (Kapitel 4)

Das letzte Kapitel ist in zwei große Themenkomplexe unterteilt. Der erste Teil beschäftigt sich mit der Transkription von Trommeln und Becken in einer Schlagzeugaufnahme und der zweite Teil mit der Modellierung von Notenabfolgen auf der symbolischen Ebene. Zunächst werden aus dem Audiomaterial einer Schlagzeugaufnahme die Bass Drum, Snare Drum, Hi Hat, Ride und Cymbals automatisch erkannt. Dazu wird jede mögliche Trommel oder Becken durch ein akustisches Modell, einem Hidden-Markov-Modell, repräsentiert. Als Datenbank für das Training und die Evaluierung werden zum einen synthetisierte MIDI-Daten und zum anderen die frei verfügbare ENST-Datenbank verwendet. Letztere Datenbank besteht aus Aufnahmen von drei verschiedenen Schlagzeugern und ermöglicht die Evaluierung der Transkription auf realen Schlagzeugaufnahmen, sowie den Vergleich der Ergebnisse mit anderen Veröffentlichungen. Der zweite Teil des Kapitels ist der Modellierung von Notenabfolgen auf symbolischer Ebene gewidmet. Auch wenn in der Zukunft die Eingabe das Ergebnis eines Transkriptionsprozesses sein kann, werden in dieser Arbeit zunächst MIDI-Daten verwendet. Sie ermöglichen die fehlerfreie Bestimmung der gespielten Notensequenzen. Die zeitliche Abfolge der gespielten Noten wird dabei erstmalig mit gewichteten endlichen Automaten modelliert, eine in der Sprachverarbeitung weit verbreitete Technologie. Grundlage ist die These, dass ein Takt durch die Sequenz der gespielten Noten charakterisiert ist. Das Modell wird anhand von Schlagzeugnoten vorgestellt, kann aber ohne Probleme auf weitere Instrumente erweitert werden. Dass der Ansatz zur Erfassung typischer rhythmische Muster geeignet ist, zeigt ein Genreexperiment. Anhand der Abfolge der gespielten Noten ist es möglich, die Genres Rumba, Samba, Tango und Walzer voneinander zu unterscheiden.

2 Anschlagserkennung

In diesem Kapitel werden Verfahren für die automatische Ermittlung der Anschläge von Instrumenten im Musiksignal vorgestellt. Die meisten Verfahren der Anschlagserkennung folgen dem in Abbildung 2.1 dargestellten Verlauf. Eingabe in das System ist das Audiosignal, auf dessen Grundlage eine Detektionsfunktion gebildet wird. Die Detektionsfunktion bildet die Anschläge des Musiksignals möglichst deutlich durch Maxima ab. Die anschließende Anschlagsselektion normalisiert und glättet die Detektionsfunktion und legt einen Schwellwert für die Identifikation eines Maximums als Anschlag fest. Abschließend werden die detektierten Anschläge mit Referenzlabels verglichen und mithilfe bei der Evaluierung verschiedene Kenngrößen berechnet.

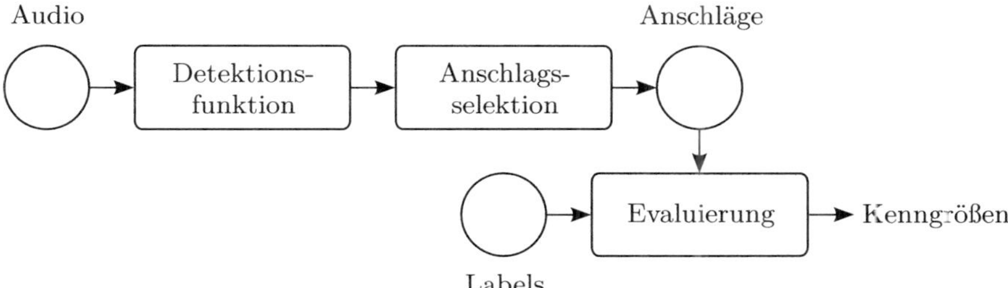

Abbildung 2.1: Verlauf der Erkennung von Anschlägen in Musiksignalen.

Die eigenen Forschungsschwerpunkte in diesem Kapitel konzentrieren sich auf die Entwicklung einer Detektionsfunktion auf der Grundlage des Audio Spectrum Envelopes (ASE), ein Merkmal des MPEG7-Standards und dessen Vergleich mit bekannten Detektionsfunktionen auf verfügbaren Datenbanken. Im Zentrum der Untersuchung steht westliche populäre Musik. Wie der Literaturüberblick zeigen wird, standen für das Training und die Evaluierung nur Datenbanken in geringem Umfang zur Verfügung. Aus diesem Grund wurde die R60-Datenbank erstellt und manuell annotiert. Sie besteht aus 60 rhythmischen Musikstücken mit je 30 s Länge und umfasst 10.238 manuell annotierte Anschläge. Auf der Grundlage dieser Datenbank konnten sowohl das entwickelte Verfahren als auch bekannte Verfahren neu bewertet und durch die Aufteilung der Datenbank in Trainings- und Testset unabhängig parametrisiert werden. Da die manuelle Annotierung von zwei Musikexperten durchgeführt wurde, konnten deren Unterschiede in der zeitlichen Positionierung der Anschläge untersucht werden.

2.1 Vorbetrachtungen

Dem Literaturübersicht geht eine Definition des Anschlags und eine Auflistung verschiedener Anschlagstypen voraus.

2.1.1 Definition Anschlag

Bei der Anschlagserkennung wird der Beginn eines Schlags in der Musik ermittelt. Ein Schlag kann zum Beispiel durch das Anspielen eines Saiten-Instrumentes, einer Trommel oder durch die Stimme entstehen. Abbildung 2.2 zeigt das Zeitsignal eines Gitarrenschlags.

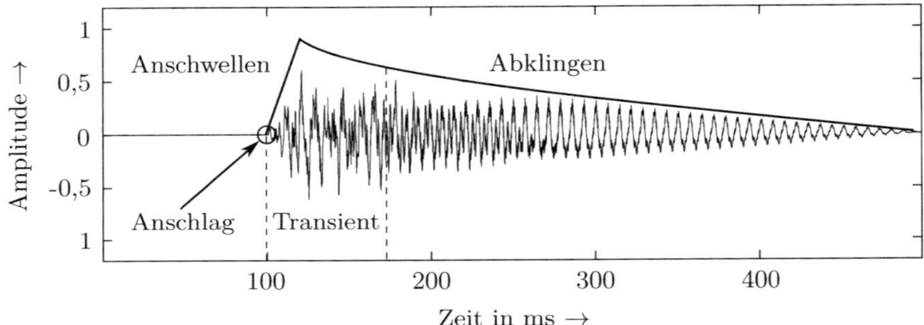

Abbildung 2.2: Zeitsignal eines Gitarrenschlags.

Zunächst hat das Zeitsignal keine Auslenkung der Amplitude bis die Gitarre angespielt wird. Es folgt ein Zeitpunkt, an dem die Gitarre angeschlagen wird, der Anschlag, ein Zeitraum des Anschwellens und des Abklingens. In der Phase des Anschwellens und des ersten Teils des Abklingens variiert das Signal sehr stark, bis in diesem Fall die Saite der Gitarre in einen eingeschwungenen Zustand geht und abklingt. Dieser Teil wird als transient bezeichnet. Die vier mit dem Anschlag verbundenen Begriffe im Überblick nach [Bel05] sind:

- Anschlag (engl. onset): Startpunkt des Transienten, in dieser Arbeit der Zeitpunkt, ab dem der Anschlag im Signal messbar wird (Acoustic Onset Time (AOT)).
- Anschwellen (engl. attack): Zeitintervall, in dem die Einhüllende der Amplitude ansteigt.
- Abklingen (engl. decay): Zeitintervall, in dem die Einhüllende der Amplitude abfällt.
- Transient: Intervall in welchem sich das Signal ausgelöst durch den Anschlag unvorhergesehen entwickelt oder nach [Rod01] eine kurze Zeitspanne mit schneller Variation des Spektrums.

Die Definition eines Zeitpunktes, welcher den Anschlag beschreibt, ist nicht trivial und damit auch die Definition des Anschlags als Startpunkt des Transienten nicht ausreichend. Bruno Repp untersuchte die Zeitdifferenz von Noten, welche im Notenbild gleichzeitig notiert sind, von einem Klavierspieler aber leicht versetzt gespielt werden [Rep96]. Dabei definierte er drei verschiedene Möglichkeiten, den Zeitpunkt des Anschlags festzulegen. Die Klavierspieler spielten die Stücke über eine MIDI-Tastatur ein. Dadurch ergab sich die erste mögliche Festlegung der Startzeit einer Note beim Drücken der Tastatur. Dieser Zeitpunkt variiert im Vergleich zur zweiten Möglichkeit, dem akustischen Anschlagzeitpunkt, welcher den Zeitpunkt markiert, ab dem eine Note im Signal zu detektieren ist. Dieser kann wiederum einige Millisekunden vor der dritten Möglichkeit, dem perzeptuellen Anschlagszeitpunkt liegen, dem Zeitpunkt ab dem ein Ton von einem Hörer wahrgenommen wird. In dieser Arbeit bezeichnet ein Anschlag den akustischen Anschlagszeitpunkt, ab dem ein Anschlag im Signal detektierbar ist. Dies ist insbesondere bei der Annotation von Datenbanken und der Evaluierung von Anschlagsverfahren zu berücksichtigen.

2.1.2 Anschlagstypen in Musik

Je nach Anschlagstyp variiert die Schwierigkeit den genauen Zeitpunkt des Anschlags festzulegen. In der Literatur werden vier verschiedene Anschlagstypen unterschieden [Bel05]:

- Tonal nicht-perkussiv (z. B. Geige gestrichen)
- Tonal perkussiv (z. B. Gitarre)
- Nicht-tonal perkussiv (z. B. Snare Drum)
- Komplex (z. B. populäres Musikstück)

Bei perkussiven Anschlägen liegen der akustische Anschlag und der perzeptuelle Anschlag nahe beieinander. Die Anschläge sind gut durch die Änderung der Energie im Spektrum zu erkennen. Die tonal nicht perkussiven Anschläge stellen aufgrund des sehr allmählichen Anschwellen des Tones eine Herausforderung dar, welcher mit speziellen Verfahren, die zum Beispiel auf der Tonhöhe basieren, begegnet wird [Col05]. Besondere Aufmerksamkeit verdienen die komplexen Anschläge, welche durch das Zusammenspiel mehrerer Instrumente in einem Musikstück entstehen. Töne unterschiedlicher Stimmen, welche im Notenbild zum gleichen Zeitpunkt notiert sind, werden von den Musikern nicht genau zum gleichen Zeitpunkt gespielt. Die Schläge auf unterschiedlichen Instrumenten haben unterschiedlichen Charakter, von dem perkussiven Schlagzeug bis zur tonal nicht perkussiven Geige. Diese Faktoren ergeben einen komplexen Schlag, was die zeitliche Festlegung des Anschlags erschwert.

Die unterschiedlichen Anschlagstypen sind bei der Zusammenstellung der Testdaten und der Wahl der Evaluierungsmaße zu berücksichtigen. Für die einzelnen Anschlagstypen sind unterschiedliche Verfahren oder zumindest eine andere Parametrisierung der Anschlagserkennung nötig und zielführend.

2.1.3 Motivation

Anschlagserkennung ist die Grundlage zahlreicher Anwendungen. Sehr häufig wird sie für die Segmentierung verwendet, um Merkmale anschließend auf musikalisch bedeutungsvollen Segmenten zu berechnen [Gro12b]. Darüber hinaus ist die Anschlagserkennung für die metrische Beschreibung von Musik wichtig, wozu zum Beispiel Tempoerkennung, Beattracking oder Taktarterkennung zählen [McK07]. Die Anschläge sind auch Grundlage für Algorithmen der Stauchung und Streckung von Musiksignalen in der Zeit, dem Time Stretching [Par06]. Weiterführende Anwendungen sind die Synchronisation zwischen Notenblatt und Audio, die Synthese, Resynthese, Transkription und interaktive Musikbegleitung [Rod01, Sto07, Deg11, Rob07]. Im weiteren Verlauf der vorliegenden Arbeit sind die Anschläge Grundlage der metrischen Betrachtungen eines Musikstückes, sowie der darauf aufbauenden Empfehlung ähnlicher Musikstücke. Sie werden außerdem in der Transkription verwendet.

2.1.4 Diskrete Fouriertransformation

Ein abgetastetes, periodisches Zeitsignal $x(k)$ kann durch die Summe von Kosinus- und Sinusfunktionen mithilfe der entsprechenden Entwicklungskoeffizienten dargestellt werden. Eine mögliche Darstellung ist die komplexe Schreibweise.

$$x(k) = \sum_{n=0}^{N-1} \underline{X}_n e^{j2\pi \frac{nk}{N}} \tag{2.1}$$

Die nötigen komplexen Entwicklungskoeffizienten $\underline{X}_n$ berechnen sich aus den Abtastwerten.

$$\underline{X}_n = \frac{1}{N} \sum_{k=0}^{N-1} x(k) e^{-j2\pi \frac{nk}{N}} \tag{2.2}$$

Dabei gibt N die Anzahl der Abtastwerte k einer Periode im Zeitbereich an und die Anzahl der Spektrallinien im Bildbereich. Musiksignale sind keine gleichbleibenden periodischen Signale. Deshalb wird das Spektrum jeweils über kurze Zeitfenster des Signals gebildet. Dabei entspricht ein Zeitfenster einer Periode mit N Abtastwerten, welches aus Sicht der Transformation periodisch fortgesetzt wird. Durch diese periodische Fortsetzung entstehen Sprünge im sich ergebenden Zeitsignal an den Grenzen des Fensters, da der letzte und der erste Abtastwert eine Fensters nicht notwendigerweise zusammenpassen. Dies führt zu ungewollten spektralen Anteilen im Spektrum. Um diesen Effekt zu verringern, wird das zu analysierende Zeitfenster mit einer Fensterfunktion $w(k)$ multipliziert, welche das Zeitsignal am Anfang und am Ende des Zeitfensters ausblendet. Ein Musiksignal kann nun in viele Zeitfenster aufgeteilt werden und je Zeitfenster spektral analysiert werden. Dazu wird das Zeitfenster mit N Abtastwerten jeweils um M Abtastwerte bezüglich des vorhergehenden Fensters verschoben. Mit dem Index l für das aktuelle Zeitfenster ergibt sich die spektrale

Beschreibung eines kompletten Musiksignals.

$$\underline{X}_n(l) = \frac{1}{N} \sum_{k=0}^{N-1} w(k)x(k+lM)e^{-j2\pi\frac{nk}{N}} \tag{2.3}$$

Die Herleitung der diskreten Fouriertransformation und deren weitere Eigenschaften sind in [Hof98] ausführlich beschrieben. Insbesondere wird auch die Fast Fourier Transformation (FFT) beschrieben, welche eine effiziente Berechnungsmethode der DFT darstellt. Für die FFT muss die Anzahl N der Abtastwerte einer Zweierpotenz entsprechen. Sollte die Größe der Fenster dem nicht entsprechen, kann dies durch das Auffüllen von Nullen (zero padding) erreicht werden.

Da die Zuordnung eines Spektrums zu einem Zeitwert bei der Anschlagserkennung eine wichtige Rolle spielt, wird an dieser Stelle auf Besonderheiten der Fensterung eingegangen. Für die Fensterung ist die Länge N eines Zeitfensters und die Überlappung M der Zeitfenster entscheidend. In Abbildung 2.3 ist die Fensterung eines Signals dargestellt, wobei $M = N/2$ ist. Insbesondere die Wahl des Fensters am Signalanfang

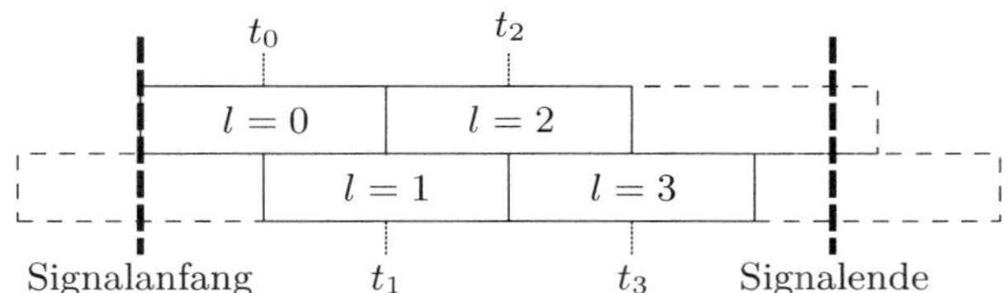

Abbildung 2.3: Zeitliche Zuordnung der Zeitfenster.

ist interessant. So können für das erste Fenster (gestrichelte Linie) M oder N Abtastwerte gewählt werden. Im ersten Fall wird das Fenster dann mit Nullen auf N Werte gefüllt. Dies hat Konsequenzen für die zeitliche Zuordnung der Spektren. Wählt man als Zeitpunkt die Mitte des Zeitfensters, so wird im ersten Fall das Spektrum dem Zeitpunkt $t = 0$ zugeordnet und im zweiten Fall dem Zeitpunkt, welcher der Hälfte des ersten Zeitfensters entspricht $t = 0,5N/f_A$. Für die weiteren Arbeit wird das erste Zeitfenster aus den ersten N Abtastwerten gebildet und jeweils dem Zeitpunkt in der Mitte des Fensters zugeordnet. Es erhält den Index $l = 0$. Die zeitliche Zuordnung der folgenden Zeitfenster kann mit

$$t_l = \frac{0,5N + lM}{f_A} \tag{2.4}$$

berechnet werden. Am Ende des Signals stellt sich die Frage, ob nur Zeitfenster benutzt werden, die komplett durch Abtastwerte gefüllt werden, oder ob auch die restlichen Abtastwerte verwendet werden. Dies kann zu weiteren zwei Zeitfenstern führen, welche in Abbildung 2.3 gestrichelt am Signalende abgebildet sind. In der vorliegenden Arbeit muss die Hälfte eines Fensters mit Abtastwerten gefüllt sein. Bezüglich der Graphik würde demnach das erste der beiden gestrichelten Fenster am Ende des Signals noch verwendet werden.

2.2 Literatur

Zunächst werden verschiedene Verfahren der Anschlagserkennung vorgestellt, dann verfügbare Datenbanken zur Evaluierung der Verfahren beschrieben und abschließend eine zusammenfassende Übersicht präsentiert.

2.2.1 Verfahren

Die Ansätze der Anschlagserkennung in der Literatur sind vielfältig. Ruolun Liu ermittelt die Anschläge über die Energie im Zeitbereich, insbesondere ohne die Ermittlung eines Schwellwertes [Liu03]. Zumeist ist aber die diskrete Fouriertransformation Ausgangspunkt der Algorithmen zur Anschlagserkennung: das Betragsspektrum [Mas96, Dux02], die Phase [Bel03] oder das komplexe Spektrum [Bel04]. Auf der Grundlage des Spektrums kann eine Verarbeitung in verschiedenen Frequenzbändern vorgenommen werden [Rod01] oder für hohe und tiefe Frequenzen unterschiedliche Strategien der Anschlagserkennung [Dux02] zum Einsatz kommen. Dan Stowell schlägt eine Vorverarbeitung des Spektrums unter dem Begriff „Adaptive Whitening" vor, bei dem die Amplituden jeder Spektrallinie $|X_n(l)|$ separat anhand der letzten Maximalwerte normiert werden [Sto07]. Dies verringert die Fehleranfälligkeit der Anschlagsselektion für Stücke mit großen Dynamikschwankungen und erzeugt ein flaches Spektrum, welches insbesondere den sonst größeren Einfluss der energiereichen tiefen Frequenzbänder verringert. Alternativen zur diskreten Fouriertransformation sind die Verwendung von Filterbänken [Kla99] oder andere Zeit-Frequenz-Darstellungen wie Resonator Time-Frequency Image, Constant-Q Transformation [Zho07] oder die Nutzung von Wavelets [Dau01].

Verfahren der Anschlagserkennung, welche auf der Grundlage der Energie des Spektrums arbeiten, funktionieren gut für perkussive Anschläge, aber schlecht für tonale nicht-perkussive Anschläge. Für diese Anschlagstypen wurden spezielle Verfahren auf der Grundlage einer Tonhöhenerkennung entwickelt [Col05, Zho07]. Auch das psychoakustisch motivierte Verfahren von Anssi Klapuri wendet sich dem tonal nicht-perkussiven Anschlagstyp zu [Kla99].

In der Literatur finden sich zwei wichtige Veröffentlichungen, welche einen Überblick über das Thema der Anschlagserkennung bieten und verschiedene Verfahren miteinander vergleichen [Bel05, Col05]. Die Veröffentlichung von Juan Pablo Bello vergleicht erstmalig verschiedene Detektionsfunktionen unter Verwendung der gleichen Anschlagsselektion. Der benutzte Datensatz ist mit 1.060 annotierten Anschlägen recht klein, zumal er auch noch verschiedene Anschlagstypen beinhaltet (siehe Tabelle 2.1). Der Autor kommt zu dem Ergebnis, dass die Methodik entsprechend der Anwendung und der Anschlagstypen gewählt werden muss und dementsprechend die Parameter anzupassen sind. Nick Collins erweitert die Untersuchungen von Juan Pablo Bello insbesondere mit dem Schwerpunkt der psychoakustisch motivierter Detektionsfunktionen [Col05]. Dies ist wichtig für tonale nicht-perkussive Anschläge wie das Streichen einer Geige, denn dort ist der akustische Anschlag ungleich dem perzeptuellen. Der Autor untersucht 16 verschiedene Detektionsfunktionen für die zwei Anschlagstypen tonal nicht-perkussiv und nicht-tonal perkussiv. Nick Collins schließt ebenso wie Juan Pablo Bello mit dem Hinweis, dass das Verfahren entsprechend des Anschlagstyps gewählt werden muss. Simon Dixon hat einige der Detektionsfunktionen verbessert und erneut getestet [Dix06]. Er unterstreicht die Wichtigkeit, einen möglichst großen Datensatz zur Evaluierung zur Verfügung zu haben, um ihn in Training und Testdaten aufzuteilen. Insbesondere die für die Anschlagsselektion ausschlaggebenden Parameter sind abhängig von den Daten und wurden in allen bis jetzt erwähnten Veröffentlichungen auf das gesamte Testset optimiert.

Die Herausforderung der speziellen Parametrisierung der Verfahren auf die Anschlagstypen versuchte Alexandre Lacoste durch die Verwendung von neuronalen Netzwerken zu überwinden [Lac06]. Florian Eyben verbesserte diesen Ansatz und konnte damit die Music Information Retrieval Evaluation eXchange (MIREX) 2010 gewinnen [Eyb10]. Im Zuge der MIREX werden seit 2005 verschiedene Algorithmen der Anschlagserkennung miteinander verglichen [Dow08]. Der Gewinneralgorithmus im Jahre 2007 von Ruohua Zou implementiert unterschiedliche Anschlagserkennungen, je nachdem ob ein Anschlag perkussiv ist oder nicht. Perkussive Anschläge werden anhand der Energie im Spektrum klassifiziert und tonale nicht-perkussive Anschläge über die Tonhöhe. Axel Röbels Anschlagserkennung schnitt bei der MIREX 2009 am besten ab. Mithilfe der Energieverteilung im Zeitsignal des aktuellen Fensters unterteilt er die spektralen Maxima in transient und nicht-transient [Röb09a].

Der Literaturüberblick soll durch zwei weitere Veröffentlichungen geschlossen werden. Die erste verwendet die größte bekannte Datenbank zur Evaluierung und die zweite berücksichtigt musikalisches Wissen bei der Anschlagserkennung. Sebastian Böck legt in seiner Veröffentlichung den Fokus auf die Bestimmung von Anschlägen in Echtzeit, daher schon während ein Musikstück abgespielt wird [Bö12]. Dafür geht er insbesondere auf Möglichkeiten der Vorverarbeitung (Filterung, Logarithmus und Adaptive Whitening) ein und stellt eine neue Form der Anschlagsselektierung in Echtzeit vor. Die Evaluierung findet auf einer neuen großen Datenbank statt, welche unter anderem auch die Daten von Bello beinhaltet und insgesamt 25.966 Anschläge umfasst, darunter 19.492 für komplexe Signale. Noberto Degara stellt ein statistisches Framework vor, welches auf der Grundlage einer beliebigen Detektionsfunktion arbeitet und die Abstände zwischen den Anschlägen mit Hilfe eines Hidden-Markov-Modells beschreibt [Deg11]. Damit wird musikalisches Wissen, insbesondere über die Regelmäßigkeit der Abstände von Anschlägen bei der Anschlagserkennung berücksichtigt.

2.2.2 Datenbanken

Die Datenbank Bello zur Evaluierung von Anschlägen beinhaltet Musikstücke aller vier Anschlagstypen (vgl. Abschnitt 2.1.2). Die Datenbank ist eine der wichtigsten im Bereich der Anschlagserkennung und nach dessen Hauptautor Juan Pablo Bello benannt [Bel05]. Die Datenbank besteht aus 23 Musikstücken mit einer Länge von 11 - 60 s. Eine Übersicht über die Anzahl der markierten Anschläge pro Anschlagstyp ist in Tabelle 2.1 zu finden. Eine weitere Datenbank wurde von Daudet Leveau vorgestellt [Lev04]. Im Gegensatz zu Bello werden statt vier nur drei verschiedene Anschlagstypen verwendet. Der Umfang von 17 Titeln mit je 11 - 30 s Länge ist überschaubar. Die Anzahl der markierten Anschläge gibt wiederum Tabelle 2.1 an.

Datenbank	**Anschlagstyp**	**Anschläge**
Bello [Bel05]	Tonal nicht-perkussiv	93
	Tonal perkussiv	484
	Nicht-tonal perkussiv	212
	Komplex	271
	Summe:	1.060
Leveau [Lev04]	Tonal nicht perkussiv	242
	Tonal perkussiv	174
	Komplex	328
	Summe:	744

Tabelle 2.1: Übersicht über den Datensatz Bello und Leveau mit der Anzahl annotierten Anschläge pro Anschlagstyp.

2.2.3 Übersicht

Tabelle 2.2 gibt einen Überblick über die vorgestellten Veröffentlichungen. Viele heute gängige Verfahren wurden nach der Jahrtausendwende vorgestellt. Neueste Veröffentlichungen wenden sich neuronalen Netzen und statistischen Verfahren zu und verwenden größere Datenbanken zur Evaluierung. Die Veröffentlichungen unterscheiden sich in der gewählten Detektionsfunktion, den Daten welche für die Evaluierung verwendet wurden und den Evaluierungsgrößen. Als Detektionsfunktion wird am häufigsten die Spectral Difference verwendet. Sie ermöglicht den Vergleich der Ergebnisse verschiedener Veröffentlichungen. Die Datensätze sind nach ihren Autoren benannt, wobei in den Klammern die Anzahl der Titel genannt ist. Am häufigsten wurde der Datensatz von Juan Pablo Bello verwendet [Bel05]. Viele Autoren stellen eigene Datensätze zusammen, oder kombinieren bzw. annotieren bereits verfügbare Datensätze, wie Teile des Ballroom Dance Sets [Gou06]. Bei der Evaluierung werden die detektierten Anschläge mit manuell annotierten verglichen. Der Toleranz gibt an, in welchem Zeitbereich ein detektierter Anschlag einer Referenz zugeordnet wird. Ausgehend davon werden verschiedene Evaluierungsmaße vorgestellt, auf die in Abschnitt 2.6.1 näher eingegangen wird.

2.3 R60-Datenbank

Für die Evaluierung von Algorithmen zur Anschlagserkennung in komplexen Musiksignalen sind die existenten Datenbanken nicht ausreichend. Die Datenbank von Sebastian Böck war zu dem Zeitpunkt der Durchführung der Experimente noch nicht verfügbar [Bö12]. Simon Dixon weist darauf hin, dass die Testdaten repräsentativ für

Literatur	Detektionsfunktion	Daten	Anschläge	Kenngröße	Toleranz in ms
[Kla99]	PSY	Klap (10)	434	CDR	-
[Dux02]	SED	Dux (6)	-	CDR	±50
[Liu03]	NAE	Liu (10)	2.471	CDR	-
[Bel03]	PD	Bel(6)	344	TP%, FP%,ROC	±50
[Bel04]	SD, PD, CD	Bello(6)	1.060	TP%, FP%, ROC	±50
[Bel05]	SD, HFC, PD, WRM, NLL	Bello (23)	1.060	TP%, FP%, ROC	±50
[Col05]	SD, HFC, PSF, PSY	Bello (23)	1.060	CDR, ROC	±25
[Dix06]	SD, PD, CD, WPD, NWPD, RCD	Bello (23), Piano (4h)	1.060 106.054	RCL, PRE, F, ROC	±50
[Lac06]	NN	BRD-S1, MIREX05	-	F	-
[Eyb10]	NN	Bello(23), BRD-S2 (87)	1.060, 5474	RCL, PRE, F	±25,±50
[Deg11]	Beliebig + HMM	Bello-C (7) + Daudet (6)	551	Pre,RCl,F,	±50
[Bö12]	SD, WPD, CD	Bello(23)+ BRD-S2(87)+ Holz(82)+ Böck(119)	27.774	RCL, PRE, F	±25

Tabelle 2.2: Literatur Anschlagserkennung – **Detektionsfunktionen:** PSY: Psychoakustisch motiviert, SED: Subband Energy difference, NAE: Note Average Energy, PD: Phase Deviation, SD: Spectral Difference, CD: Complex Domain, HFC: High Frequency Content, WRM: Wavelet Regularity Modus, NLL: Negative Log-Likclihood, PSF: Perceptual Spectral Flux, WPD: Weighted Phase Deviation, NWPD: Normalised Weighted Phase Deviation, RCD: Rectified Complex Domain, NN: Neuronal Network, **Daten** mit Anzahl Titeln, **Kenngrößen** CDR: Correct Detection Ratio, TP%: True Positive Rate, FP%: False Positive Rate, ROC: Receiver Operating Curves, RCL: Recall, PRE: Precision, F: F-Measure.

die „reale Welt“ sein müssen, da sonst die präsentierten Resultate entweder zu optimistisch oder in manchen Fällen zu pessimistisch sind [Dix06]. Dixon führt weiterhin auf, dass die Datensätze groß genug für die Erstellung eines separaten Test- und Trainingssets sein müssen, um Überanpassung zu vermeiden. In jedem Fall ist der Anteil der komplexen Musikstücke beider verfügbarer Datenbanken sehr gering (vgl. Tabelle 2.1). Außerdem sind diese Datenbanken bereits häufig verwendet worden, was auch zu einer Überanpassung bezüglich dieser Datenbanken in den Ergebnissen der Literatur führen kann [Hol12].

Oftmals wird vor der Zusammenstellung und der zeitaufwändigen manuellen Annotation neuer Datenbanken zurückgeschreckt [Hai03]. Die hier vorgestellte R60-Datenbank mit 60 komplexen Musikstücken leistet einen Beitrag zur besseren Evaluierung von Algorithmen zur Anschlagserkennung. Sie stellt mit 10.238 manuell markierten Anschlägen einen der größten bekannten Datensätze dar. Durch ihren Aufbau und weitere Annotationen ist sie außerdem für die Evaluierung von Algorithmen zur rhythmischen Ähnlichkeit und Transkription geeignet.

Die Zusammenstellung der R60-Datenbank erfolgte unter den folgenden drei Gesichtspunkten. Erstens stammen die Titel aus Genres, welche stark durch Rhythmus gekennzeichnet sind und Schlagzeug enthalten. Zweitens sind sowohl klassische Tanzstile als auch populäre Musik enthalten und drittens ist der Gesamtumfang groß genug für disjunkte Trainings- und Testsets, aber klein genug um eine manuelle Annotation zu ermöglichen. Die drei verwendeten klassischen Tanzstile sind Cha Cha Cha, Samba und Tango. Das Audiomaterial wurde sorgfältig aus dem Ballroom Dance Set von Fabian Gouyon ausgewählt [Gou06]. Jedes Genre enthält zehn Titel, wobei jeder Titel 30 s lang ist. Die Vertreter der populären Musik, Electronic, Hip Hop und Reggae wurden von einer Musikwissenschaftlerin zusammengestellt. Für die Datenbank wird jeweils der Ausschnitt von 30 - 60 s verwendet. Tabelle 2.3 ermöglicht einen Überblick über die Datenbank. Eine namentliche Auflistung aller Titel ist im Anhang in Tabelle A.1 zu finden.

Genre	**Titel**	**Anschläge**
Cha Cha Cha	10	1.374
Samba	10	1.873
Tango	10	1.133
Electronic	10	2.256
Hip Hop	10	1.941
Reggae	10	1.661
Summe:	60	10.238

Tabelle 2.3: Übersicht R60-Datenbank mit Anzahl Titel pro Genre und Anzahl markierter Anschläge.

2.3.1 Markierung der Anschläge

Für die der Markierung der Anschläge durch zwei Musikexperten wird der Sonic Visualizer als Hilfsmittel verwendet [Can06]. Er ermöglicht eine gleichzeitige Darstellung der Zeitfunktion als auch des Spektrogramms, beliebige Navigation im Audiomaterial, Markierung von Ereignissen und das Exportieren der Markierungen in Textdateien. Um die Markierung der Anschläge zu beschleunigen, wurden die Anschläge zunächst durch einen automatischen Algorithmus berechnet. Der Experte untersucht dann jede Markierung, verschiebt, löscht oder erzeugt neue Markierungen. Dabei werden die Erläuterungen in der Veröffentlichung von Leveau beachtet und folgende Regeln befolgt [Lev04]:

- Jeder Anschlag wird markiert (z. B. Schlagzeug, Bass, Klavier, Stimme, ...)
- Anschläge verschiedener Instrumente zum gleichen Zeitpunkt sind ein Anschlag
- Der akustische Anschlag wird annotiert (vgl. Abschnitt 2.1.1)
- Zwei benachbarte Labels haben einen Mindestabstand von 20 ms

Der Mindestabstand von 20 ms zweier Anschläge ist damit begründet, dass der Mensch erst ab diesem Abstand fähig ist die Reihenfolge zweier Anschläge zu bestimmen. 73 % der Anschläge des automatischen Algorithmus wurden von den Musikexperten verändert.

2.3.2 Varianz der manuellen Labels

Um die Unterschiede der Markierung von Anschlägen zwischen den zwei Musikexperten zu untersuchen, wurden sechs Titel von beiden bearbeitet. Die genaue Position der Markierung ist subjektiv. Wie eingangs in Abschnitt 2.1.1 erwähnt, soll der akustische Zeitpunkt markiert werden. Die ermittelte Varianz ist entscheidend für die Bewertung automatischer Algorithmen. In Anlehnung an Leveau beschreiben die Markierungen der zwei Experten dann den gleichen Anschlag, wenn sie in einem Toleranzbereich von ±100 ms liegen [Lev04]. Das bedeutet, die Markierung von Experte 1 kann 100 ms vor oder nach der Markierung von Experten 2 erfolgen und trotzdem den gleichen Anschlag markieren. Leveau bezeichnet diese Markierungen dann als konsistent. Sollte mehr als eine Markierung im Toleranzbereich liegen, so werden die Markierungen mit dem kleinsten Abstand aufeinander abgebildet.

Die zwei Experten unterscheiden sich in der Markierung der Anschläge für die sechs Titel. Experte 1 tendiert dazu, mehr Labels zu setzen, wie die Anzahl der Anschläge pro Experte in Tabelle 2.4 verdeutlicht. Nur für das Genre Tango setzt Experte 1 deutlich mehr Anschläge. Nach der Betrachtung des Audiomaterials und der zwei Labelspuren von Experte 1 und Experte 2 sind die Gründe für die unterschiedliche Markierung in Schwierigkeiten bezüglich der genauen Bestimmung und Bewertung von

- dem genauen Zeitpunkt der Stimme,

- Soundartefakten wie Rauschen,
- Trommelwirbel,
- kaum hörbaren Tönen,
- und falsch markierten Anschlägen

zu suchen. Trotz der genannten Schwierigkeiten sind 94,6 % der Label von Experte 1 konsistent mit denen von Experte 2. Bei genauer Betrachtung der zeitlichen Differenz

Titel	**Genre**	**Experte 1**	**Experte 2**	**Konsistent**
Cha087	Cha Cha Cha	158	166	157
Sam070	Samba	172	193	166
Tan033	Tango	103	92	86
Ele005	Electronic	272	287	271
Hip006	Hip Hop	198	206	176
Reg005	Reggae	159	157	149
	Summe:	1.062	1.101	1.005

Tabelle 2.4: Anzahl Labels der Experten für sechs Titel unterschiedlichen Genres. Ein Anschlag ist konsistent, wenn er sowohl vom Experten 1 als auch vom Experten 2 in einem Zeitraum von ±100 ms gesetzt wurde.

konsistenter Label werden Unterschiede zwischen den Genres deutlich. Der Abstand der konsistenten Labels ist in Abbildung 2.4 als Histogramm dargestellt. Die hohe Übereinstimmung in elektronischer Musik gegenüber den Tanzstilen liegt im Signal begründet. Die elektronische Musik hat keinen Gesang und besitzt ein programmiertes Schlagzeug. Die Qualität der Audiodateien für den Tanzstil ist schlechter, was auch zu Schwierigkeiten beim Platzieren der Markierungen führen kann. Fast alle konsistenten Anschläge liegen im Bereich ± 50 ms. 95,3 % der 1.005 konsistenten Anschläge liegen in einem Toleranzbereich von ± 20 ms, was für eine weitere Evaluierung empfohlen wird.

2.4 Detektionsfunktionen

Um die Anschläge innerhalb eines Musikstückes zu finden, wird aus dem Audiomaterial zunächst eine Detektionsfunktion gebildet. Neben der Datenreduktion durch eine deutlich geringere Abtastrate, sollte sie die Anschläge durch Maxima hervorheben [Sto07]. Die Literaturübersicht in Tabelle 2.2 verdeutlicht, dass vielfältige Ansätze existieren.

Am häufigsten wird die Spectral Difference als Detektionsfunktion verwendet, um eine Vergleichbarkeit zwischen den Veröffentlichungen zu ermöglichen. Es existiert ein weiterer Grund, die Spectral Difference auch im Zuge dieser Arbeit vorzustellen.

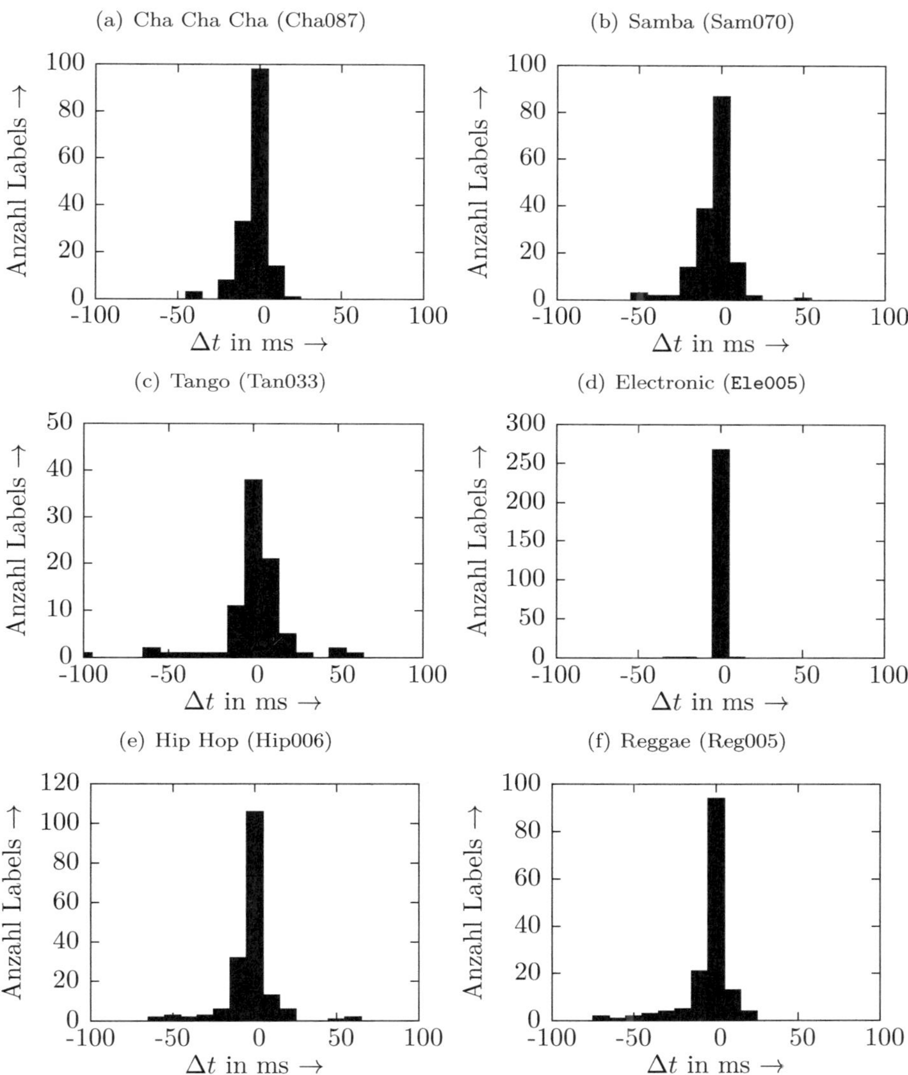

Abbildung 2.4: Histogramm des Zeitunterschieds von konsistenten Labels zweier Experten für sechs Titel unterschiedlichen Genres mit einem Toleranzbereich von ±100 ms. Bei negativen Werten hat Experte 1 die Labels später als Experte 2 gesetzt.

Detektionsfunktionen auf der Grundlage spektraler Merkmale eignen sich gut für perkussive Signale und damit auch für Musikstücke mit Schlagzeug. Weiterhin wird die High Frequency Content Detektionsfunktion betrachtet, welche sich ebenfalls für perkussive Signale eignet. Aus den Prinzipien dieser Detektionsfunktionen kann dann eine Detektionsfunktion auf der Grundlage des Audio Spectrum Envelopes, ein Merkmal des MPEG7 Standards, entwickelt werden. Es werden fünf unterschiedliche Detektionsfunktionen vorgestellt.

2.4.1 Spectral Difference

Ein Anschlag in der Musik ist vor allem durch die Energieänderung im Spektrum gekennzeichnet. Deswegen ist es naheliegend die zeitliche Differenz aufeinanderfolgender Betragsspektren als Detektionsfunktion zu verwenden. Dieses Merkmal wird in der Literatur als Spectral Difference oder auch Spectral Flux bezeichnet [Mas96, Dix06]. Dabei findet sowohl der City-Block-Distanz [Mas96], als auch der euklidische Abstand als Distanz Anwendung [Dux02]. In den vorliegenden Untersuchungen wird die City-Block-Distanz gewählt, womit sich die Spectral Difference ergibt.

$$\mathrm{SD}(l) = \sum_{n=0}^{N-1} |(|X_n(l+1)| - |X_n(l)|)| \tag{2.5}$$

Durch die nötige Fensterung für die Merkmalanalyse stellte sich die Frage der zeitlichen Zuordnung eines Zeitfensters für die Differenz zweier Zeitfenster erneut (vgl. Gleichung (2.4)). Da ein Zeitfenster zeitlich dessen Mitte zugeordnet wird, wird die Differenz zweier aufeinanderfolgender Zeitfenster genau durch deren Mitte gekennzeichnet. Abbildung 2.5 verdeutlicht diesen Sachverhalt und markiert den Zeitpunkt der Differenz mit $t_l^{(D)}$.

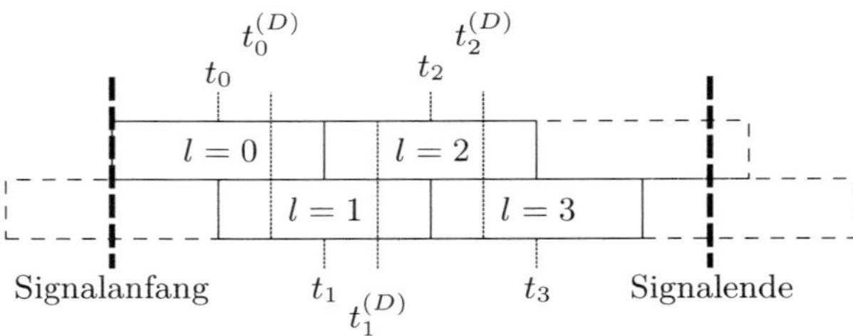

Abbildung 2.5: Zeitliche Zuordnung der Differenz zweier Zeitfenster.

Für die zeitliche Zuordnung der Differenz zweier Zeitfenster gilt weiterhin: N ist die Fenstergröße, M die Fortsetzrate, l der Fensterindex und f_A die Abtastrate.

$$t_l^{(D)} = \frac{t_{l+1} + t_l}{2} = \frac{N + 2lM + M}{2f_A} \tag{2.6}$$

Bei der Analyse der Audiodaten mit f_A=44,1 kHZ werden Zeitfenster mit N=1.024 Abtastwerten, eine 50 %-Überlappung mit M=512 Abtastwerten und die Hanning-Fensterfunktion verwendet. Bei der Abtastrate von f_A=44,1 kHZ ergibt sich eine

Abtastrate der Detektionsfunktion von f_D=86,13 Hz. Die Berechnung der Spectral Difference Detektionsfunktion erfolgt mithilfe der Implementation der *mirtoolbox* in matlab [Lar07].

Eine häufige Erweiterung der Spectral Difference berücksichtigt nur den positiven Anstieg der Energie zweier Spektren (SDP). Damit wird der Fokus auf den Anschlag eines Tones gelegt, bei dem ein deutlicher Energieanstieg im Spektrum zu verzeichnen ist, denn auch das Abklingen eines Tones macht sich in der Differenz der Spektren bemerkbar, allerdings nimmt die Energie dort ab.

$$\mathrm{SDP}(l) = \sum_{n=0}^{N-1} H(|X_n(l+1)| - |X_n(l)|) \tag{2.7}$$

Dabei stellt die Funktion

$$H(x) = \frac{x + |x|}{2} = \begin{cases} 0 & : x \leq 0 \\ x & : x > 0 \end{cases} \tag{2.8}$$

sicher, dass nur Differenzen von Spektrallinien mit positiver Änderung in die Berechnung eingehen.

2.4.2 High Frequency Content

Der Anschlag eines Beckens führt zu einem breitbandigen Ereignis im Spektrum. Der große Anteil der Signalenergie eines Musikstückes ist in den tiefen Frequenzen zu finden, wo Grundfrequenzen und Obertöne liegen [Mas96, S.132]. Deswegen kann ein perkussiver Anschlag insbesondere durch die Signaländerung in den hohen Frequenzen erkannt werden. Die Detektionsfunktion High Frequency Content ist ein gewichtetes Energiemaß des Zeitfensters l, welches eine lineare Gewichtung der Spektrallinien vornimmt.

$$\mathrm{HF}(l) = \sum_{n=0}^{\frac{N}{2}} (n+1)|\underline{X}_n(l)|^2 \tag{2.9}$$

2.4.3 Spectral Energy – MPEG-7

Nach der Vorstellung zweier bekannter Detektionsfunktionen, soll die Möglichkeit untersucht werden die Anschläge auch auf der Grundlage des Audio Spectrum Envelopes, einem Merkmal des MPEG-7 Standards, zu ermitteln [Kim06]. Das Audio Spectrum Envelope Merkmal fasst Spektrallinien logarithmisch in Bändern zusammen. Eric D. Scheirer stellte fest, dass es für die Anschlagserkennung von Vorteil sein kann, wenn der Frequenzbereich in weniger Bänder aufgeteilt wird [Sch98]. Für die Berechnung des Audio Spectrum Envelopes (ASE) auf der Grundlage des Spektrums gelten durch den MPEG-7 Standard festgelegte Rahmenbedingungen. Die logarithmische Aufteilung des Spektrums in Frequenzbänder wird durch die Grenzfrequenzen loEdge und hiEdge begrenzt.

Die Grenzfrequenzen müssen dabei über den Faktor 2^m mit 1 kHz in Beziehung stehen, um eine volle Anzahl an Oktaven zu erhalten. Die Auflösung zwischen den Grenzfrequenzen beträgt $r = 2^i$ Oktaven, wobei die ganze Zahl i den Wertebereich $(-4 \leq i \leq 3)$ annehmen kann. Damit sind acht mögliche Aufteilungen von $^1/_{16}$ einer Oktave bis zu 8 Oktaven ermöglicht. Die Grenzfrequenzen loF_b und hiF_b eines Frequenzbands b berechnen sich mit $loF_b = \text{loEdge} \cdot 2^{(b-1)r}$ und $hiF_b = loEdge \cdot 2^{br}$ wobei $1 \leq b \leq B$ gilt und B die Anzahl der logarithmischen Bänder zwischen [loEdge, hiEdge] ist. Zusätzlich entstehen immer die zwei Frequenzbänder mit den Grenzfrequenzen [0, loEdge] (Lower Band $b = 0$) und [hiEdge,$f_A/2$] (Upper Band $b = B+1$). Das Audio Spectrum Envelope Merkmal berechnet sich durch die Summe der entsprechenden Spektrallinien des Spektrums mit

$$\text{ASE}_b = \sum_{n=loF'_b}^{hiF'_b} |\underline{X}_n|^2 \qquad (1 \leq b \leq B) \tag{2.10}$$

Auf die Zuordnung der Grenzfrequenzen $[loF_b, hiF_b]$ eines Bands zu den im Spektrum vorhandenen Frequenzlinien $[loF'_b, hiF'_b]$ wird in [Kim06] näher eingegangen.

Für die im Folgenden vorgestellten Untersuchungen wird das Audio Spectrum Envelope Merkmal mit den Parametern $loEdge$=125 Hz, $hiEdge$=8.000 Hz und r=0.5 berechnet. Der Frequenzbereich [125 Hz, 8.000 Hz] umfasst sechs um 1 kHz zentrierte Oktaven, welche jeweils in zwei Bänder aufgeteilt werden. Inklusive des Lower und Upper Bands ergeben sich vierzehn Frequenzbänder. Für die Umsetzung wird die MPEG-7 Referenzsoftware benutzt, welche bei einer Abtastfrequenz von f_A=44,1 Hz eine Fenstergröße von N=1.323 und eine Fortsetzrate von M=441 Abtastwerten verwendet [Cas03].

Auf der Grundlage des ASE-Merkmals werden im Folgenden Detektionsfunktionen entwickelt. Da es sich bei dem Audio Spectrum Envelope um eine reduzierte Darstellung des Spektrums handelt, liegt es nahe, bekannte Strategien anzuwenden. Angelehnt an die Spectral Difference wird die zeitliche Differenz zweier aufeinanderfolgender Merkmalvektoren als Detektionsfunktion berechnet.

$$\text{SE}(l) = \sum_{b=0}^{B+1} |(\text{ASE}_b(l+1) - \text{ASE}_b(l))|. \tag{2.11}$$

Angelehnt an die Detektionsfunktion SDP (vgl. Formel (2.7)) wird die Variante für die Betrachtung der positiven Änderungen, zur Fokussierung auf die Anschläge statt dem Abklingen eines Anschlags, eingeführt.

$$\text{SEP}(l) = \sum_{b=0}^{B+1} H(\text{ASE}_b(l+1) - \text{ASE}_b(l)). \tag{2.12}$$

Eine weitere Verbesserungsmöglichkeit für die Erkennung von Anschlägen auf der Grundlage des ASE-Merkmals, ist die Vorverarbeitung der einzelnen Bänder [Gru09]. Dafür wird jedes Band einzeln zunächst mit einem Tiefpass 1. Ordnung geglättet.

$$0,2\text{ASE}_b^{(s)}(l) = \text{ASE}_b(l) - 0,8\text{ASE} - b(l-1) \tag{2.13}$$

Anschließend erfolgt die Normierung jedes Bands auf das jeweilige Maxima des Bands im gesamten Musikstück. Diese Vorüberlegung trifft auch Dan Stowell in seiner Veröffentlichung über das Adaptive Whitening und bezeichnet es als Peak Spectrum Profile, welches sicherstellt, dass die Maxima der einzelnen Bänder gleich sind [Sto07]. Dadurch werden Energieunterschiede in den Bändern ausgeglichen.

$$\mathrm{ASE}_b^{(sn)}(l) = \frac{\mathrm{ASE}_b^{(s)}(l)}{max\left(\mathrm{ASE}_b^{(s)}\right)} \tag{2.14}$$

Abschließend werden die einzelnen Bänder unterschiedlich gewichtet, wobei die tiefen und hohen Frequenzen betont werden [Gru09]. Die Betonung der hohen Frequenzen folgt der gleichen Begründung wie in Abschnitt 2.4.2 der High Frequency Detektionsfunktion. Mit dem experimentell ermittelten Gewichtsvektor $\vec{g} = [1{,}5\ 1{,}5\ 1{,}5\ 0{,}5\ 0{,}5\ 0{,}5\ 0{,}5\ 0{,}5\ 0{,}75\ 0{,}75\ 0{,}75\ 1\ 1{,}5\ 1{,}5]$ ergibt sich die Detektionsfunktion nach der Vorverarbeitung der einzelnen Bänder.

$$\mathrm{SEB}(l) = \sum_{b=1}^{B} g_b \left(\mathrm{ASE}_b^{(sn)}(l+1) - \mathrm{ASE}_b^{(sn)}(l)\right) \tag{2.15}$$

2.4.4 Vergleich der Detektionsfunktionen

Die Charakteristik der verschiedenen Detektionsfunktionen lässt sich am besten an einem Beispiel verdeutlichen. Abbildung 2.6 zeigt einen drei Sekunden langen Ausschnitt aus dem Lied *Message in a Bottle*. Es handelt sich um zwei Takte nach dem Refrain, in denen Sting die Zeile singt, welche dem Lied ihren Namen gab. Die oberste Abbildung zeigt die Schalldruckzeitfunktion. Zusätzlich wurden die Anschläge der Bass Drum und der Hi Hat manuell annotiert. Es ist zu erkennen, dass die Bass Drum auf jedem Grundschlag gespielt wird und die Hi Hat zunächst Achtelnoten spielt mit einer Variation bei 1,5 s und 1,8 s. An dieser Stelle wurde aus Gründen der Übersicht darauf verzichtet, die Anschläge der Bassgitarre oder anderer Instrumente einzuzeichnen. Entweder die Bass Drum oder die Hi Hat werden zudem zu jedem Anschlag gespielt. Als einzige Ausnahme ist in dem kurzen Ausschnitt der Anschlag bei 2,1 s zu sehen, welcher durch die Stimme hervorgerufen wird. Im Spektrogramm sind die unterschiedlichen Frequenzeigenschaften der gewählten Schlaginstrumente deutlich zu erkennen, so erzeugt insbesondere die Hi Hat eine deutliche breitbandige Energieänderung.

Interessant ist die Interpretation der verschiedenen Detektionsfunktionen bezüglich ihrer Möglichkeiten die Anschläge im Audiosignal heraus zu arbeiten. In der Tat zeigt die High Frequency Funktion die deutlichsten Maxima für die Anschläge der Hi Hat, da sie eine stärkere Gewichtung der hohen Frequenzen vornimmt. Auch die Detektionsfunktion Spectral Difference kann die Anschläge gut abbilden, wobei im Vergleich zu HF auffällt, dass die Maxima der Anschläge zumeist zeitlich etwas eher liegen. Dies ist damit zu erklären, dass bei Anschlägen wie bei 0,5 s die Hi Hat und die Bass Drum gleichzeitig spielen. Die Bass Drum verursacht eine starke Energieänderung, welche

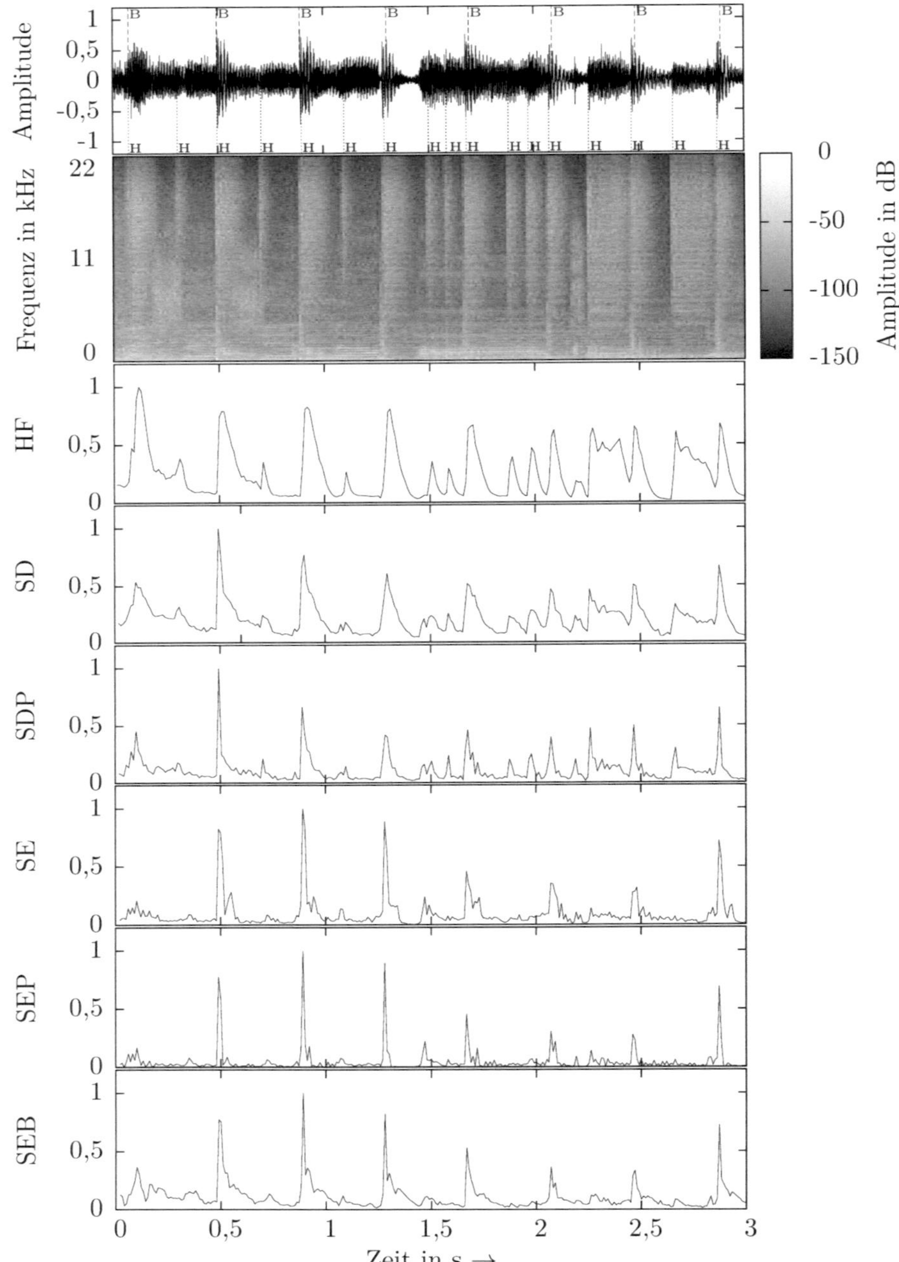

Abbildung 2.6: Zwei Takte des Liedes *Message in a Bottle* im Anschluss an den Refrain. Schalldruck-Zeitfunktion mit manuell gesetzten Labels für die Bass Drum (B) und Hi Hat (H), Spektrogramm und normalisierte Detektionsfunktionen.

bei SD deutlich mehr ins Gewicht fällt, als bei HF. Zudem wird zum Beispiel bei dem Anschlag bei 1,6 s deutlich, dass die Hi Hat etwas später angespielt wurde als die Bass Drum. SDP hat noch deutlichere Maxima als SD. Die drei Detektionsfunktionen SE, SEP und SEB auf der Grundlage des ASE-Merkmals unterscheiden sich in der Abbildung der Hi-Hat-Anschläge. So wird der Hi Hat Anschlag bei 1,8 s von SEP nicht erfasst. Dies wird etwas besser bei der SEB, was vor allem in der unterschiedlichen Bewertung der Bänder begründet ist. Die Anschläge der Bass Drum werden dagegen von allen drei Detektionsfunktionen gut abgebildet.

2.5 Anschlagsselektion

Auf der Grundlage der Detektionsfunktionen werden die Anschläge mit einem einheitlichen Verfahren, der Anschlagsselektion, bestimmt. Dazu erfolgt zunächst eine Nachverarbeitung der Detektionsfunktionen, um den Effekt von Störgeräuschen zu unterdrücken und unterschiedlichen Dynamikumfang auszugleichen [Bel05]. Ziel ist es, in der Detektionsfunktion isolierte Maxima zu erhalten, um mittels eines Schwellwertes einige Maxima als Anschläge zu identifizieren. Die Anschlagsselektion besteht aus den Teilschritten Gleichanteil entfernen, Normalisierung, Glättung durch einen Tiefpassfilter mit der Grenzfrequenz f_g, Dynamikausgleich mittels eines adaptiven Schwellwertes der Kontextgröße M, Festlegung der Sensitivität durch einen festen Schwellwert δ und der Selektion der lokalen Maxima als Anschlag. Abbildung 2.7 zeigt den Ablauf der Anschlagsselektion.

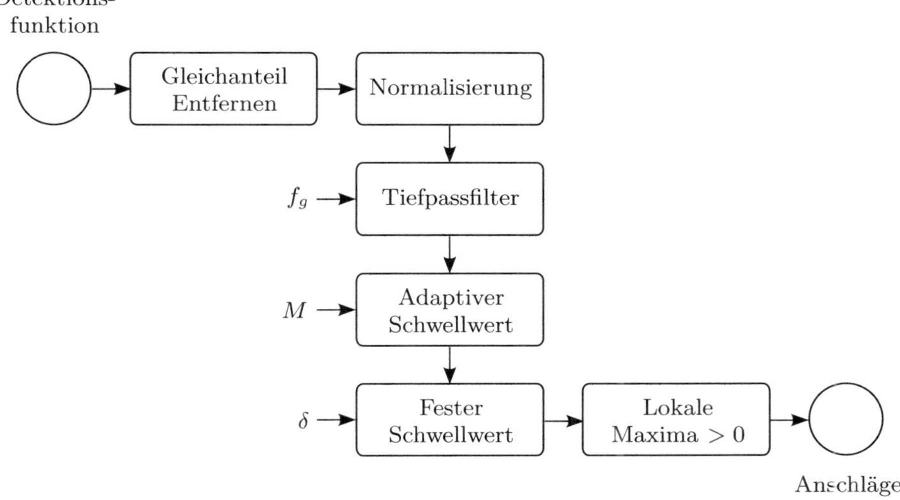

Abbildung 2.7: Ablauf der Anschlagsselektion mit den durch Training zu ermittelnden Parametern Grenzfrequenz f_g, Kontextgröße M und festem Schwellwert δ.

Die Parameter f_g, M, δ der Anschlagsselektion sind abhängig von der Detektionsfunktion und dem Anschlagstyp. Sie müssen deswegen für jede Detektionsfunktion trainiert werden. Die Parameter, welche auf dem Trainingsset zum höchsten F-Measure führen, werden der Detektionsfunktion zugeordnet. Auf diesen Fakt wird im Abschnitt 2.6.2 nochmals genauer eingegangen, da in einigen Veröffentlichungen das Training dieser Parameter auf dem Testset vorgenommen wird [Bel05].

Für die Glättung der Detektionsfunktionen wird ein Tiefpass zweiter Ordnung mit der Grenzfrequenz f_g verwendet. Die Berechnung der Filterkoeffizienten erfolgt über das Butterworth Filterdesign. Der adaptive Schwellwert dient dazu, leise Passagen in der Musik anzuheben und damit Dynamikschwankungen innerhalb eines Liedes auszugleichen. Dafür wird von jedem Wert der Median mit der Kontextgröße M abgezogen [Bel05, Dix06, Sto07].

$$\mathrm{DF}(l) = \mathrm{DF}(l) - \mathrm{Median}(|\mathrm{DF}(l-M)|, ..., |\mathrm{DF}(l+M)|) \tag{2.16}$$

Abschließend wird mit dem lokalen Schwellwert δ endgültig bestimmt, welche Maxima als Anschlag detektiert werden.

$$\mathrm{DF}(l) = \mathrm{DF}(l) - \delta \tag{2.17}$$

Je größer der feste Schwellwert δ, desto höher muss ein Maximum sein, um als Anschlag erkannt zu werden. Folglich werden bei einem geringeren δ mehr Anschläge erkannt. Dieser Umstand kann in der Auswertung durch Receiver Operating Curves sichtbar gemacht werden (vgl. Abschnitt 2.6.1).

2.6 Evaluierung

Bei der Evaluierung werden die erkannten Anschläge mit der Referenz verglichen und ausgewertet. In der Methodik werden zunächst Begrifflichkeiten, deren Verwendung und Evaluierungsmaße vorgestellt, um dann die Ergebnisse der Anschlagserkennung auf den Datenbanken Bello-Komplex, Leveau-Komplex und der R60-Datenbank vorzustellen.

2.6.1 Methodik

Toleranzbereich

Ein erkannter Anschlag wird in den seltensten Fällen exakt zeitgleich mit einem Referenzanschlag sein, was schon durch die Fensterung im Zuge der Merkmalanalyse begründet ist. Dazu kommen unterschiedliche Anschlagstypen und verschiedene Detektionsfunktionen, welche die zeitliche Positionierung von Anschlägen beeinflussen. In der Literatur werden laut Tabelle 2.2 zwei Toleranzbereiche verwendet: $\pm$ 25 ms und $\pm$ 50 ms. Pierre Leveaus Untersuchungen unterschiedlicher Markierungen der Anschläge durch den Menschen ergeben eine Toleranz von $\pm$ 20 ms für perkussive Signale, was sich durch die Betrachtungen der Markierung von Anschlägen zweier Experten auf der R60-Datenbank bestätigt hat (vgl. Abschnitt 2.3.2). Die vorgestellten Ergebnisse basieren auf einem Toleranzbereich von $\pm$ 20 ms.

Zuordnung der Anschläge

Grundlegend für die Evaluierung der Algorithmen ist die Zuordnung der erkannten Anschläge zu den Referenzanschlägen. Es folgen die in der Literatur üblicherweise verwendeten Begriffe:

- True Positive (TP): Für einen Referenzanschlag wird innerhalb des Toleranzbereiches ein Anschlag detektiert.
- False Negative (FN): Für einen Referenzanschlag wird im Toleranzbereich kein Anschlag detektiert.
- False Positive (FP): Es wird ein Anschlag detektiert, der in kein Toleranzbereich eines Referenzanschlags fällt.

Auf die wichtige Frage, wie FP und FN genau gezählt werden, gehen nur wenige Veröffentlichungen im Detail ein, obwohl es doch entscheidend für die Interpretation der Ergebnisse ist [Bö12, Dix06]. Abbildung 2.8 verdeutlicht den Sachverhalt.

Unproblematisch sind die Konstellationen in den Abbildungen (a) und (b), welche die Fälle für TP, FP und FN bei jeweils einem detektierten und einem Referenzanschlag darstellen. Abbildung (c) stellt den Fall dar, dass es zwei Detektionen innerhalb des Toleranzbereiches eines Referenzanschlags gibt. In diesem Fall wird ein Anschlag als TP gezählt und damit der Referenz zugeordnet und der zusätzliche Anschlag als FP, da für jede Referenz nur eine Detektion möglich ist. Abbildung (d) zeigt den anderen Fall, dass ein detektierter Anschlag in den Toleranzbereich von zwei Referenzen fällt. In dem Fall wird der Anschlag einer Referenz zugeordnet und erzeugt damit ein TP. Der zweite Referenzanschlag wurde nicht detektiert und ist damit ein FN, da jeder detektierte Anschlag nur genau einer Referenz zugeordnet werden kann. Eine verbreitete Alternative ist den gleichen erkannten Anschlag für beide Referenzen als TP zu werten.

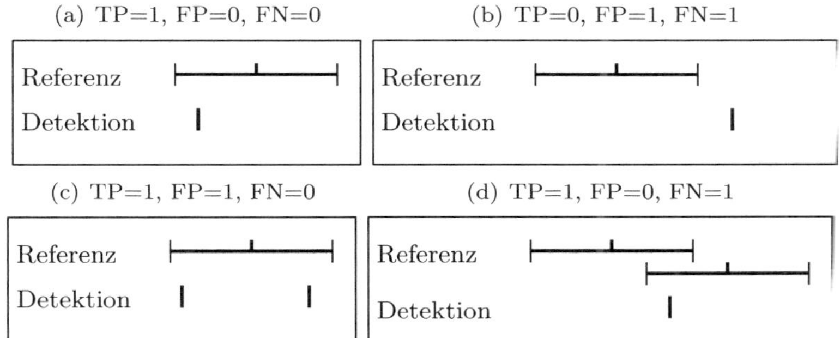

Abbildung 2.8: Bestimmung von True Positive, False Positive und False Negative für verschiedene Konstellationen von Referenzanschlägen und detektierten Anschlägen. Für den Referenzanschlag ist der Toleranzbereich mit eingezeichnet.

Daraus ergibt sich folgende programmatische Umsetzung. Die Evaluierung durchläuft die Referenzschläge. Zunächst wird festgestellt, ob für den aktuellen Referenzanschlag ein Anschlag im Toleranzbereich detektiert wurde. Ist dies der Fall, wird der detektierte Anschlag als verwendet markiert und die Zuordnung als TP gewertet. Sollte es keinen detektierten Anschlag im Toleranzbereich geben, wird ein FN gezählt. Sollte zu einem Referenzanschlag ein (oder mehrere) detektierte Anschläge existieren, die aber alle schon einer Referenz zugeordnet sind, so wird die Referenz als FN gewertet. Nachdem alle Referenzanschläge durchlaufen sind, stellen die nicht zugeordneten detektierten Anschläge die Menge der FP.

Kenngrößen

Als Kenngrößen zur Bewertung und zum Vergleich der Algorithmen sind die Angabe von Recall (RCL), Precision (PRE) und F-Measure (F) üblich. Der Recall gibt an, wie viele der Referenzanschläge tatsächlich erkannt wurden. Dieser Anteil findet sich auch unter der Bezeichnung True Positive Rate TP % in der Literatur wieder.

$$\mathrm{RCL} = \frac{\mathrm{TP}}{\mathrm{TP} + \mathrm{FN}} \tag{2.18}$$

Die Precision gibt an, wie viel der erkannten Anschläge auch tatsächlich in der Referenz vorhanden sind. Sowohl Recall als auch Precision sollten hohe Werte annehmen.

$$\mathrm{PRE} = \frac{\mathrm{TP}}{\mathrm{TP} + \mathrm{FP}} \tag{2.19}$$

In der Literatur findet sich auch die Angabe der False Positive Rate FP % mit PRE %-FP %, welche den Anteil der erkannten Anschläge angibt, für die es keine Referenz gibt. Dieser Wert sollte wiederum möglichst klein sein. Es liegt auf der Hand, dass eine gute Balance zwischen RCL und PRE für eine gute Gesamtbewertung des Systems erwünscht ist. Für die Bewertung des Systems durch einen skalaren Wert hat sich der F-Measure als harmonisches Mittel von RCL und PRE durchgesetzt.

$$\mathrm{F} = \frac{2 \cdot \mathrm{RCL} \cdot \mathrm{PRE}}{\mathrm{RCL} + \mathrm{PRE}} = \frac{2 \cdot \mathrm{TP}}{2 \cdot \mathrm{TP} + \mathrm{FP} + \mathrm{FN}} \tag{2.20}$$

Das Ziel einer guten Anschlagserkennung ist, möglichst viele Referenzanschläge zu erkennen (hohe TP %) und dabei zu vermeiden, dass Anschläge detektiert werden, welche in der Referenz nicht vorkommen (kleine FP %). Wie am Ende des Abschnittes 2.5 zur Anschlagsselektion bereits erwähnt, kann auf dieses Verhältnis durch die Wahl des Schwellwertes δ Einfluss genommen werden. Je größer der Schwellwert ist, desto höher muss ein Maximum in der Detektionsfunktion sein, um als Anschlag erkannt zu werden. Wird der Schwellwert verringert, so werden auch kleinere Maxima als Anschlag erkannt und die Anzahl der erkannten Anschläge steigt. Eine Verringerung des Schwellwertes kann so die TP % erhöhen, aber auch die FP %. Das Verhalten der Algorithmen bei Veränderung des Schwellwertes δ wird in Form von Receiver Operating Curves (ROC), bei denen die TP % über die FP % aufgetragen wird, veranschaulicht.

2.6.2 Ergebnisse

Trainingsdaten Bello-Komplex und Testdaten Bello-Komplex

Die Evaluierung der vorgestellten Detektionsfunktionen beschränkt sich auf komplexe Anschläge (vgl. Abschnitt 2.1.2). Zunächst werden die Musikstücke mit komplexen Anschlägen aus dem Datensatz Bello (vgl. Tabelle 2.1) verwendet. Die Parameter der Anschlagsselektion werden auf den gesamten Datensatz optimiert oder anders ausgedrückt: die Trainingsdaten und Testdaten stimmen überein. Dies entspricht dem Vorgehen in der Veröffentlichung von Juan Pablo Bello und ist angesichts des kleinen Umfangs des Datensatzes auch nachvollziehbar, aber eben auch nicht sehr aufschlussreich über die Allgemeingültigkeit der getroffenen Aussagen [Bel05]. Außerdem widerspricht es grundlegenden Methoden der Mustererkennung [Wol11].

Abbildung 2.9 gibt die Kenngrößen Recall, Precision und F-Measure in Prozent für die sechs betrachteten Detektionsfunktionen an.

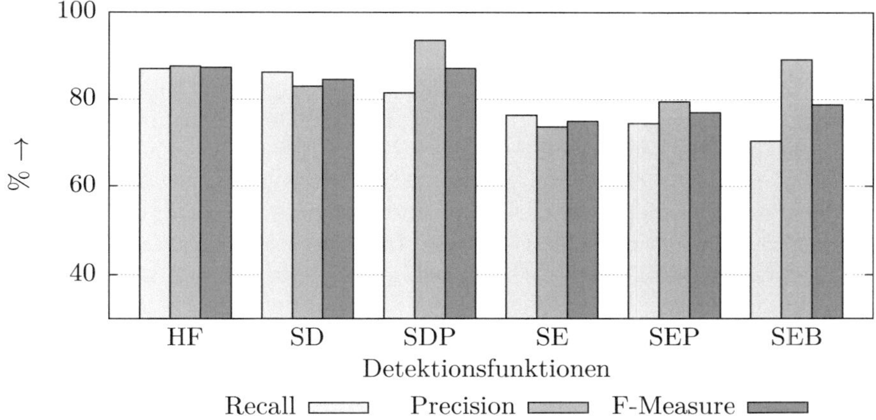

Abbildung 2.9: Ergebnisse der Anschlagserkennung mit Trainingsdaten Bello-Komplex und Testdaten Bello-Komplex in Prozent (Werte in Tabelle A.2).

Die Detektionsfunktion HF hat den größten F-Measure von 87,4 %. Sind bei der HF die Kenngrößen Recall und Precision ausgeglichen, so hat SDP eine deutlich bessere Precision als Recall. Es werden weniger Anschläge erkannt, dafür erhöht sich die Sicherheit, dass ein erkannter Anschlag auch wirklich in der Referenz vorhanden ist. Je nach Anwendungsgebiet kann das ein entscheidendes Auswahlkriterium der Detektionsfunktion sein. Alle auf dem MPEG-7 Merkmal ASE entwickelten Detektionsfunktionen arbeiten schlechter als die Vergleichsfunktionen. Der F-Measure Wert von SE ist 75,0 %, von SEP 77,0 % und von SEB 78,8 %. Im Vergleich der drei Detektionsfunktionen ist eine Veränderung des Verhältnisses von Recall zu Precision, bei annähernd gleichbleibenden F-Measure zu beobachten.

Die Tatsache, der hohen Precision für SDP wird auch in den Receiver Operating Curves in Abbildung 2.10 deutlich. Für die SDP Funktion steigt die True Positive Rate

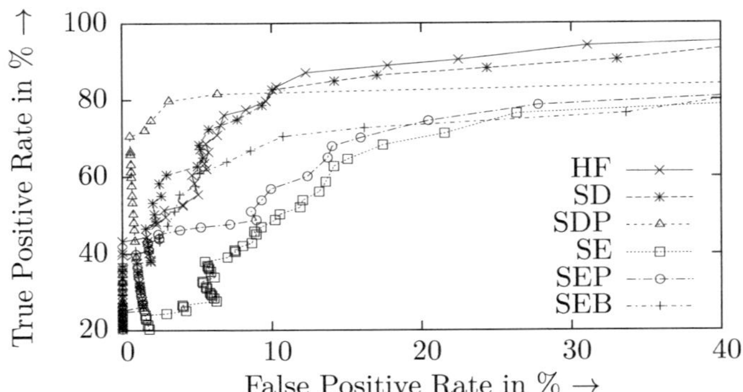

Abbildung 2.10: Receiver Operating Curves bei Trainingsdaten Bello-Komplex und Testdaten Bello-Komplex in Abhängigkeit des Schwellwerts δ in der Anschlagsselektion.

bis etwa 80 % bei sehr geringer False Positive Rate. Danach steigt nur noch die False Positive Rate. Das lässt den Rückschluss zu, dass diese Detektionsfunktion 80 % der Anschläge sehr deutlich herausarbeitet, die restlichen 20% der Anschläge aber durch die Detektionsfunktion nicht abgebildet werden. Dies liegt daran, dass diese 20 % der Anschläge zum Beispiel nicht perkussiv sind und damit nicht durch die positive Änderung des Spektrums modelliert werden. Die Detektionsfunktion SE und SEP haben einen etwas ungewöhnlichen Verlauf bei hohem δ, da nur sehr wenig Anschläge insgesamt erkannt werden. Es ist deutlich zu erkennen, dass True Positive Rate und False Positive Rate im gleichen Verhältnis zunehmen. Einzelheiten über die absolute Anzahl der TP, FP und FN sowie den optimalen Parametern der Anschlagsselektion sind der Tabelle A.3 im Anhang zu entnehmen.

Trainingsdaten Bello-Komplex und Testdaten Leveau-Komplex

Im zweiten Schritt der Evaluierung werden die komplexen Signalstücke aus dem Datensatz Leveau (vgl. Tabelle 2.1) als Testdaten benutzt und somit ein vom Trainingssatz disjunkter Testdatensatz verwendet. Die Ergebnisse sind in Abbildung 2.11 aufgeführt und deutlich schlechter als im Falle der Testdaten Bello-Komplex. Die Detektionsfunktion mit dem besten F-Measure ist weiterhin HF, wobei sie mit 66,2 etwa 20 % schlechter als bei den Testdaten Bello-Komplex ist. Offensichtlich passen die Trainingsdaten nicht gut mit den Testdaten überein. Die F-Measure Werte sind für HF 66,2 %, für SD 60,5 % und für SDP 63,4 %. Für die Funktionen SD und SDP fällt das große Ungleichgewicht zwischen Recall und Precision auf. Offenbar werden sehr viele Anschläge erkannt, von denen viele nicht in der Referenz sind. Es wird deutlich, wie wichtig es ist, sowohl Recall als auch Precision zu betrachten, da bei alleiniger Betrachtung des Recall falsche Schlussfolgerungen gezogen werden könnten. Die Detektionsfunktionen auf der Grundlage des ASE-Merkmals SE mit 49,5 %, SEP mit

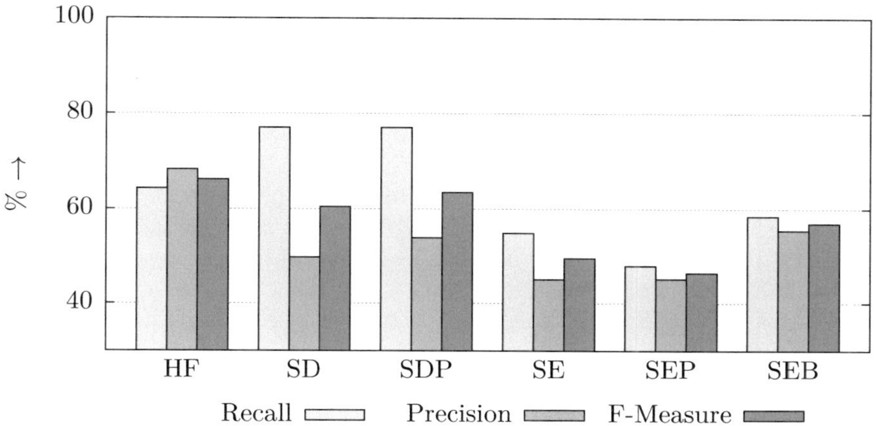

Abbildung 2.11: Ergebnisse der Anschlagserkennung mit Trainingsdaten Bello-Komplex und Testdaten Leveau-Komplex in Prozent (Werte in Tabelle A.4).

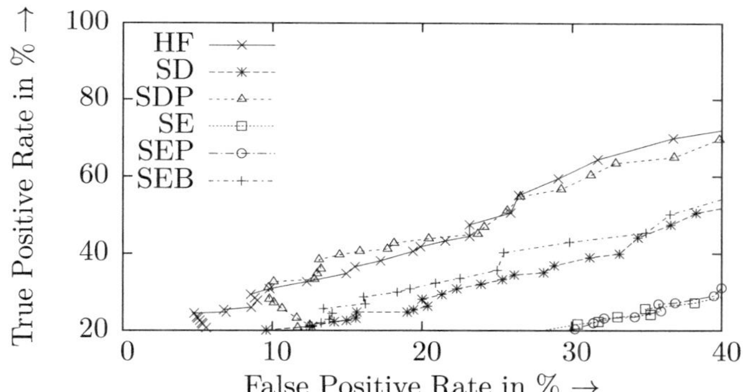

Abbildung 2.12: Receiver Operating Curves mit Trainingsdaten Bello-Komplex und Testdaten Leveau-Komplex in Abhängigkeit des Schwellwerts δ der Anschlagselektion.

46,4 % und SEB mit 57,0 % schneiden deutlich schlechter ab als die Vergleichsfunktionen.

Ein Blick auf die Receiver Operating Curves in Abbildung 2.12 bestätigt die schlechten Ergebnisse. Bei allen Receiver Operating Curves steigt die True Positive Rate im gleichen Maße wie die False Positive Rate. Auf den Leveau-Komplex-Testdaten gibt es keinen wesentlichen Unterschied zwischen SD und SEB. Die absoluten Werte von TP, FP und FN befinden sich mit der Angabe der optimalen Parameter der Anschlagsselektion im Anhang in Tabelle A.5.

Trainingsdaten Bello-Komplex und Testdaten R60-Test

Es ist offensichtlich, dass für einen verlässlichen Vergleich der Detektionsfunktionen mehr annotierte Daten nötig sind, als durch Bello-Komplex und Leveau-Komplex verfügbar. Dafür wurde im Zuge dieser Arbeit die R60-Datenbank entwickelt und annotiert (vgl. Abschnitt 2.3). Die R60-Datenbank wurde in Trainings- und Testset mit je 30 Titeln aufgeteilt. Aus jedem Genre sind fünf Titel in jedem Datensatz wie der Tabelle A.1 im Anhang zu entnehmen ist. Abbildung 2.13 zeigt die Ergebnisse für die Trainingsdaten Bello-Komplex und die Testdaten R60-Test. Die Detektionsfunktion

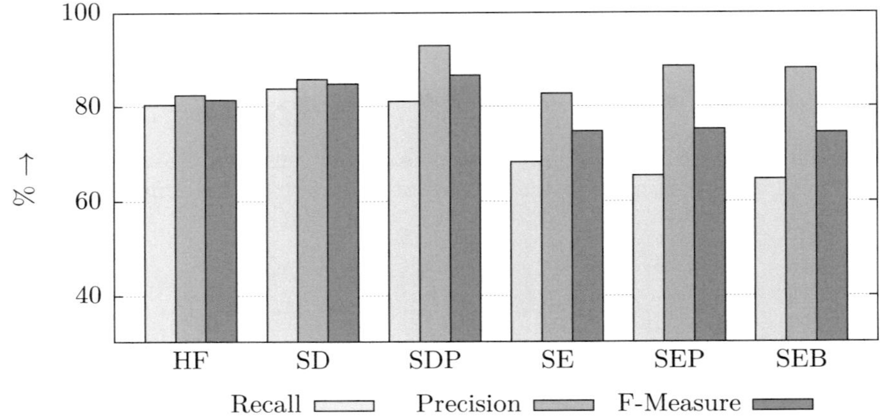

Abbildung 2.13: Ergebnisse der Anschlagserkennung mit Trainingsdaten Bello-Komplex und Testdaten R60-Test in Prozent (Werte in Tabelle A.6).

SDP ist mit 86,6 % F-Measure die beste Funktion zur Erkennung der Anschläge. Wie bereits bei den Testdaten Bello-Komplex hat sie eine sehr hohe Precision, dafür einen etwas geringeren Recall als SD. Auf den R60-Testdaten schneidet sie besser ab als HF mit 81,4 % F-Measure und SD mit 84,8 %. Die drei Detektionsfunktionen auf der Grundlage des ASE-Merkmals SE mit 74,8 %, SEP mit 75,2 % und SEB mit 74,5 % unterscheiden sich im F-Measure unwesentlich. Die Funktionen SEP und SEB erreichen eine höhere Precision als HF und SD und können bei Anwendungsbereiche, bei welchen es auf eine hohe Precision ankommt von Vorteil sein. Die Receiver Operating Curves in Abbildung 2.14 verdeutlichen die Reihenfolge SDP, SD und HF für verschiedene δ der Anschlagsselektion. Die absoluten Werte der Evaluierung und die Parameter der Anschlagsselektion befinden sich im Anhang in Tabelle A.7.

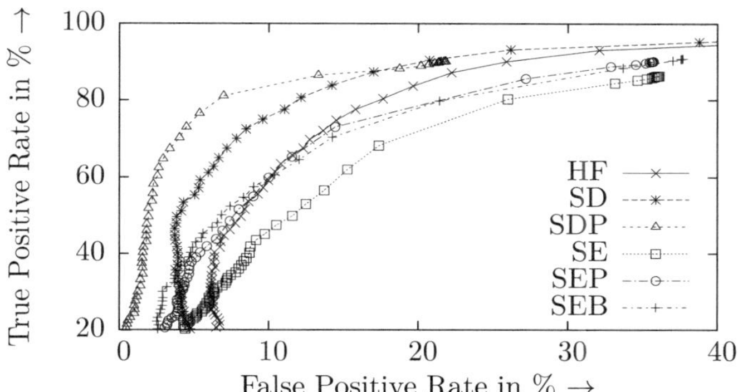

Abbildung 2.14: Receiver Operating Curves mit Trainingsdaten Bello-Komplex und Testdaten R60-Test in Abhängigkeit des Schwellwerts δ der Anschlagselektion.

Trainingsdaten R60-Train und Testdaten R60-Test

Wird für die Evaluierung der zweite Teil des R60 Datensatzes als Trainingsmaterial verwendet, so ergeben sich die Kenngrößen in Abbildung 2.15. Dabei verbessern sich gegenüber dem Training mit den Daten Bello-Komplex alle Detektionsfunktionen, auch wenn die Tendenzen erhalten bleiben. Das bestätigt die Forderung, dass für das Training möglichst gleichartige Daten wie für die Erkennung benutzt werden sollten.

Die Funktion SDP schneidet mit 89,0 % F-Measure am besten ab. Es folgen die Detektionsfunktionen HF mit 85,7 % und SD mit 87,0 %. Im Allgemeinen fällt auf, dass die Verhältnisse von Precision und Recall sich für alle Detektionsfunktionen verbessern. Auch wenn die Detektionsfunktionen auf dem MPEG-7 Merkmal ASE schlechter abschneiden, so sind sie mit einem F-Measure von 75,7 % für SE, 79,6 % für SEP und 78,7 % für SEB für die Anschlagserkennung geeignet. Man bedenke den deutlich reduzierten Informationsgehalt des zu Grunde liegenden ASE-Merkmals gegenüber dem kompletten Spektrum. SEP und SEB haben beide vergleichbare F-Measure Werte. Bei der Entscheidung zwischen diesen beiden Funktionen ist aufgrund der weniger komplexen Berechnung SEP vorzuziehen. Abbildung 2.16 zeigt die Receiver Operating Curves. Durch die deutlich größere Anzahl von Testdaten sind die Kurven deutlich stabiler als im Falle von Bello-Komplex in Abbildung 2.10. SDP und SD schneiden bei allen Werten des Parameters δ am besten ab. HF, SEP und SEB haben einen ähnlichen Verlauf, mit dem Unterschied, dass HF die bessere True Positive Rate erreicht.

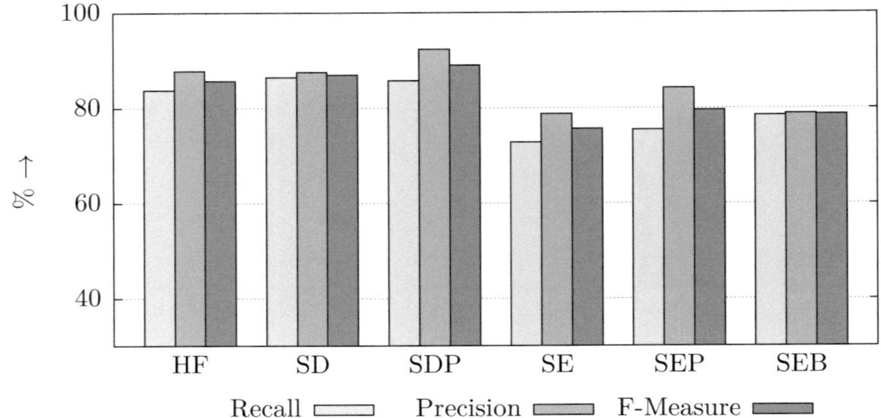

Abbildung 2.15: Ergebnisse der Anschlagserkennung mit Trainingsdaten R60-Train und Testdaten R60-Test in Prozent (Werte in Tabelle A.8).

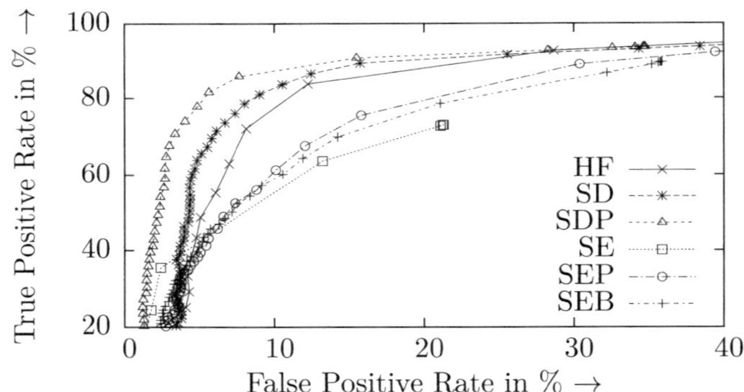

Abbildung 2.16: Receiver Operating Curves mit Trainingsdaten R60-Train und Testdaten R60-Test in Abhängigkeit des Schwellwerts δ der Anschlagsselektion

2.6.3 Schlussfolgerungen

Die Ergebnisse der Vergleichsfunktionen SD mit 86,3 % und HF mit 87,1 % Recall entsprechen auf dem Datensatz Bello-Komplex den Ergebnissen aus der Literatur [Bel05]. Bei der Evaluierung der Detektionsfunktionen auf dem R60-Datensatz werden die besten Ergebnisse mit der Detektionsfunktion SDP mit 85,9 % Recall und 92,4 % Precision erreicht. Das MPEG-7 Merkmal Audio Spectrum Envelope ist als Grundlage für die Erkennung von komplexen Anschlägen geeignet. Bei der Evaluierung auf dem R60-Datensatz mit getrennten Trainings und Testset ist mit der Detektionsfunktion SEP der Recall 75,5 % und die Precision 84,2 %.

Für einen Vergleich von Detektionsfunktionen ist eine ausreichend große Datenbank nötig. Die im Zuge dieser Arbeit vorgestellte R60-Datenbank ermöglicht eine zuverlässige Beurteilung der verschiedenen Algorithmen zur Anschlagserkennung und ist eine der größten existierenden manuell annotierten Datenbanken.

2.7 Anwendung auf Sprache

Können Algorithmen der Anschlagserkennung aus der Musik auch auf die Sprache angewendet werden? Dem muss die Frage voraus gehen, was entspricht einem Anschlag in der Sprache? Im Folgenden werden verschiedene Anwendungsfelder in der Sprachverarbeitung vorgestellt, in welchen eine automatische Erkennung von Anschlägen sinnvoll ist.

Ein Sprachsignal kann in Abschnitte der Stille und Sprache unterteilt werden, im Englischen unter dem Namen „voice activity detection (VAD)“ verbreitet. Dies kann unter anderem für eine bessere Störgeräuschunterdrückung verwendet werden, da das Störgeräusch in den Abschnitten ohne Sprache geschätzt werden kann. Diese Anwendung kann erweitert werden, indem der Sprachanteil noch in stimmhaft und stimmlos unterteilt wird [Kot08]. Dies ist unter anderem wichtig für die Bestimmung der F0-Kontur der Sprache. Dafür werden unter anderem statistische Klassifikatoren mit Merkmalen wie die Mel Frequency Cepstral Coefficients verwendet, aber auch einfachere Ansätze über die Energiekontur und Nulldurchgangsrate [Car05].

Auf der Grundlage der Länge von Konsonanten oder Vokalen ist es möglich verschiedene Sprachen voneinander zu unterscheiden. In den entsprechenden Veröffentlichungen ist zumeist eine manuelle Annotierung der Vokale und Konsonanten nötig. Automatische Algorithmen sind wünschenswert [Hir09, Vol09].

Eric Keller ist der Überzeugung das der „Beat“ in der Sprache, ähnlich dem Grundschlag in der Musik, stark mit der wahrgenommenen rhythmischen Regelmäßigkeit von Sprache in Zusammenhang steht [Kel07]. Er vermutet die „Beats“ in den Vokalansätzen, die als Ankerpunkte für die rhythmische Wahrnehmung der Sprache dienen [Kel05]. Die Einbeziehung rhythmischer Informationen in die Sprachsynthese sollte die Natürlichkeit verbessern. Auch Petra Wagner geht in ihrer Habilitation auf den „Beat“ in Sprache ein [Wag08]. Sie bezieht sich unter anderem auf Untersuchungen, in welchen Probanden mit dem Finger zur Sprache klopfen sollten. Auch hier wird der „Beat“ mit dem Beginn der Vokale in Verbindung gebracht [Jan93].

Es ist offensichtlich, dass schon die Definition eines Anschlags in der Sprache schwierig ist und von der Anwendung abhängt. Insbesondere Stille, stimmhafte und stimmlose Anteile sind in den spektralen Merkmalen von Sprache sichtbar. Die vorgestellten Ansätze der Anschlagserkennung für Musik in diesem Kapitel wären für eine solche Anwendung denkbar.

3 Metrisches Modell

Die offensichtliche regelmäßige Struktur von Musik, insbesondere die zeitliche Positionierung der Anschläge, ist Gegenstand zahlreicher Veröffentlichungen im Bereich der rechnergestützten Musikanalyse. Wie bereits im Abschnitt 1.2.2 erläutert, handelt es sich bei der Metrik um zeitliche Periodizitäten, welche das Auftreten von musikalischen Ereignissen beschreiben. Hervorzuheben sind dabei die metrischen Ebenen des Grundschlages, welche zumeist für die Tempoangabe eines Liedes verwendet werden, der schnellste Puls, als der kleinste zeitliche Abstand von Noten, und die Taktgrenzen. Sie interagieren miteinander und können durch eine hierarchische metrische Struktur abgebildet werden.

In diesem Kapitel werden Histogramme über die zeitlichen Abstände der einzelnen Noten gebildet. Die deutsche Bezeichnung Anschlagsabstandshistogramm ist an die englische Bezeichnung Inter-Onset-Interval-Histogram angelehnt. Zunächst wird die Berechnung der Histogramme erläutert, um sie dann hinsichtlich der Möglichkeiten zur Abbildung der metrischen Strukturen eines Musikstücks zu interpretieren. Anwendung finden die Histogramme in der Berechnung rhythmischer Ähnlichkeit, hier mit einem Experiment vorgestellt. Darin wird die metrische Ähnlichkeit der Titel untereinander, sowohl für die R60-Datenbank als auch für das Ballroom Dance Set, berechnet. Das Kapitel schließt mit Bemerkungen zur Verwendung der Histogramme für die Beschreibung von Sprache.

3.1 Literatur

Die Literatur aus dem Bereich des Music Information Retrieval beschäftigt sich zum einen mit der Bestimmung spezifischer Periodizitäten aus dem Musiksignal, wie dem schnellsten Puls, dem Tempo oder den Taktgrenzen und zum anderen mit der Verwendung der Periodizitäten für die Genreerkennung oder Ähnlichkeitsbeschreibung von Musik. Einen guten Überblick hat Geoffrey Peeters zusammengestellt [Pee11].

3.1.1 Periodizitäten

Für die Abbildung der Periodizitäten im Musiksignal existieren unterschiedliche Ansätze. Jonathan Foote stellt die Abstände aller Merkmalvektoren untereinander als zweidimensionale Ähnlichkeitsmatrix dar [Foo01]. Zur Ermittlung der Periodizitäten wird die Summe der Distanzen für verschiedene zeitliche Verschiebung der Merkmalvektoren gegeneinander als Beat Spectrum aufgetragen. George Tzanetakis erstellt ein Beat Histogram auf der Grundlage der Autokorrelationsfunktion in verschiedenen Frequenzbändern [Tza02] und Fabian Gouyon ein Anschlagsabstandshistogramm über zuvor ermittelte Anschläge im Musiksignal [Gou04b]. Um eine tempounabhängige Repräsentation der Periodizitäten zu erreichen, schlägt Matthias Gruhne die Logarithmierung des Anschlagsabstandshistogramms vor [Gru09], Andre Holzapfel verwendet Dynamic Time Warping für den Vergleich verschiedener Periodizitäten [Hol08] und Simon Dixon benutzt auf das Tempo normierte rhythmische Pattern zum Vergleich von Musiktiteln bezüglich ihres Rhythmus [Dix04]. Grundsätzlich sind damit zwei Vorgehen genannt worden. Zum einen die Berechnung von Periodizitäten auf der Grundlage des Signals oder der Merkmalvektoren und zum anderen auf der Grundlage der vorher ermittelten Anschläge im Musiksignal. Beide Varianten sind verbreitet und kommen in Systemen zur Berechnung der Ähnlichkeit oder der Genreerkennung zum Einsatz.

Besondere Aufmerksamkeit gilt der Zuordnung einzelner Periodizitäten zu spezifischen metrischen Ebenen wie Taktgrenzen, Grundschlag oder schnellster Puls (vgl.. Abschnitt 1.2.2). Die Bestimmung der Taktgrenzen erfolgt zumeist aus deren Beziehung zum Grundschlag oder dem schnellsten Puls [Uhl03b, Kla06b]. Die größte Aufmerksamkeit erfährt zweifelsohne die Bestimmung des Tempos von Musikstücken [Sch98, Foo01, Gou06, Gki12, Zap12]. M. McKinney vergleicht acht verschiedene Algorithmen zur Tempobestimmung, wobei die meisten die Autokorrelationsfunktion für die Erkennung der Periodizitäten verwenden [McK07]. Die Anwendung des Beat Tracking verfolgt den Grundschlag im gesamten Musikstück [Ell07a, Rob07, Gro10, Dav11, Gro12b]. Wenn das Tempo bekannt ist, können tempounabhängige Abbildungen der metrischen Beschaffenheit eines Musikstückes, wie das Meter Class Profile von Matthias Robine, erstellt werden [Rob09b].

3.1.2 Schnellster Puls

Die Bestimmung des schnellsten Pulses ist für das in Kapitel 4 vorgestellte Notenfolgemodell, insbesondere mit Blick auf die spätere Anwendung mit Audiodaten, wichtig. Der schnellste Puls kann anhand des Anschlagsabstandshistogramms berechnet werden. Für die Berechnung des schnellsten Pulses existieren zahlreiche Veröffentlichungen, welche im Folgenden vorgestellt werden. Einen Literaturüberblick ermöglicht Tabelle 3.1. Die meiste vorgestellte Literatur benutzt das Anschlagsabstandshistogramm als Ausgangspunkt für die Berechnung des schnellsten Pulses. Alle Veröffentlichungen ermitteln zunächst die Periode des schnellsten Pulses um dann das sich daraus ergebende Raster zu erstellen. Dieses wird mit den Anschlägen des Musiksignals verglichen und wenn notwendig zeitlich verschoben, um die richtige Phase zu bestimmen. Grundlage ist die Annahme, dass alle Anschläge mit einem Rasterpunkt des schnellsten Pulses zusammentreffen. Für die Auswertung werden sowohl komplexe Musikstücke als auch reine Schlagzeugaufnahmen verwendet, wobei für die Evaluierung immer eine manuelle Annotation des schnellsten Pulses verwendet wird.

Jarno Seppänen berechnet den schnellsten Puls auf der Grundlage des Anschlagsabstandshistogramms [Sep01]. Sein Verfahren gründet sich auf der Eigenschaft des schnellsten Pulses, der größte gemeinsame Teiler der Anschlagsabstände im Histogramm zu sein. Um auf Tempoänderungen im Lied eingehen zu können, wird das

Literatur	Periodizität	schnellster Puls	Phase	Datensatz
[Sep01]	AAH	REF	Circular Mean	50 komplexe Titel
[Gou02]	AAH	Kandidaten: ganze Teiler Maximum AAH, TWM mit AAH der Kandidaten	TWM mit Anschlägen	1.000 künstliche (5 s) und 57 echte Titel Soloschlagzeug
[Uhl03b]	AAH	Kandidaten: ganze Teiler Maximum AAH, TWM mit AAH der Kandidaten	TWM mit Anschlägen	117 komplexe Titel (8 s) inkl. Soloschlagzeug
[Kla06b]	Kammfilter-resonatoren in Filterbänken	DFT + HMM (Komb. metr. Ebenen)+ A-Priori	HMM	376 komplexe Titel
[Sep06]	AKF	DCT + A-Priori + Komb. metr. Ebenen	Kammfilter	192 komplexe Titel

Tabelle 3.1: Literaturübersicht für die Ermittlung des schnellsten Pulses. AAH: Anschlagsabstandhistogramm, AKF: Autokorrelationsfunktion, REF: Remainder Error Function, TWM: Two-Way Mismatch Error Function, DFT: Diskrete Fourier Transformation, DCT: Diskrete Kosinus Transformation, HMM: Hidden Markov Modell, Alle Veröffentlichungen verwenden zur Auswertung den manuell annotierten Grundschlag oder schnellsten Puls.

Anschlagsabstandshistogramm bei jedem Schlag neu berechnet. Auch Fabian Gouyon berechnet den schnellsten Puls auf der Grundlage des Anschlagsabstandshistogramms [Gou02]. Die möglichen Kandidaten für den schnellsten Puls sind die musikalisch sinnvollen ganzzahligen Teiler $[1, 2, 3, 4, 6, 8, 9]$ des globalen Maximums, dem häufigsten Abstand zwischen Anschlägen im Histogramm. Zentraler Gedanke der Veröffentlichung ist die These, dass der schnellste Puls sich in den Abständen benachbarter lokaler Maxima im Histogramm wiederfindet. Ein Kandidat für den schnellsten Puls führt zu einem regelmäßigen Histogramm mit lokalen Maxima im zeitlichen Abstand des schnellsten Pulses. Dieses wird für jeden Kandidaten mit dem Anschlagsabstandshistogramm über die Two-Way Mismatch Error Function (TWM) verglichen. Der Kandidat mit dem geringsten Fehler wird als schnellster Puls angenommen. Zur Bestimmung der Phase wird das sich aus dem schnellsten Puls ergebende Raster mit den Anschlägen im Signal verglichen. Dabei wird das Raster zeitlich verschoben und mithilfe der TWM die optimale Phase bestimmt. Fabian Gouyon wertet sein Verfahren auf 1.000 künstlich erzeugten Schlagzeugspuren von 5 Sekunden Länge aus, von denen der schnellste Puls bekannt ist. 77,3 % der erkannten Rasterpunkte stimmen mit der Referenz überein. Zusätzlich erfolgt eine Auswertung über 57 reale Schlagzeugspuren bei denen der schnellste Puls manuell annotiert wurde. Diese Auswertung ergab 86 % Übereinstimmung zwischen Erkennung und Referenz. Die Differenz in der Erkennungsleistung zwischen den künstlich erzeugten Schlagzeugspuren und den realen Schlagzeugspuren liegt in der subjektiven Annotierung des schnellsten Pulses der realen Schlagzeugspuren, sowie im verwendeten Audiomaterial begründet.

Christan Uhle geht im Zuge seiner Doktorarbeit auf verschiedene Periodizitäten und ihre metrischen Eigenschaften ein [Uhl05]. In einer Veröffentlichung aus dem Jahre 2003 benutzt er Anschlagsabstandshistogramme, um den schnellsten Puls, unter der Verwendung der Verfahren von Fabian Gouyon, zu ermitteln [Uhl03b]. Für die Erkennung von Tempo und Taktgrenzen wird die Information des schnellsten Pulses mit Informationen aus der Autokorrelationsfunktion über die verwendeten Detektionsfunktionen der Anschlagserkennung kombiniert.

Anssi Klapuri beschäftigt sich umfassend mit der metrischen Beschaffenheit von Musiksignalen [Kla06b]. Zunächst werden die Anschläge eines Musikstückes in verschiedenen Frequenzbändern durch Detektionsfunktionen repräsentiert. Die Periodizitäten werden pro Kanal mit Resonanzkammfiltern ermittelt und anschließend summiert, um dann mittels Fouriertransformation mögliche Perioden der metrischen Ebenen zu bestimmen. Die Besonderheit von Klapuris Veröffentlichung liegt in einer musikalischen Modellierung der Zusammenhänge zwischen den metrischen Ebenen durch Hidden-Markov-Modelle. Zusätzlich wird A-Priori-Wissen eingebracht, um musikalisches Wissen über die generelle Tempoverteilung einer Musikdatenbank einzubeziehen.

3.1.3 Genreerkennung

Die Periodizitäten werden in der Genreerkennung oder der Empfehlung rhythmisch ähnlicher Titel berücksichtigt. In Tabelle 3.2 ist ein Literaturüberblick aufgeführt. Es lässt sich grundlegend feststellen, dass für die Erfassung der rhythmischen Periodizitäten im Musikstück entweder das Periodicity Histogram ähnlich [Sch98] über die Autokorrelationsfunktion der Zeitfunktionen oder das Anschlagsabstandshistogramm nach [Gou02] mit einer Anschlagsdetektion und anschließender Abstandsberechnung der Anschläge verwendet wird. Zumeist werden für die Klassifikation aus dem Histogramm berechnete statistische Maße verwendet. Die Auswertung erfolgt entweder direkt als Genreerkennungsexperiment oder über die Ähnlichkeit von Musiktiteln, wie bei [Gru09]. Es wird keine einheitliche Datenbank verwendet.

Georg Tzanetakis benutzt unter anderem ein Beat Histogram in seiner wegweisenden Veröffentlichung zur automatischen Genreerkennung [Tza02]. Das Audiosignal wird zunächst in Zeitfenster von 3 s mit 50 % Überlappung zerlegt und jeweils in Oktavbänder mittels der diskreten Wavelet Analyse aufgeteilt. Für jedes Band wird die zeitliche Einhüllende berechnet. Die Einhüllenden der verschiedenen Bänder werden addiert und mittels der Autokorrelation die dominanten Periodizitäten berechnet. Die drei höchsten lokalen Maxima werden einer Periodizität in beats per minute zugeordnet und in das Beat Histogramm des Musikstücks aufgenommen. Für die Genreerkennung werden statistische Merkmale aus dem Beat Histogram gewonnen.

Simon Dixon vergleicht zwei Verfahren zur Bestimmung der Periodizität für die Genreerkennung: Anschlagsabstandshistogramme und die Autokorrelationsfunktion. Auf der Grundlage der ermittelten metrischen Beschreibung wie Tempo und Taktgrenzen wird eine regelbasierte Genreerkennung durchgeführt [Dix03]. Fabian Gouyon verwendet das Anschlagsabstandshistogramm für die Genreerkennung auf dem Ballroom Dance Set und vergleicht es unter anderem mit einer Klassifikation auf der Grundlage des Tempos [Gou04b]. Dabei werden statistische Merkmale über das Anschlagsabstandshistogramm für die Klassifikation mit einem 1-NN Klassifikator verwendet.

Thomas Lidy kombiniert Audiodeskriptoren und symbolische Deskriptoren für die Genreerkennung [Lid07]. Die symbolischen Deskriptoren verwenden die Ausgabe einer Transkription. Aus der Transkription werden unter anderem Merkmale über die Abstände der Anschläge, wie das Maximum, Minimum und der Mittelwert, für die Klassifikation mittels Support Vector Machines verwendet. Matthias Gruhne geht auf die Tempoabhängigkeit der Histogramme ein [Gru09]. Dabei schlägt er eine Nachverarbeitung vor, bei der er durch die Anwendung des Logarithmus das Histogramm in einen tempoabhängigen und tempounabhängigen Teil aufteilt. Für künstlich erstellte Schlagzeugrhythmen führt das zu einer deutlichen Verbesserung bei der Berechnung der Ähnlichkeit, aber nicht für eine reale Datenbank. Die Auswertung erfolgt über Ähnlichkeitslisten.

Geoffrey Peeters berechnet die Periodizitäten mittels der Diskreten Fourier Transformation und der Autokorrelationsfunktion auf einer Detektionsfunktion, welche der in Abschnitt 2.4.1 vorgestellten Spectral Difference Funktion ähnlich ist [Pee11]. Diese Repräsentationen werden anschließend auf das Tempo normiert. Sehenswert sind die graphischen Darstellungen der Periodizitäten für verschiedene Genres. Es ist zum Beispiel abzulesen, dass Samba drei deutliche Periodizitäten aufweist, wogegen Quickstep nur eine. Anschließend werden die Merkmale benutzt, um eine Genreerkennung auf dem Ballroom Dance Set durchzuführen.

Literatur	Periodizität	Merkmale	Klassifikator	Datensatz
[Tza02]	PH	A0, A1, RA, P1, P2,SUM	KNN, GMM	GTZAN
[Dix03]	PH, AAH	Tempo, Taktgrenzen, Verteilung	Regeln	Tanzstile (162)
[Gou04b]	AAH	10 Vielfache des schnellsten Pulses (nur Wert), arithmetischer und geometrischer Mittelwert, Energie, Centroid, Flatness, Kurtosis, High Frequency Content, Skewness, MFCC-like	1-NN	BRD
[Lid07]	AAH	Max, Min, Mittelwert, Standardabweichung	SVM	GTZAN, ISMIRrhythm, ISMIRgenre
[Gru09]	PH, LogPH, Stretched PH	A0, A1, RA, P1, P2, SUM, arithmetischer und geometrischer Mittelwert, Energie, Centroid, Flatness, Kurtosis, High Frequency Content, Skewness	Euklidische Distanz, Ähnlichkeitsliste	753 Songs from 60 Genres
[Pee11]	DFT, ACF on SD [Pee07], Norm. auf Tempo	Metrische Pos. ($^1/_4$,$^1/_3$,$^2/_4$,...)	Decision tree, SVM, AdaBoost,...	BRD

Tabelle 3.2: Literatur zeitliche Periodizitäten in der Genreerkennung. **Periodizitäten:** PH: Periodicity Histogramm, AAH: Anschlagsabstandshistogramm **Merkmale:** A0, A1: Amplituden der ersten lokalen Maxima relativ zur Summe aller Maxima, RA: Verhältnis der beiden ersten Maxima, P1, P2: Periode der ersten beiden lokalen Maxima, SUM: Summe des Histogramms **Datenzatz:** GTZAN: George Tzanetakis (10 Genres, 1000 Titel), BRD: Ballroom Dance Set

3.2 Anschlagsabstandshistogramme

Im Anschlagsabstandshistogramm werden die Abstände der Anschläge aufgetragen und damit die zeitlichen Periodizitäten eines Musikstückes beschrieben. In diesem Abschnitt wird auf die Erstellung der Histogramme eingegangen und eine Interpretation bezüglich der metrischen Struktur vorgestellt.

3.2.1 Berechnung

Ausgangspunkt der Berechnung der Anschlagsabstandshistogramme sind die Anschläge eines Musikstückes. Diese können entweder manuell annotiert, oder wie in Kapitel 2 durch einen Algorithmus der Anschlagserkennung ermittelt werden. Angenommen ein kurzes Musikstück hat vier Anschläge wie in Abbildung 3.1 dargestellt. Es stellt

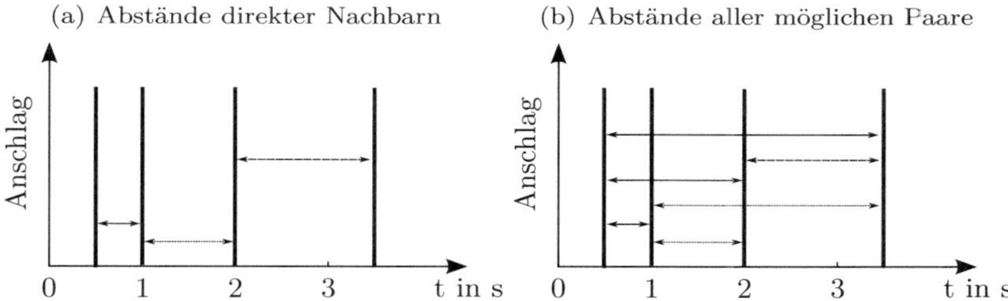

Abbildung 3.1: Auswahl der Abstände zwischen Anschlägen für das Anschlagsabstandshistogramm.

sich die Frage, welche Abstände in die Histogrammberechnung einfließen sollen? Es bieten sich zwei Möglichkeiten: (a) die Abstände zwischen direkt benachbarten Anschlägen und (b) die Anschläge aller möglichen Paare. Im Zuge dieser Arbeit wird die Variante (b) verwendet, da metrische Ebenen mit einem größeren Zeitabstand berücksichtigt werden und somit mehr Informationen über die metrische Struktur gewonnen werden können [Gou02]. Im Falle des Beispiels aus Abbildung 3.1(b) ergeben sich sechs Abstände mit 0,5 s; 1,5 s; 3 s; 1 s; 2,5 s und 1,5 s. Die Abstände werden auf die Quantisierungsstufen r des Histogramms $\vec{h}$ quantisiert. Der Zähler des zugehörigen Index i im Histogramm erhöht sich, wenn der zugehörige quantisierte Zeitschritt $i \cdot r$ auftritt.

Ein Musikstück ist deutlich länger als das vorgestellte Beispiel. Es macht wenig Sinn alle auftretenden Abstände in das Histogramm aufzunehmen.

Der zeitliche Wahrnehmungsbereich von Rhythmus durch den Menschen mit 5 - 6 s, gibt einen guten Anhaltspunkt für die Verarbeitung metrischer Strukturen [Lon04]. Periodizitäten mit einer Periode, die deutlich darüber liegen, sollen nicht betrachtet werden. Aus diesem Grunde ist es sinnvoll, eine Segmentierung des Musikstückes vorzunehmen und das Anschlagsabstandshistogramm zunächst pro Segment zu berechnen. Das Musikstück wird dazu, in sich zu 50 % überlappende Fenster, geteilt.

Pro Segment s entsteht somit ein Histogramm $\vec{h}_s$. Ein Musikstück wird durch den Mittelwert aller Segmente repräsentiert.

$$\vec{h} = \frac{1}{S} \sum_{s=1}^{S} \vec{h}_s \tag{3.1}$$

Es folgt eine Nachverarbeitung bei der das Histogramm zunächst auf das Maximum normiert und anschließend geglättet wird. Bei der Glättung wird jeder Wert des Anschlagsabstandshistogramms mit einem Gauss-Impuls (Standardabweichung 9 ms) multipliziert [Gou02]. Durch die Glättung beeinflusst jeder Abstand im Histogramm die unmittelbare Umgebung, was die Variation im Timing des Musikers, bezüglich der metrischen Struktur berücksichtigt.

3.2.2 Interpretation

Das Anschlagsabstandshistogramm deckt unter anderem Informationen über die dominanten metrischen Ebenen, die Regelmäßigkeit von Musik und die Anschlagsdichte auf. Die vorgestellten Interpretationen stellen keine Berechnungsvorschrift dar, sondern dienen vielmehr dazu, die graphische Darstellung bezüglich des Metrums eines Musikstückes zu interpretieren. Die Histogramme können vielfältige Ausprägungen annehmen, wie die in Abbildung 3.2 dargestellten Histogramme aus sechs unterschiedlichen Genres deutlich machen. Die Berechnung der dargestellten Diagramme erfolgte mit Segmenten der Größe 5,12 s und Quantisierungsschritten von 0,01 s. Damit ergeben sich Histogramme mit 512 Werten.

Dominante metrische Ebenen

Abbildung 3.3 zeigt das Anschlagsabstandshistogramm eines Tangostücks inklusive der Beschriftung der wichtigsten metrischen Ebenen. Das globale Maximum entspricht dem Tempo des Musikstückes von 124 bpm und damit den Viertelnoten. Der schnellste Puls ist das erste lokale Maximum mit 248 bpm. Der Hörer des Musikstückes erkennt, dass es sich dabei um die Achtelnoten handelt. Weitere metrische Ebenen sind die halben Noten bei 62 bpm und die Taktgrenzen bei 31 bpm. Die automatische Zuordnung der metrischen Ebenen ist nicht trivial. Der höchste Punkt entspricht nicht immer dem Tempo und damit den Viertelnoten eines Liedes, wie das bei dem hier vorgestellten Beispiel der Fall ist.

Regelmäßigkeit

Die Regelmäßigkeit beschreibt die Verbindung der metrischen Ebenen durch einen konstanten Faktor. Bei sehr regelmäßigen Musikstücken sind nahezu alle Abstände ein Vielfaches des schnellsten Pulses, was zu sehr deutlichen lokalen Maxima führt. Das Cha Cha Cha Stück in Abbildung 3.1(a) ist sehr regelmäßig. Ein weiterer Indikator für die Regelmäßigkeit ist der große Abstand zwischen der oberen und unteren

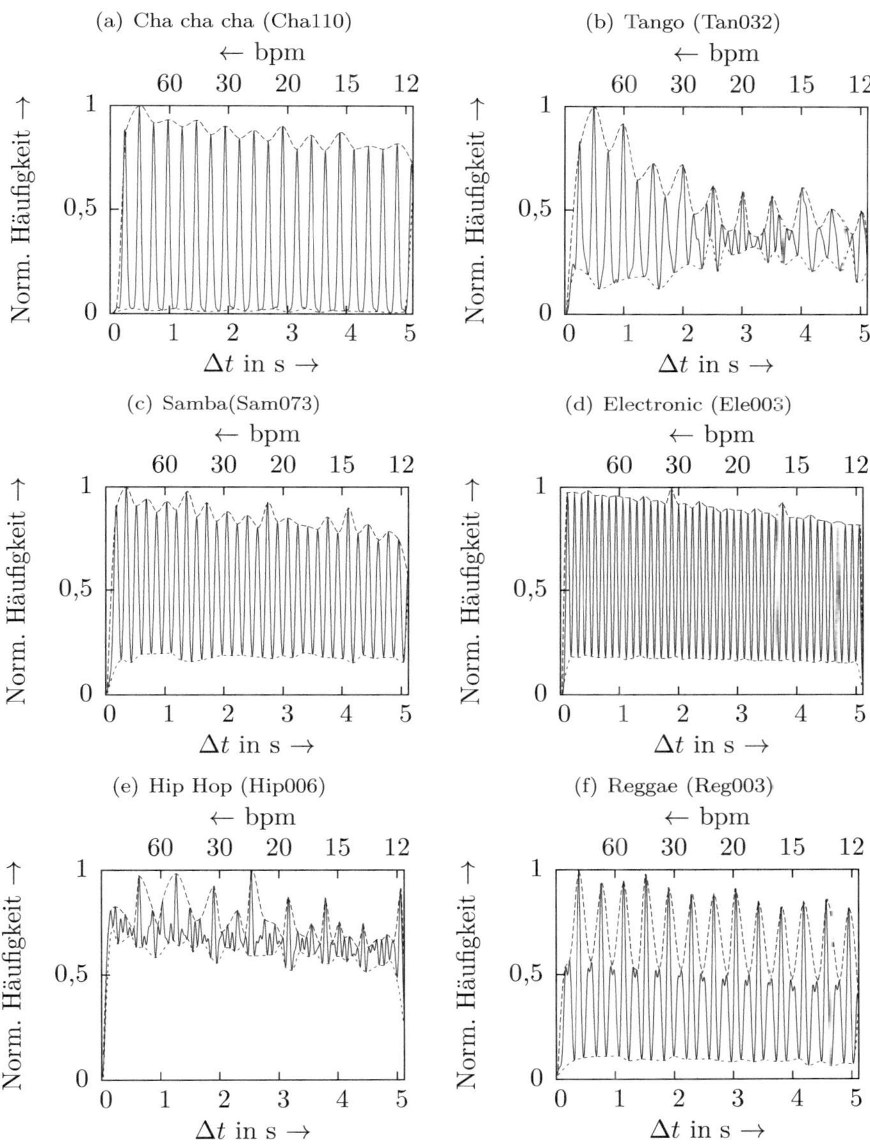

Abbildung 3.2: Anschlagsabstandshistogramme von sechs Titeln verschiedenen Genres aus der R60-Datenbank mit oberer und unterer Einhüllenden.

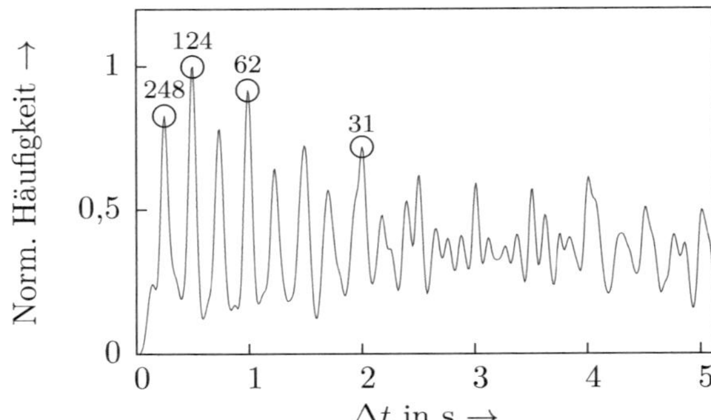

Abbildung 3.3: Anschlagsabstandshistogramm eines Tango (Tan032). Die dominanten metrischen Ebenen sind mit einem Kreis inklusive der zugehörigen Periodizität in beats per minute angegeben.

Einhüllenden des Histogramms. Ein Gegenbeispiel mit sehr wenig Regelmäßigkeit ist das Hip Hop Stück in Abbildung 3.1(e). Der Abstand zwischen den Einhüllenden ist klein. Hip Hop besteht aus vielen gesanglichen Anschlägen. Diese sind schwer zu markieren, da der Rapper seinen Rhythmus stark gegenüber der metrischen Struktur variiert. Dadurch ist nahezu jeder Abstand im Histogramm möglich. Dennoch stechen die dominanten metrischen Ebenen heraus.

Anschlagsdichte

Die Anschlagsdichte entspricht dem Abstand von benachbarten lokalen Maxima im Histogramm. Er wird von zwei Faktoren beeinflusst: dem schnellsten Puls und dem Tempo. Die durch den schnellsten Puls vorgegebenen Zeitpunkte im Musikstück haben eine besondere Bedeutung, weil sie theoretisch die Zeitpunkte aller Anschläge vorgeben [Bil93]. Das elektronische Musikstück in Abbildung 3.1(d) hat den schnellsten Puls einer Sechzehntelnote bei einem Tempo von 128 bpm. Das Cha Cha Cha Stück in Abbildung 3.1(a) hat Achtelnoten als schnellsten Puls bei einem vergleichbaren Tempo von 124 bpm. Jedes zweite lokale Maximum „fehlt“ bei dem Cha Cha Cha Stück im Vergleich zum elektronischen Stück. Der zweite die Anschlagsdichte beeinflussende Faktor ist das Tempo. Das gleiche Musikstück bei unterschiedlichem Tempo führt zu einem geringeren Abstand der Maxima im Histogramm für die schnellere Version.

3.3 Erkennung von Ähnlichkeiten

Der vorliegende Abschnitt zeigt die Möglichkeit, rhythmisch ähnliche Titel auf der Grundlage von Anschlagsabstandshistogrammen zu ermitteln. Ziel ist es, zu einem Anfragetitel ähnliche Titel einer Datenbank zu empfehlen [Mag08]. Neben dem kompletten Histogramm werden ein Ausschnitt und statistische Maße über das Histogramm als Merkmalsätze verwendet. Nach deren Vorstellung wird der euklidische Abstand als Ähnlichkeitsmaß zwischen zwei Merkmalvektoren unterschiedlicher Musiktitel eingeführt. Die anschließende Evaluierung erfolgt auf der Grundlage von Empfehlungslisten, bei denen für jeden Titel einer Datenbank die ähnlichsten Titel bezüglich des Abstandes der Merkmale empfohlen werden. Die Auswertung erfolgt sowohl auf dem R60-Datensatz, als auch auf dem Ballroom Dance Set.

3.3.1 Merkmale

Die Berechnung der Anschlagsabstandshistogramme erfolgt mit Segmenten der Größe 5,12 s und Quantisierungsschritten von 0,01 s. Die Dimensionierung der Segmente mit 5,12 s ist systembedingt. Sie ist prinzipiell variabel. So verwendet Fabian Gouyon Segmentgrößen von 4,5 s [Gou02]. Ein Musikstück wird durch den Mittelwert über alle Segmente repräsentiert. Pro Musikstück entsteht ein Histogramm $\vec{h}$ mit 512 Elementen. Als zweites Merkmal dient ein Ausschnitt (excerpt) des Histogramms.

$$\vec{h}^{(ex)} = h_{15}...h_{55} \tag{3.2}$$

Der gewählte Ausschnitt entspricht den Notenabständen von 150 - 550 ms und damit dem Tempobereich 109 - 400 bpm. Es ermöglicht die Beantwortung der Frage ob auch eine kompaktere Repräsentation für die Berechnung der Ähnlichkeiten ausreicht.

Wie der Literaturüberblick in Tabelle 3.2 gezeigt hat, werden für die Genreerkennung oft statistische Größen über das Anschlagsabstandshistogramm für die Klassifikation verwendet. Die Einführung der statistischen Größen beruht auf der Tatsache, dass die Histogramme tempoabhängig sind und die statistischen Maße weniger davon betroffen sind. Im Zuge dieser Arbeit werden acht statistische Kenngrößen aus [Gou04b] umgesetzt, wobei sie zumeist bekannte Maße für die Beschreibung einer Verteilung sind. Die ersten drei statistischen Größen sind der arithmetische und geometrische Mittelwert sowie der Zentralwert (Centroid).

$$\bar{h}_a = \frac{1}{I}\sum_{i=1}^{I} h_i \tag{3.3}$$

$$\bar{h}_g = \sqrt[I]{\prod_{i=1}^{I} h_i} \tag{3.4}$$

$$\tilde{h} = \frac{\sum_{i=1}^{I} i \cdot h_i}{\sum_{i=1}^{I} h_i} \tag{3.5}$$

Das Verhältnis der Mittelwerte wird als Flatness bezeichnet. Diese Kenngröße ist Teil des MPEG-7 Standards zur statistischen Beschreibung eines Spektrums unter dem Namen Audio Spectrum Flatness.

$$h_F = \frac{\bar{h}_g}{\bar{h}_a} \tag{3.6}$$

Die nächste Kenngröße beschreibt die Energie.

$$h_E = \sum_{i=1}^{I} h_i^2 \tag{3.7}$$

Eine Betonung der höheren metrischen Ebenen erfolgt durch die Energieberechnung des High Frequency Content.

$$h_H = \sum_{i=1}^{I} i \cdot h_i^2 \tag{3.8}$$

Die zentralen Momente des Histogramms mit

$$\mu_n = \frac{1}{I} \sum_{i=1}^{I} (h_i - \bar{h}_a)^n \tag{3.9}$$

sind Voraussetzung für die Berechnung der Skewness γ_1 (Schiefe). Sie beschreibt die Asymmetrie der Verteilung um den Zentralwert [Kla06a, S.136] und damit die Neigung der Verteilung.

$$h_{\gamma_1} = \frac{\mu_3}{\mu_2^{3/2}} \tag{3.10}$$

Die Kurtosis γ_2 (Wölbung) ist ein Kennzeichen für die Spitzigkeit. Bei Verteilungen mit hoher Wölbung besteht die Verteilung aus extremen, aber seltenen Ereignissen. Je kleiner die Wölbung, desto flacher die Verteilung. Die Wölbung einer Normalverteilung hat den Wert 3. Durch die Subtraktion des Wertes 3 wird die Verteilung mit der Normalverteilung verglichen. Ein Wert >0 wird als steilgipflig und ein Wert <0 als flachgipflig bezeichnet.

$$h_{\gamma_2} = \frac{\mu_4}{\mu_2^2} - 3 \tag{3.11}$$

Damit wird neben $\vec{h}$ und $\vec{h}^{(ex)}$ ein dritter Merkmalvektor $\vec{h}^{(stat)}$ aus den acht statischen Kenngrößen gebildet.

$$\vec{h}^{(stat)} = [\bar{h}_a, \bar{h}_g, \tilde{h}, h_F, h_E, h_H, h_{\gamma_1}, h_{\gamma_2}] \tag{3.12}$$

Die Wertebereiche der einzelnen statistischen Kenngrößen unterscheiden sich zum Teil erheblich. Um den Statistikvektor $\vec{h}^{(stat)}$ für die Berechnung der rhythmischen Ähnlichkeit zu verwenden, erfolgt eine Normalisierung der einzelnen Komponenten. Dazu wird der Mittelwert und die Standardabweichung über alle Titel einer Datenbank pro Komponente berechnet. Von jeder Komponente wird der entsprechende Mittelwert abgezogen und anschließend durch die Standardabweichung geteilt.

3.3.2 Ähnlichkeitsmaß

Die Ähnlichkeit zweier Musikstücke s_1 und s_2 wird jeweils über deren Merkmalvektoren mithilfe des euklidischen Abstands berechnet.

$$d(s_1, s_2) = \sum_{i=1}^{I} (h_i^{(s_1)} - h_i^{(s_2)})^2 \tag{3.13}$$

Um eine Ähnlichkeitsliste für einen Anfragetitel zu erhalten, werden dessen Abstände zu allen anderen Titeln in der Datenbank berechnet. Anschließend werden die Titel bezüglich des Abstandes zum Anfragetitel sortiert. Es wird angenommen, dass Titel mit kleinem Abstand ähnlicher sind als Titel mit großem Abstand. Eine solche Anwendung könnte dem Nutzer die ersten N Musikstücke als ähnliche Musikstücke ausgeben. Bei der Evaluierung dient jeder Titel einmal als Anfragetitel.

Histogramme von Musiktiteln gleichen Tempos, tendieren dazu beim euklidischen Abstand ähnlicher zu sein, als Titel eines anderen Tempos. Die Problematik wird eingehend von Matthias Gruhne erläutert [Gru09]. Er schlägt eine logarithmische Nachverarbeitung vor, welche aber bei realen Daten zu keiner wesentlichen Verbesserung der Ähnlichkeitserkennung führte. Ein ähnliches Tempo ist ein wesentliches Kriterium für die Ähnlichkeit von Musik. Dies wird durch den euklidischen Abstand implizit berücksichtigt. Im Zuge der Forschungen wurden andere Abstände wie die symmetrische Kullback-Leibler-Divergenz und Earth-Mover-Distanz untersucht. Sie ergaben keine wesentliche Verbesserung der Empfehlungslisten. Die Verwendung des euklidischen Abstands scheint insbesondere für Genres, deren Musikstücke ein ähnliches Tempo haben, angemessen [Gou04a].

3.3.3 Evaluierung

Systeme zur Bewertung ähnlicher Musik werden zumeist durch die Evaluierung von Abspiellisten bewertet. Zu jedem Titel in der Datenbank wird mithilfe des Ähnlichkeitsmaßes eine Abspielliste erzeugt. Dabei werden die ähnlichsten Titel zum Anfragetitel empfohlen. Idealerweise sollten Ähnlichkeitsbewertungen von Musikhörern bezüglich der Titel untereinander vorliegen. Da solch eine Bewertung zumeist schwierig zu erhalten ist, behilft man sich mit dem Genreattribut. Bei der vorliegenden Auswertung werden deshalb Titel des gleichen Genres als ähnlich bezeichnet. Dennoch unterscheidet sich der Ansatz bezüglich einer Genreklassifikation in der Hinsicht, dass keine Klassen für die einzelnen Genres gebildet werden, sondern für jeden Titel die Ähnlichkeit zu allen anderen Titeln in der Datenbank individuell erstellt wird. Das hat den Vorteil, dass vorher keine Klassen festgelegt werden müssen.

Da die Evaluierung von Rhythmus im Vordergrund steht, bestehen die Datenbanken aus Genres, die sich insbesondere durch den Rhythmus definieren. Die Evaluierung wird auf der R60-Datenbank (Vergleich Abschnitt 2.3) und dem Ball Room Dance Set [Gou04b] durchgeführt. In allen Titeln dieser Datenbanken ist das Schlagzeug, mit der Ausnahme einiger Walzerstücke, wesentliches Rhythmusinstrument.

Eine Datenbank besteht aus M Musikstücken. Jedes Musikstück s_m wird als Anfragetitel verwendet und die entsprechende Ähnlichkeitsliste erzeugt. Die Menge $\mathbb{L}_N(s_m)$ umfasst die ersten N Musikstücke der Ähnlichkeitsliste mit den kleinsten Abständen d zum Anfragetitel s_m. Diese Titel sind die N Ähnlichkeitsempfehlungen für den Anfragetitel. $\mathbb{G}(s_m)$ ist die Menge der Musikstücke der Datenbank mit dem gleichen Genre wie der Anfragetitel s_m. Der Ähnlichkeitsindex (similarity index) S, angelehnt an [Gru09], bezeichnet die Anzahl der empfohlenen Titel mit dem gleichen Genre wie der Anfragetitel innerhalb der N ähnlichsten Titel. Der Ähnlichkeitsindex ist der Mittelwert über alle Titel der Datenbank und dessen Empfehlungen, da jeder Titel einmal als Anfragetitel verwendet wird.

$$S = \frac{\sum_{m=1}^{M} |\mathbb{L}_N(s_m) \cap \mathbb{G}(s_m)|}{N \cdot M} \tag{3.14}$$

3.3.4 Ergebnisse R60-Datenbank

Das Anschlagsabstandshistogramm beruht auf den Anschlägen eines Musiktitels. Im Falle der R60-Datenbank existieren manuelle Annotationen der Anschläge welche für Berechnung der Histogramme verwendet werden kann. Dies ermöglicht den Vergleich mit automatischen Algorithmen der Anschlagserkennung. Die R60-Datenbank wird in Abschnitt 2.3 näher vorgestellt. Die Auswertung verschiedener Algorithmen der Anschlagserkennung in Abschnitt 2.6.2 mit B-Komplex als Trainingsdaten hat ergeben, dass die Detektionsfunktion Spectral Difference Positive die besten Ergebnisse bezüglich der Erkennung der Anschläge erzeugt. Auf der Grundlage des MPEG-7 Merkmals Audio Spectrum Envelope ergab die Detektionsfunktion Spectral Envelope Positive die besten Ergebnisse. Bei der Detektionsfunktion Spectral Envelope Positive ist der Recall mit 65,4 % deutlich geringer ist als die Precision mit 88,5 % (vgl. Tabelle A.6). Es ist zu untersuchen, ob sich das für die Erkennung der Ähnlichkeit negativ auswirkt.

Abbildung 3.4 zeigt den Ähnlichkeitsindex mit drei Empfehlungen für jeden Titel der R60-Datenbank. Die Ergebnisse lassen interessante Erkenntnisse über die Merkmale und die verwendeten Anschläge zur Histogrammberechnung zu. Bezüglich der Merkmale lässt sich eine Reihenfolge unabhängig von den zu Grunde liegenden Anschlägen erkennen: $\vec{h}^{(ex)}$, $\vec{h}$ und $\vec{h}^{(stat)}$. Zwischen dem Ausschnitt $\vec{h}^{(ex)}$ und dem kompletten Histogramm $\vec{h}$ besteht kein wesentlicher Unterschied. Die acht statistischen Merkmale schneiden auf der R60-Datenbank deutlich schlechter ab. Dies mag dem geschuldet sein, dass die sechs Genres jeweils ein recht konstantes Tempo besitzen. Sowohl $\vec{h}$ und $\vec{h}^{(ex)}$ sind tempoabhängig, was im Fall des ähnlichen Tempos der Genres von Vorteil ist. In der Literatur werden die statistischen Merkmale oft als ein Teil eines Klassifikationssystems und nicht mit dem euklidischen Abstand für die Ähnlichkeitsberechnung verwendet [Pee11].

Etwas überraschend sind die Erkenntnisse über die verwendeten Anschläge. Es wurde erwartet, dass die „idealen“ Anschläge der manuellen Annotation auch für die Ähnlichkeitsberechnung die beste Grundlage darstellen. Zumindest bei dem Merkmal

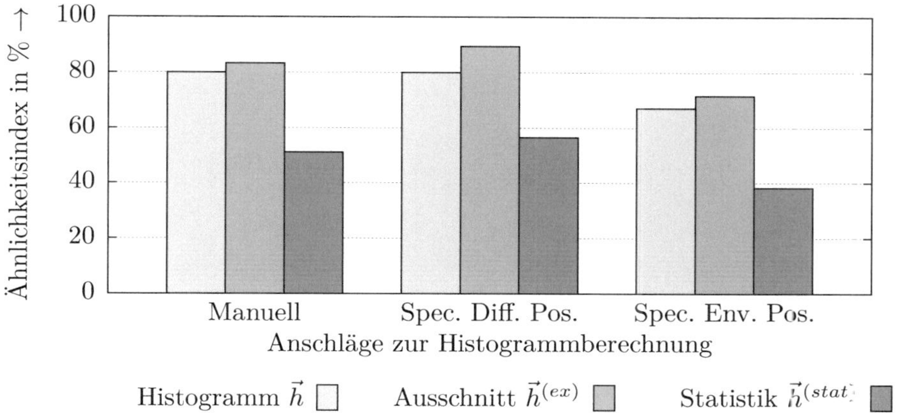

Abbildung 3.4: Ähnlichkeitsindex auf der R60-Datenbank und drei Empfehlungen pro Titel (Werte in Tabelle A.10).

$\vec{h}^{(ex)}$ ist das Ergebnis für die Anschläge von Spectral Difference Positive mit 89,4 % besser als für die manuellen Anschläge mit 83,3 %. Eine mögliche Erklärung ist, dass im Zuge der Fensterung zur Erstellung des Spektrums für die Spectral Difference Positive Detektionsfunktion indirekt eine Quantisierung der Anschläge erfolgt und damit nicht mehr alle Zeitpunkte möglich sind. Dies mag der regelmäßigen Struktur im Histogramm dienen. Es bleibt die Erkenntnis, dass die Anschlagserkennung für eine weitere Verarbeitung, zum Beispiel für die hier vorgestellte Ähnlichkeitsberechnung, nicht perfekt sein muss. Dennoch führt die bessere der zwei Detektionsfunktionen Spectral Difference Positive zu einem höheren Ähnlichkeitsindex als Spectral Envelope Positive. Obwohl die Spectral Envelope Positive Detektionsfunktion eine sehr hohe Verlässlichkeit der erkannten Anschläge besitzt, erkennt sie schlicht zu wenig Anschläge des Liedes.

Im Weiteren wird die Länge der Empfehlungsliste variiert werden. Abbildung 3.5 zeigt die Ergebnisse für eins bis fünf Empfehlungen pro Anfragetitel. Die vollständigen Ergebnisse befinden sich im Anhang in Tabelle A.10. Der Ähnlichkeitsindex verschlechtert sich zumeist je länger die Empfehlungsliste wird. Das ist nicht überraschend, denn es existieren nur neun weitere Titel des gleichen Genres für jeden Titel in der Datenbank. Im Falle der zugrunde liegenden Spectral Difference Positive Detektionsfunktion verschlechtert sich der Ähnlichkeitsindex für das Histogramm $\vec{h}$ von 86,7 % auf 67,0 % deutlich.

Ein Blick auf die Verwechslungsmatrizen kann eventuell Aufschluss über systematisch falsche Empfehlungen geben. Die Matrizen in Abbildung 3.6 zeigen die Verwechslungen für drei Empfehlungen pro Anfragetitel unter Verwendung des Merkmals $\vec{h}^{(ex)}$. Es wird je eine Verwechslungsmatrix für die manuellen Anschläge als Grundlage der Histogrammberechnung und eine für die Spectral Difference Positive Detektionsfunktion abgebildet. Der Vergleich zeigt, dass weniger Verwechslungen zwischen exakt den gleichen Genres bei der Spectral Difference Positive gegenüber den manuellen Anschlä-

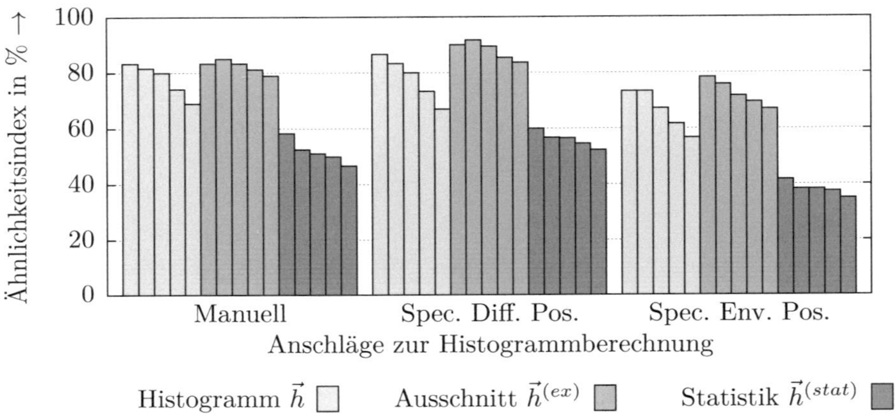

Abbildung 3.5: Ähnlichkeitsindex auf der R60-Datenbank für eins bis fünf Empfehlungen pro Anfragetitel (Werte in Tabelle A.10).

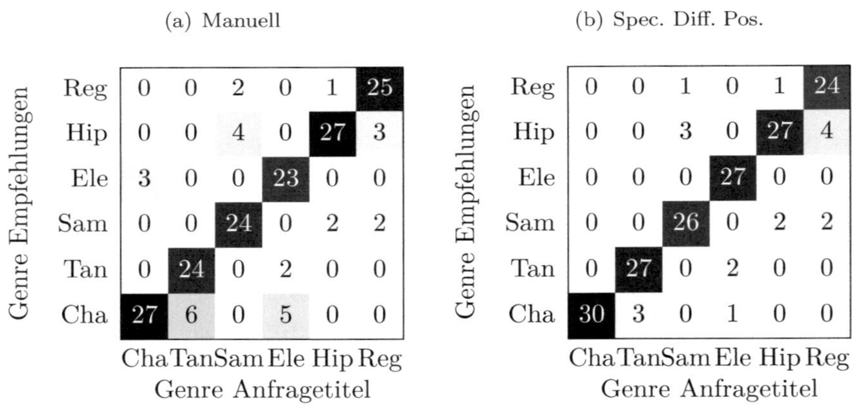

Abbildung 3.6: Verwechslungsmatrizen auf dem R60-Datensatz für drei Empfehlungen pro Anfragetitel für den Histogrammausschnitt $\vec{h}^{(ex)}$.

gen auftreten. Zum Beispiel werden bei den manuellen Anschlägen für Tango sechs Cha Cha Cha Titel empfohlen, bei den Anschlägen der Spectral Difference Positive Detektionsfunktion nur noch drei. Ähnliches gilt für das Genre Electronic, wo statt fünf Cha Cha Cha Stücken nur noch eines in der Empfehlungsliste auftaucht.

3.3.5 Ergebnisse Ballroom Dance Set

Um die Möglichkeiten der rhythmischen Ähnlichkeitsbewertung durch das Anschlagsabstandshistogramm umfassender zu untersuchen, soll die Auswertung auf einer zweiten Datenbank, dem Ballroom Dance Set, durchgeführt werden. Zum einen ist es mit

698 Musikstücken gegenüber den 60 Titeln der R60-Datenbank deutlich umfangreicher und zum anderen wurde es für ähnliche Betrachtungen bereits im Zuge anderer Veröffentlichungen verwendet (Vergleich Tabelle 3.2). Die Datenbank wurde von Fabian Gouyon erstellt und veröffentlicht [Gou06]. Ballroom Dance bedeutet übersetzt Gesellschaftstanz. Untersucht werden die traditionellen Tanzstile Cha Cha Cha, Jive, Quick Step, Rumba, Samba, Tango, Walzer und Wiener Walzer welche mit der jeweiligen Anzahl der Titel in Tabelle 3.3 aufgeführt sind. Ein wesentliches Unterscheidungsmerkmal der Genres ist ihr Rhythmus, weshalb diese Datenbank auch für die Evaluierung rhythmischer Ähnlichkeit verwendet werden kann. Der Ursprung der Musik, eine im Internet zugängliche Datenbank einer Tanzschule, führt teilweise zu einer schlechten Audioqualität. Es kann damit gleichzeitig die Robustheit der Ähnlichkeitserkennung gegenüber der Audioqualität betrachtet werden. Für das Ballroom Dance Set stehen keine manuell annotierten Anschläge zur Verfügung, sodass die Berechnung der Anschlagsabstandshistogramme auf die Algorithmen Spectral Difference Positive und Spectral Envelope Positive der automatischen Anschlagserkennung zurückgreift. Es sei daran erinnert, dass die Qualität der Ähnlichkeit auf der R60-Datenbank bei der Verwendung der Anschlagserkennung Spectral Difference Positive sogar besser war als bei der Verwendung der manuell annotierten Anschläge (siehe Abbildung 3.4).

Genre	**Titel**
Cha cha cha	111
Jive	60
Quick Step	82
Rumba	98
Samba	86
Tango	86
Walzer	65
Wiener Walzer	110
Summe:	698

Tabelle 3.3: Übersicht über das Ballroom Dance Set mit der Anzahl der Titel pro Genre [Gou06].

Die Ergebnisse für das Ballroom Dance Set für drei Empfehlungen pro Musikstück sind in Abbildung 3.7 aufgeführt. Anhand der Ergebnisse lassen sich Aussagen bezüglich der Merkmale und sowie der zugrunde liegenden Anschlagserkennung treffen. Die Reihenfolge der verwendeten Merkmale bezüglich des Ähnlichkeitsindex ergibt für beide Anschlagsalgorithmen $\vec{h}$, $\vec{h}^{(ex)}$ und $\vec{h}^{(stat)}$. Bei der Anschlagserkennung Spectral Difference Positive sind die Empfehlungen auf dem kompletten Histogramm $\vec{h}$ mit 79,1 % ähnlich denen auf dem Histogrammausschnitt $\vec{h}^{(ex)}$ mit 76,7 %. Bei der Anschlagserkennung Spectral Envelope Positive führt das komplette Histogramm $\vec{h}$ mit 73,2 % zu deutlich besseren Ergebnissen als der Ausschnitt $\vec{h}^{(ex)}$ mit einem Ähnlichkeitsindex von 67,2 %. Die acht statistischen Merkmale sind bei der Verwendung des euklidischen Abstandes auf dem Ballroom Dance Set mit einem maximalen Ähnlichkeitsindex von 47,0 % schlecht für die Generierung von Empfehlungen geeignet. Als

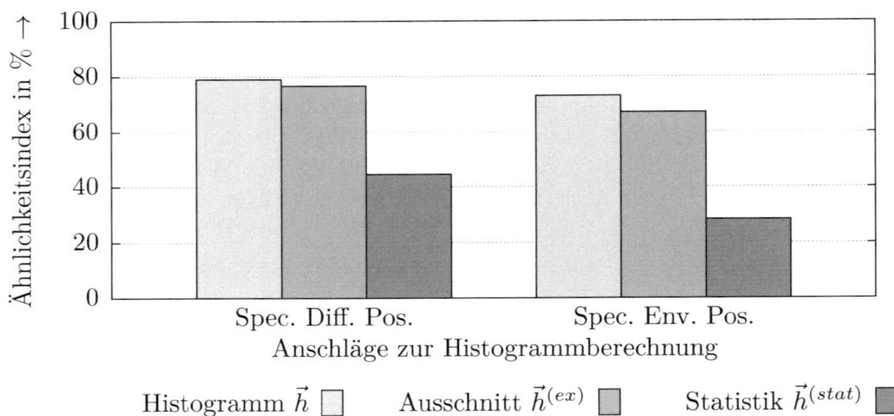

Abbildung 3.7: Ähnlichkeitsindex auf dem Ballroom Dance Set und drei Empfehlungen pro Titel (Werte in Tabelle A.11).

Grundlage für die Erstellung der Anschlagsabstandshistogramme sind die Anschläge der Spectral Difference Positive besser geeignet als die der Spectral Envelope Positive Detektionsfunktion. In Abbildung 3.8 ist der Ähnlichkeitsindex für $N=1$ bis $N=5$ Empfehlungen pro Anfragetitel dargestellt. Die Zahlenwerte sind im Anhang in der Tabelle A.11 aufgeführt. Bei zunehmender Länge der Empfehlungsliste verschlechtert sich die Empfehlung.

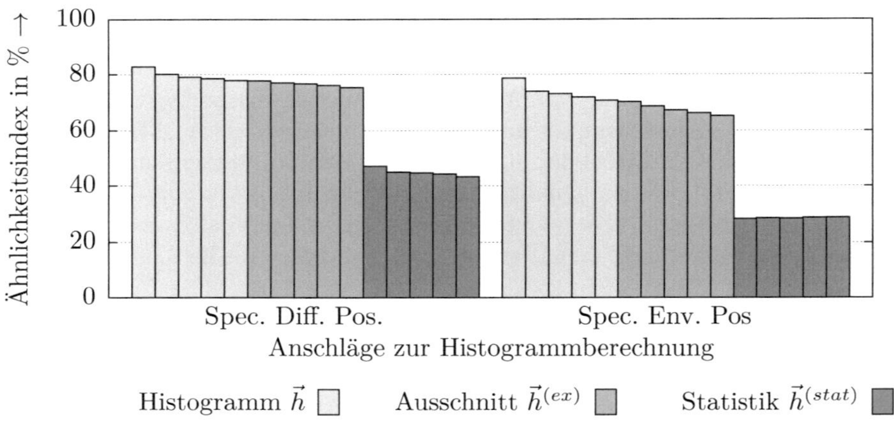

Abbildung 3.8: Ähnlichkeitsindex auf dem Ballroom Dance Set für ein bis fünf Empfehlungen pro Titel (Werte in Tabelle A.11).

Die Verwechslungsmatrix für drei Empfehlungen pro Anfragetitel ist in Abbildung 3.9 dargestellt. Der Ähnlichkeitsindex beträgt in diesem Fall 76,7 %. Zunächst fällt auf, dass Wiener Walzer und Walzer (obere rechte Ecke) oft verwechselt werden. Das ist

Genre Empfehlungen	Cha	Jiv	Qui	Rum	Sam	Tan	VWa	Wal
Wal	0	5	4	23	1	9	65	229
VWa	3	14	2	22	2	3	97	65
Tan	18	0	0	16	2	220	1	9
Sam	3	11	2	6	226	0	2	1
Rum	13	7	28	196	13	12	18	13
Qui	4	0	203	18	6	0	1	2
Jiv	0	143	0	5	6	0	10	11
Cha	292	0	7	8	2	14	1	0

Genre Anfragetitel

Abbildung 3.9: Verwechslungsmatrix auf dem Ballroom Dance Set für drei Empfehlungen pro Anfragetitel mit dem Merkmal $\vec{h}^{(ex)}$ und den Anschlägen der Spectral Difference Positive Detektionsfunktion.

nicht verwunderlich, da beide über ähnliche Periodizitäten im 3/4-Takt verfügen. Das Genre Rumba wird durch die verwendeten Merkmale nicht eindeutig charakterisiert. Das wird darin deutlich, dass bei Rumba-Anfragetiteln viele Empfehlungen aus einem anderen Genre kommen. Gleichzeitig taucht Rumba bei vielen Abspiellisten für Anfragetitel aus anderen Genres auf.

Vor den Schlussfolgerungen sei noch auf eine Besonderheit der Verwechslungsmatrizen eingegangen. Die Verwechslungsmatrizen sind nicht symmetrisch, obwohl der zu Grunde liegende euklidische Abstand symmetrisch ist. Damit ist der Abstand von Titel A zu B gleich dem von B zu A. In der Tat ist die Distanzmatrix aller Titel der Datenbank symmetrisch. Dennoch kann die Auswertung der Empfehlungsliste in Bezug auf die jeweiligen Genres zu einer unsymmetrischen Matrix führen. Angenommen, eine Musiksammlung besitzt drei Titel, wobei zwei Titel A, B dem Genre G1 und der Titel C dem Genre G2 zugeordnet ist. Die Titel besitzen untereinander folgende Distanzen:

	A	B	C
A	0	1	2
B	1	0	3
C	2	3	0

Für die drei Titel ergibt sich damit jeweils ein ähnlichster Titel.

$$\begin{array}{ccc} A & : & B \\ B & : & A \\ C & : & A \end{array}$$

Daraus ergibt sich, dass für A und B ein Song des gleichen Genres $G1$ und für C aus $G2$ ein Titel aus $G1$ empfohlen wird. Damit entsteht eine unsymmetrische Verwechslungsmatrix.

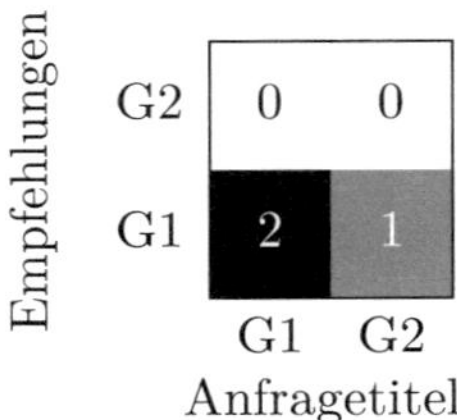

3.3.6 Schlussfolgerungen

Anschlagsabstandshistogramme können zur Berechnung rhythmischer Ähnlichkeit verwendet werden. Auf der R60-Datenbank sind im besten Falle 89,4 % der ersten drei empfohlenen Titel aus dem gleichen Genre wie der Anfragetitel und auf dem Ballroom Dance Set 76,7 %. Die Ergebnisse der R60-Datenbank haben gezeigt, dass bezüglich der Empfehlungslisten die zugrunde liegenden Anschläge nicht „perfekt“ sein müssen. Im Gegenteil, die Ergebnisse auf der Grundlage der annotierten Anschläge führten zu schlechteren Empfehlungen als bei der Verwendung der Anschläge der automatischen Anschlagserkennung Spectral Difference Positive.

Zwei Algorithmen der Anschlagserkennung (Spectral Difference Positive und Spectral Envelope Positive) wurden miteinander verglichen. Die Auswertung der Anschlagserkennung in Abschnitt 2.6.2 mit B-MIX als Trainingsdaten zeigt, dass Spectral Difference Positive die Anschläge in der Musik besser erkennt als Spectral Envelope Positive. Insbesondere der Recall der Spectral Envelope Positive ist mit 65,4 % erkannter Referenzanschläge im Vergleich zu 81,1 % für Spectral Difference Positive deutlich schlechter. Zumindest im Blick auf Spectral Difference Positive und Spectral Envelope Positive lässt sich die Aussage treffen, dass die bessere Anschlagserkennung auch zu besseren Empfehlungen mittels Anschlagsabstandshistogrammen führt.

Es wurden drei verschiedene Merkmalsätze betrachtet: das komplette Anschlagsabstandshistogramm mit 512 Werten, ein Ausschnitt des Histogramms mit 41 Werten und 8 statistische Merkmale über das Histogramm. Bei drei empfohlenen Titeln wird auf dem Ballroom Dance Set ein Ähnlichkeitsindex von 79,1 % mit dem kompletten Histogramm erreicht und 76,7 % mit dem Ausschnitt. Es zeigt sich, dass für gute Empfehlungen der Ausschnitt des Histogramms ausreicht. Die statistischen Merkmale sind in Kombination mit dem euklidischen Abstand für die Ähnlichkeitsberechnung nicht zu empfehlen, da sie nur zu einem Ähnlichkeitsindex von 44,6 % führen. Im Rahmen der Genreerkennung, welche nicht auf dem euklidischen Abstand beruht, können die Merkmale dennoch eine sinnvolle Ergänzung sein, insbesondere da sie unabhängig vom Tempo sind [Gou04b].

Die Ergebnisse werden auch auf dem zehnmal größerem Ballroom Dance Set, gegenüber der R60-Datenbank, nicht schlechter. Die Skalierbarkeit scheint möglich. Da reale Musiksammlungen deutlich größer sind als das Ballroom Dance Set, bleibt ein Beweis offen. Bei der Interpretation der vorgestellten Ergebnisse muss berücksichtigt werden, dass die einzelnen Genres zumeist ein recht ähnliches Tempo aufweisen. Dies rechtfertigt die Verwendung der Anschlagsabstandshistogramme und des euklidischen Abstands, verhindert aber möglicherweise die Anwendung auf weniger rhythmisch definierte Genres mit sehr unterschiedlichen Tempos [Gru09].

3.4 Histogramme in der Sprache

Die Anschlagsabstandshistogramme offenbaren regelmäßige Abstände von Anschlägen in der Musik. Wie sieht das in der Sprache aus? Die zeitliche Anordnung und Dauer der Spracheinheiten ist offensichtlich nicht so regelmäßig wie die der Noten in Musik. Anfängliche Überlegungen, eine Einheit zu finden, welche die Sprache in regelmäßige Abstände unterteilt, führte zu der Theorie der Isochronie [Leh77]. Diese Einheiten können Silben oder Akzente sein. Ein Nachweis lässt sich auf dem reinen Sprachsignal nicht finden. Es herrscht keine Konstanz zwischen verschiedenen Sätzen und Sprechern. Die Isochronie wird als perzeptuelles Phänomen betrachtet [Dau83]. Synchronisiert ein Sprecher seine Sprache aber mit einem Metronom, so ergeben sich periodische Muster. Die Segmente, welche die periodischen Abstände erzeugen, werden als perzeptuelle „Beats“ bezeichnet. Sie treten zu Beginn des Vokals einer Silbe auf [Jan93]. Steven Port zeigt in seiner Veröffentlichung, dass der Mensch offensichtlich ein internes Metronom besitzt, welches die Spracherzeugung beeinflusst [Por03]. Die Frage ist, wie kann dies modelliert werden?

Steven Brown zieht in seiner Veröffentlichung Parallelen zwischen der metrischen Struktur von Musik und der Sprache [Bro10]. Dabei führt er den Begriff heterometrisch ein, was den Umstand erklären soll, dass sich sowohl Tempo, als auch das Metrum in der Sprache oft ändert. Der Takt in der Musik entspricht dabei der „prominence group“ in der Sprache. So wie der Takt mit einem betonten Schlag beginnt, so beginnt auch die „prominence group“ mit einer betonten Silbe. Die Länge der Silben variiert. Ähnlich wie in der Musik kann die die Länge einer Silbe einem Notenwert zugeordnet werden. Eine Umsetzung der Idee von Steven Brown ist für einen deutschen Satz in Abbildung 3.10 zu finden.

Blau kraut bleibt Blau kraut und Braut kleid bleibt Braut kleid

Abbildung 3.10: Zuordnung der metrischen Eigenschaften einer sprachlichen Äußerung zu einem musikalischem Notenbild (nach [Bro10]).

Eine weitere Parallele zwischen Musik und Sprache ist die hierarchische Struktur. Diese metrische Struktur dient als Grundlage für die zeitliche Einordnung zukünftiger Ereignisse im Musik- bzw. Sprachsignal [Wag08]. In einer hierarchischen Struktur werden kleinere Einheiten zu größeren Einheiten zusammengefasst. In dem vorliegenden Kapitel konnte gezeigt werden, wie sich die hierarchische Struktur von Musik in den Anschlagsabstandshistogrammen wiederfindet. Für eine Anwendung in der Sprache wäre zunächst eine Bestimmung der „Beats“ im Sprachsignal nötig. Da sich die Sprechrate in der Sprache häufig ändert, empfiehlt es sich, das Histogramm über kurze zeitliche Abschnitte zu bilden. Es bleibt weiteren Forschungen überlassen, ob das Anschlagsabstandshistogramm sinnvolle metrische Eigenschaften der Sprache erfassen kann.

4 Transkription und Notenfolgemodell

Die Transkription von Musiksignalen, die Überführung von Audiomaterial in eine symbolische Repräsentation, stellt eine Herausforderung im Forschungsbereich Music Information Retrieval dar [Ben13]. Das vorliegende Kapitel beschäftigt sich mit der Transkription unterschiedlicher Trommeln und Becken eines Schlagzeugs in Audiosignalen, welche keine weiteren Instrumente als das Schlagzeug enthalten. Das ist besonders interessant für die Indizierung und Organisation von kurzen Schlagzeugaufnahmen (Drum Loops) in Musikproduktionssystemen [Gil05a], der Suche nach Rhythmen durch Beatboxing oder Sprache [Gil05b], der Umstrukturierung von Schlagzeugspuren (Remixing) [Yos05, Rav07], als Übungshilfe für den Schlagzeuger [Kon10], der Erzeugung neuer Schlagzeugrhythmen [KP13] und der automatischer Genreerkennung [Dix04]. Das Schlagzeug ist in westlicher populärer Musik wesentlich für den Rhythmus verantwortlich und damit ein geeigneter Ausgangspunkt im Kontext der rhythmischen Musikanalyse.

Sind die gespielten Noten bekannt, so kann ihre Abfolge mit dem Notenfolgemodell modelliert werden. Der Ansatz wird anhand von Schlagzeugrhythmen und damit der zeitlichen Abfolge der Trommeln und Becken eingeführt, kann aber ohne weiteres auf andere Instrumente erweitert werden. Zentral ist der Gedanke, dass ein Takt durch die zeitliche Beziehung der gespielten Noten charakterisiert ist. Dieses Wissen kann gewinnbringend in den Transkriptionsprozess von Musik eingebracht werden [Pau09a]. Darüber hinaus kann das Notenfolgemodell für die Modellierung rhythmischer Ähnlichkeit oder genretypischer Rhythmen verwendet werden. Die Umsetzung erfolgt mit gewichteten endlichen Automaten. Die Plausibilität des Modells wird anhand eines Experimentes zur Genreerkennung vorgeführt.

4.1 Vorbetrachtungen

Zunächst wird das Schlagzeug mit den einzelnen Trommeln und Becken vorgestellt. Die Vorbetrachtungen schließen mit den Grundlagen über endliche gewichtete Automaten, welche im Zuge dieser Arbeit für die Modellierung von Notenabfolgen verwendet werden.

4.1.1 Das Schlagzeug

Das Schlagzeug ist wesentliches Rhythmusinstrument in westlicher populärer Musik. Ein Schlagzeug besteht aus verschiedenen Trommeln (Membraphonen), bei denen eine

Membran über ein Metallgestell gespannt wird, und Becken (Idiophone), Bleche aus Metall, wie in Abbildung 4.1 dargestellt [Fit06, S.131]. Zu den Trommeln gehören Bass Drum, Snare Drum sowie die Toms und zu den Becken Hi Hat, Ride-Becken sowie verschiedene Crash- und Splash-Becken. Viele von den eben genannten Bezeichnungen haben sich auch im deutschen Sprachgebrauch durchgesetzt, so dass die englische Bezeichnung in der vorliegenden Arbeit beibehalten wird.

Abbildung 4.1: Aufbau eines Schlagzeugs mit Beschriftung der einzelnen Trommeln und Becken [Tho14].

1. Bass Drum: Die Bass Drum ist die größte Trommel. Sie wird über ein Fußpedal angeschlagen. Sie hat einen voluminösen Klang und besitzt die tiefsten Frequenzanteile aller Trommeln des Schlagzeugs.

2. Snare Drum: Zusätzlich zu den zwei gespannten Fellen des Metallrings besitzt die Snare eine Metallkette, welche bei Bedarf an das untere Fell gespannt werden kann. Die Snare Drum stellt zusammen mit der Bass Drum und der Hi Hat das Grundgerüst eines Schlagzeugs.

3. Toms: Es existieren Toms mit unterschiedlichem Durchmesser, welche über die Spannung der Felle gestimmt werden. Sie werden oftmals in Zwischentakten eingesetzt, die den Übergang verschiedener Teile eines Liedes markieren.

4. Hi Hat: Die Hi Hat besteht aus zwei übereinanderliegenden Metallplatten, welche mithilfe einer Fußmaschine aneinander gedrückt werden können. Dadurch ergibt sich die Möglichkeit, die Hi Hat sowohl mit dem Fuß, als auch mit den Stöcken zu spielen. Je nachdem, ob die Hi Hat beim Anspielen mit den Stöcken offen oder zu ist, ergeben sich unterschiedliche Klangvariationen.

5. Ride: Das Ride-Becken ist eine der größten Metallplatten am Schlagzeug und wird oftmals alternativ zur Hi Hat gespielt. Zwei wesentliche Klangunterschiede ergeben sich, je nachdem ob das Becken außen oder in der Mitte angeschlagen wird.
6. Cymbals: Es existieren eine Vielzahl Becken verschiedener Größe und Form und damit unterschiedlichen Klangs. Sie werden oftmals zur Betonung bestimmter Zählzeiten, wie dem Beginn eines Taktes, eingesetzt.

Weitere Informationen über die physikalischen Eigenschaften der Trommeln und Becken sind in [Fle98, Fit06] zu finden.

4.1.2 Endliche gewichtete Automaten

Für die musikalische Modellierung der zeitlichen Abfolge von Noten werden im Zuge dieser Arbeit gewichtete endliche Automaten verwendet. Die Technologie ist in der technischen Spracherkennung weit verbreitet [Moh08]. Mit dem System Unified Approach for Speech Synthesis and Recognition (UASR) steht eine umfangreiche Skriptsprache mit der Umsetzung der Algorithmen der gewichteten endlichen Automaten zur Verfügung [Hof07]. Das UASR–System wurde ursprünglich für die Spracherkennung und -synthese entwickelt, hat sich aber zu einem umfassenden Werkzeug der Mustererkennung weiter entwickelt und ist als Open-Source-Software veröffentlicht [Wol14]. Es folgt eine Einführung in die gewichteten endlichen Automaten. Ein gewichteter endlicher Automat ist definiert durch ein 7-Tupel

$$\mathcal{A} = (Z, I, F, X, Y, S, E) \tag{4.1}$$

mit den einzelnen Elementen

$$\begin{array}{lrcl}
\text{Endliche Menge von Zuständen} & Z & = & \{z_0, z_1, \ldots\}, \\
\text{Menge Startzustände} & I & \subseteq & Z, \\
\text{Menge Endzustände} & F & \subseteq & Z, \\
\text{Eingabealphabet} & X & = & \{\epsilon, x_0, x_1, \ldots\}, \\
\text{Ausgabealphabet} & Y & = & \{\epsilon, y_0, y_1, \ldots\}, \\
\text{Gewichtshalbring} & S & = & \{\mathbb{K}, \oplus, \otimes, \overline{0}, \overline{1}\} \\
\text{Menge von Übergängen} & E & \subseteq & Z \times X \times Y \times \mathbb{K} \times Z
\end{array} \tag{4.2}$$

Ein Automat besitzt endlich viele Zustände. Zustände werden durch Übergänge verbunden [Moh10a]. Ein Übergang ist beschriftet mit dem Eingabesymbol x, dem Ausgabesymbol y und einem Gewicht w. Abbildung 4.2 zeigt einen Automatengraphen mit z_0 als Startzustand und z_3 als Endzustand. Startzustände werden mit einem kleinen Pfeil gekennzeichnet und Endzustände durch einen doppelten Kreis.

Automatentypen

Es existieren spezielle Automatentypen, die sich anhand der Existenz von Eingabe- und Ausgabesymbolen charakterisieren lassen. So besitzt ein Akzeptor nur Eingabe-

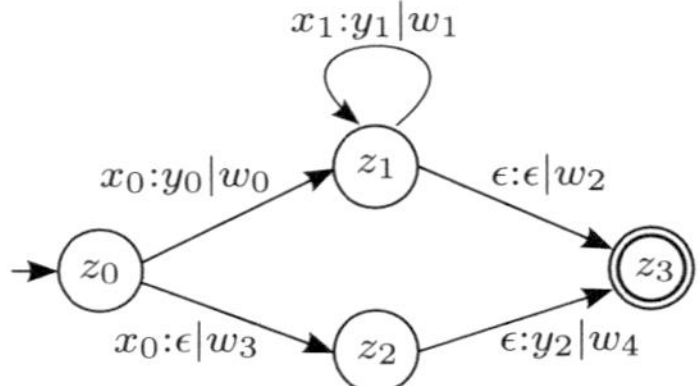

Abbildung 4.2: Graphische Darstellung eines Automaten $\mathcal{A}$ mit der Übergangsbeschriftung von Eingabesymbol : Ausgabesymbol | Gewicht.

symbole; er akzeptiert eine Symbolfolge ohne eine Ausgabe zu erzeugen. Der Generator besitzt nur Ausgabesymbole und kann beliebige zulässige Symbolfolgen erzeugen. Der Transduktor wiederum besitzt Eingabe- und Ausgabesymbole. Er kann eine Eingabesymbolfolge in eine Ausgabesymbolfolge übersetzen. Alle drei Typen existieren sowohl mit als auch ohne Gewichten an den Übergängen. Sind Gewichte vorhanden, dann wird der Automat als gewichteter Automat bezeichnet.

Training

Ein Automat kann auf der Grundlage von Daten trainiert werden. Dabei können zum einen die Struktur, daher die Anzahl und Anordnung von Zuständen und Übergänge gelernt werden, als auch die Übergangsgewichte aus den Trainingsdaten ermittelt werden. Dies soll anhand eines kleinen Beispiels verdeutlicht werden. Ausgangspunkt sind drei Schlagzeugmuster, welche nur aus Bass Drum (B) und Snare Drum (S) bestehen. Die drei Muster sind:

1. B–S–B–S
2. B–S–B–S
3. B–S–S–B

Es ist ersichtlich, dass Muster (1) und (2) identisch sind, was der Praxis gleichbleibender Schlagzeugrhythmen innerhalb eines Liedes entspricht. Ein Akzeptor, welcher diese zwei verschiedenen Muster akzeptiert, ist in Abbildung 4.3 dargestellt.

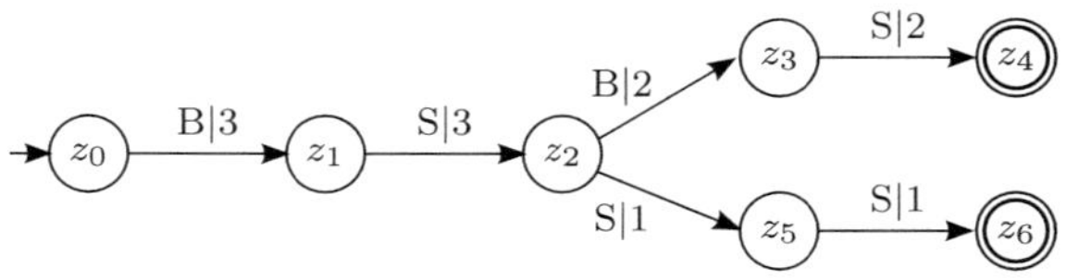

Abbildung 4.3: Beispiel eines Akzeptors von Schlagzeugmustern mit Eingabesymbolen und Zählern an den Übergängen.

Alle drei Muster fangen mit einer Bass Drum an. Dementsprechend ist der erste Übergang mit einer Bass Drum beschriftet. Im Trainingsmaterial ist die Bass Drum drei Mal die erste Trommel des Musters, weswegen der Zähler eine drei aufweist. An der dritten Stelle unterscheiden sich die Schlagzeugmuster, sodass vom Zustand z_3 zwei Übergänge abgehen. Zweimal tritt die Bass Drum auf und einmal eine Snare Drum.

Halbring

Den Gewichten eines Automaten kommt für weitere Algorithmen eine besondere Bedeutung zu. Durch die Wahl des Halbrings werden die nötigen Rechenoperationen der Gewichte vorgegeben. Die Wahl des Halbrings ist insbesondere für die rechentechnische Umsetzung von Bedeutung. Wichtige Halbringe, inklusive der zugehörigen Operationen $\oplus$ und $\otimes$, gibt Matthias Wolff an [Wol11, S.137]. Naheliegend ist zunächst der Wahrscheinlichkeitshalbring, welcher aus den Zählern Wahrscheinlichkeiten erstellt. Abgehende Übergänge eines Zustandes müssen in der Summe eins ergeben. Für das eingeführte Beispiel ergibt sich der Automat in Abbildung 4.4.

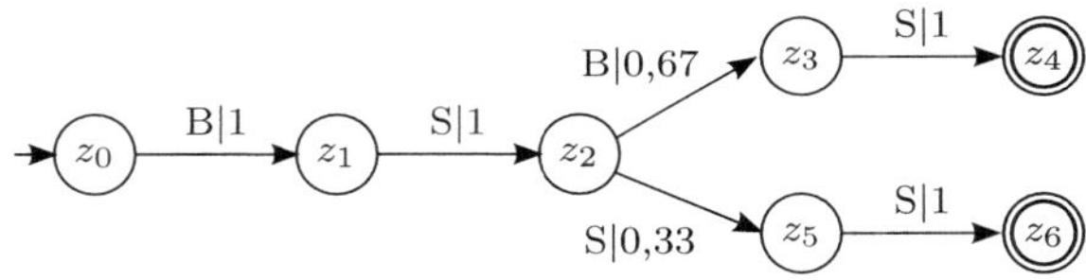

Abbildung 4.4: Beispiel eines Akzeptors von Schlagzeugmustern im Wahrscheinlichkeitshalbring mit Eingabesymbolen und Wahrscheinlichkeiten als Gewichten an den Übergängen.

Zustand z_2 hat zwei abgehende Übergänge, mit den Zählern 2 und 1 ergeben sich Wahrscheinlichkeiten mit $2/3 = 0,67$ und $1/3 = 0,33$. Für den Wahrscheinlichkeitshalbring gelten die Operationen $+$ und $\cdot$. Für eine bessere rechentechnische Umsetzung insbesondere sehr kleiner Wahrscheinlichkeiten (und deren Multiplikation) bietet sich der logarithmische Halbring an, wo die Operationen die logarithmischen Addition mit $-\ln(e^{-x} + e^{-y})$ und $+$ sind. Die aufwendige logarithmische Addition kann zumeist durch die Viterbi-Approximation mit der Minimum-Operation ersetzt werden [Wol11, S. 163]. Dieser Halbring wird als tropischer Halbring bezeichnet, dessen Gewichte, ebenso wie die des logarithmische Halbrings, mit den Wahrscheinlichkeiten P des Wahrscheinlichkeitshalbrings über $w = -\ln P$ in Beziehung stehen. Für alle weiteren Automaten in der vorliegenden Arbeit gilt der tropische Semiring mit negativen logarithmischen Gewichten. Für das Beispiel ergibt sich der Automat im tropischen Semiring in Abbildung 4.5.

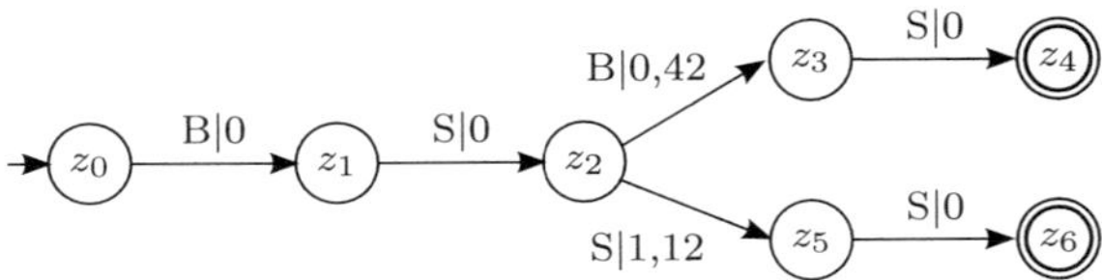

Abbildung 4.5: Beispiel eines Akzeptors von Schlagzeugmustern im tropischen Halbring mit Eingabesymbolen und negativ logarithmischen Wahrscheinlichkeiten als Gewichten an den Übergängen.

Suche

Ein Pfad ist eine Abfolge von Übergängen durch den Graphen, welche an einem Startzustand beginnt und an einem Endzustand endet. Aufgabe der Suche ist es, den Pfad mit dem besten Gewicht zu ermitteln. Der beste Pfad liefert im Falle eines Transduktors eine Ausgabesymbolfolge welche am besten zur Eingabesymbolfolge passt. Das Gesamtgewicht ist ein Indiz, wie gut das Modell zur aktuellen Eingabe passt. Für das Beispiel aus Abbildung 4.5 kann das Gesamtgewicht, mit der der Automat die Eingabe B–S–B–S akzeptiert, ermittelt werden. Das Gesamtgewicht ist 0,42, da die Gewichte entlang eines Pfades im tropischen Halbring addiert werden. Für die Eingabe B–S–S–B ergibt sich ein Pfadgewicht von 1,12. Im tropischen Halbring ist der beste Pfad derjenige mit dem geringsten Pfadgewicht. Damit passt die Eingabe B–S–B–S mit 0,42 besser zu dem Modell als B–S–S–B mit 1,12. Für die Suche des besten Pfades existieren effiziente Suchverfahren, wie die dynamische Programmierung oder die A*-Suche [Duc14]. Die verwendeten Übergänge des besten Pfades können dann durch Backtracking ermittelt werden.

Automatenoperationen

Es steht eine Vielzahl von Automatenoperationen zur Verfügung [Moh10a, Wol11]. Die in der vorliegenden Arbeit verwendeten Operationen sind in der Tabelle 4.1 mit einer kurzen Beschreibung zusammengefasst. Es handelt sich um folgende Operationen: kleenscher Abschluss, Minimierung, Summe, kartesisches Produkt und Komposition.

Name	Operation	Beschreibung
Kleenscher Abschluss	$\mathcal{A}^*$	Ermöglicht die beliebige Wiederholung aller Pfade im Automaten.
Minimierung	$\min(\mathcal{A})$	Äquivalenter Automat mit möglichst wenigen Zuständen und Übergängen.
Summe	$\mathcal{A}_1 \oplus \mathcal{A}_2$	Zusammenfassen zweier Automaten durch gleichen Startzustand.
Kartesisches Produkt	$\mathcal{A}_1 \times \mathcal{A}_2$	Kombination aller Zustände und Übergänge zweier Automaten.
Komposition	$\mathcal{A}_1 \circ \mathcal{A}_2$	Nacheinander Ausführen zweier Automaten. Übersetzt $\mathcal{A}_1$ von A nach B und $\mathcal{A}_2$ von B nach C, so übersetzt der kombinierte Automat von A nach C.

Tabelle 4.1: Ausgewählte Automatenoperationen. Die zugehörigen Algorithmen werden in [Wol11, Seite. 204] vorgestellt.

4.2 Literatur

Die Literaturübersicht gliedert sich in drei Teile. Zunächst wird auf Literatur für die Transkription von Trommeln und Becken des Schlagzeugs eingegangen. Anschließend wird auf musikalische Modelle und die Modellierung von rhythmischen Mustern eingegangen.

4.2.1 Transkription

Obwohl die Transkription von Musiksignalen ein aktives Forschungsgebiet ist, sind die bisherigen Ergebnisse noch nicht mit denen der manuellen Transkription vergleichbar. Emmanuouil Benetos gibt einen guten Überblick über Ansätze der Transkription und schlägt Verbesserungsmöglichkeiten vor [Ben13]. Potential für Verbesserungen sieht er bei halbautomatischen Ansätzen oder in der Spezialisierung der Transkription auf spezielle Anwendungsfälle. Die Erkennung von Schlagzeuginstrumenten ist ein spezieller Anwendungsfall, da er sich auf die perkussiven Instrumente beschränkt. Erste Arbeiten von Walter Andrew Schloss gehen in das Jahr 1985 zurück, als er im Zuge seiner Doktorarbeit verschiedene Congaanschläge klassifizierte. Sehr gute Übersichten über Veröffentlichungen in dem Bereich der Schlagzeugtranskription finden sich in [Fit06, Pau09a].

Bei der Transkription sind prinzipiell zwei Fragen zu beantworten. Wann wird eine Note gespielt? Welche Note wird gespielt? Daher im Falle des Schlagzeugs: Wann wird welche Trommel oder welches Becken gespielt? Die Reihenfolge, in der diese Fragen beantwortet werden, führt zu drei möglichen Strategien der Transkription: (1) *Segmentierung und Klassifikation*, (2) *Trennung und Klassifikation* und (3) *Simultane Segmentierung und Klassifikation*. Sie werden im Folgenden, ergänzt um den Ansatz

(4) *Vergleichen und Adaptieren*, vorgestellt.

Segmentierung und Klassifikation

Bei der Strategie der *Segmentierung und Klassifikation* wird zunächst die Frage, wann etwas gespielt wird beantwortet und anschließend die Frage, welches Instrument. Dabei wird die Schlagzeugaufnahme zunächst in bedeutungsvolle Einheiten unterteilt. Dies kann durch Algorithmen der Anschlagserkennung erfolgen [Gil08], oder aber durch die Verwendung eines musikalischen Rasters wie dem schnellsten Puls [Pau03]. Aus den Segmenten werden Merkmale erstellt, entweder indem das Analysefenster das gesamte Segment umfasst [Gou01] oder aber kleinere Zeitfenster innerhalb des Segmentes gebildet werden und dann deren Mittelwert für die anschließende Klassifikation verwendet wird [Gil04]. Als Klassifikatoren werden Support Vector Machines [Gil04], Gaussian-Mixture-Modelle [Pau03] oder auch Clustering und Entscheidungsbäume verwendet [Gou01].

Trennung und Klassifikation

Die Strategie der Trennung und Klassifikation trennt zunächst die einzelnen zu detektierenden Schlagzeuginstrumente im Signal in einzelne Audioströme [Fit04]. Dafür werden Verfahren wie Independent Subspace Analysis (ISA) [Uhl03a], Prior Subspace Analysis (PSA) [Fit03, Dit04] oder Non-Negative Matrix Factorisation [Pau05, Cav12] verwendet. Die Trennung des Signales in Audioströme, die idealerweise nur noch eine Trommel oder ein Becken beinhalten, gibt Antwort auf die Frage, was gespielt wird. Im zweiten Schritt können dann in den einzelnen Audioströmen die Anschläge detektiert werden, um die Frage wann etwas gespielt wird zu beantworten.

Simultane Segmentierung und Klassifikation

Eine *simultane Segmentierung und Klassifikation* ist bei der Verwendung von Hidden-Markov-Modellen möglich, wenn die verschiedenen Modelle der einzelnen Instrumente zu einem Erkennungsnetzwerk verknüpft werden [Pau09b]. Bei der freien Erkennung kann dann die Bestimmung der Anschlagszeitpunkte und die Klassifikation der einzelnen Noten gleichzeitig durchgeführt werden.

Vergleichen und Adaptieren

Bei dem Ansatz Vergleichen und Adaptieren werden zunächst zeitliche [Zil02] oder spektrale Templates [Yos07] der einzelnen Instrumente erstellt. Diese werden dann mit dem zu transkribierenden Signal verglichen und dabei iterativ an das vorliegende Signal adaptiert. Einen solchen Analyse durch Synthese Ansatz verfolgt [Zil02], bei welchem zunächst durch eine Filterbank ein sehr einfaches Modell für Bass und Snare Drum erzeugt wird. Diese jeweiligen Zeitsignale werden dann mit dem zu erkennenden Signal kreuzkorelliert. Die Maxima der Kreuzkorrelationsfunktion bestimmen die Position der Bass bzw. Snare Drum. Die Abtastwerte ab den erkannten Anschlägen werden benutzt, um das Template anzupassen. Der Prozess wird bis zu einem Konvergenzkriterium wiederholt.

Der weitere Literaturüberblick in Tabelle 4.2 enthält Veröffentlichungen, welche mindestens eines von drei, für die vorliegende Arbeit relevante, Kriterien erfüllt: (a) als Klassifikator werden Hidden Markov Modelle verwendet, (b) die Evaluierung wurde auf der ENST-Datenbank durchgeführt, oder (c) es wird ein musikalisches Modell für eine Korrektur oder Verbesserung der Erkennungsergebnisse verwendet. Wie ein Blick auf die Tabelle 4.2 offenbart, sind die Veröffentlichungen alle von Jouni Paulus und Olivier Gillet. Zunächst haben die Autoren eigene unveröffentlichte Datenbanken verwendet, um später die ENST-Datenbank zu verwenden. Zumeist haben sie sich dabei auf die drei Schlagzeugkategorien Bass Drum, Snare Drum und Hi Hat konzentriert. Als Merkmale für die Transkription haben sich bei vergleichenden Studien die Mel Frequency Cepstral Coefficients durchgesetzt. Je nach Klassifikationsansatz wird die Segmentierung, und damit die zeitliche Positionierung der Noten, durch eine Anschlagserkennung, den schnellsten Puls oder den Klassifikator vorgenommen. Bei einem Detektorklassifikator hat der Klassifikator zwei Klassen: eine für die Kategorie und eine für den Rest. Alternativ kann für jede mögliche Kombination der Kategorien ein Klassifikator trainiert werden. Die Literaturübersicht macht deutlich, welche Veröffentlichung welche Konfiguration gewählt hat. Um musikalisches Wissen zu modellieren wurden hauptsächlich verschiedene Varianten von N-Grammen verwendet.

Im Jahre 2003 stellten sowohl Jouni Paulus, als auch Olivier Gillet Arbeiten zur Erkennung von perkussiven Instrumenten vor (Schlagzeug und Tabla, ein indisches Schlaginstrument) [Pau03, Gil03]. Sie waren auch die ersten, die musikalisches Wissen explizit in die Transkription von perkussiven Instrumenten einführten. Beide modellierten den Kontext der einzelnen Schläge durch N-Gramme, wozu es zunächst nötig war, die erkannten Noten auf ein Raster zu quantisieren. In den anschließenden Jahren veröffentlichten die eben genannten Autoren zahlreiche weitere Beiträge. So ging Olivier Gillet 2004 dazu über, Schlagzeugloops zu transkribieren und erreichte zunächst die besten Erkennungsergebnisse bei der Verwendung der Support Vector Machines zur Klassifikation der einzelnen Schläge [Gil04]. Jouni Paulus verwendet Hidden-Markov-Modelle zur Klassifikation und vergleicht neben verschiedenen Möglichkeiten der akustischen Modellierung [Pau06] auch spektrale und zeitliche Merkmale [Pau07].

Um realistische Daten zur Verfügung zu haben, nahm Olivier Gillet 2006 drei Schlagzeuger auf und erstellte so die ENST-Datenbank [Gil06]. Erste Veröffentlichungen mit Erkennungsergebnissen von Bass Drum, Snare Drum und Hi Hat auf dieser Datenbank erfolgten mit unterschiedlichem Fokus: Musikalisches Modell [Gil07] und Merkmale [Gil08]. Jouni Paulus verwendet in seiner Veröffentlichung von 2009 ebenso die ENST-Datenbank unter Verwendung von HMM-Erkennungsnetzwerken, welche eine *simultane Segmentierung und Klassifikation* der Schlagzeugnoten ermöglicht [Pau09b]. Bei der Betrachtung der Übersichtstabelle 4.2 fällt auf, dass häufig nur die drei Klassen Bass Drum, Snare Drum und Hi Hat klassifiziert wurden. Paulus schreibt, dass sie im Wesentlichen für den wahrgenommenen Rhythmus verantwortlich sind [Pau09b].

Literatur	Datenbank	Kategorien	Merkmale	Segmentierung	Klassifikator	D	K	Musikalisches Modell
[Pau03]	359 Loops	B, S, H, R, C, T, P	6 MFCC + Δ	SP-Raster (manuell)	GMM		X	A-Priori, (Periodic) N-Gramm
[Gil03]	64 Phrasen	Tabla	Frequenzbänder	Raster	GMM, KNN			N-Gramm
[Gil04]	315 Loops	B, S, H, T, C, P, Cl, Rs	13 MFCC + Spectral	Anschläge [Kla99]	SVM, GMM	X	X	N-Gramm
[Pau06, Pau07]	Drum Loops, RWC-Pop	B, S, H	13 MFCC + Spectral + (Temporal)	HMM	HMM, SVM	X	X	-
[Gil07]	ENST-MO	B, S, H	-	SP-Raster	-			Generalized N-Gramm, Compl. Crit.
[Gil08]	ENST-MO	B, S, H	147 inkl. 13 MFCC + Δ	Anschläge [Alo05]	SVM		X	-
[Pau09b]	ENST-MO	B, S, H	13 MFCC + Δ, LDA	HMM	HMM, GMM	X	X	-

Tabelle 4.2: Literaturübersicht der Transkription von Schlagzeug. **N Kategorien:** Bass Drum (B), Snare Drum (S), Hi Hat (H), Ride (R), Cymbal (C), Toms (T), Percussions (P), Clap (Cl), Rimshot (Rs), **Klassifikator**: Gaussian Mixture Model (GMM), K-Nearest Neighbour (KNN), Support Vector Machine (SVM), Hidden Markov Model (HMM). **Konfiguration Klassifikator:** Detektor (D), Kombination (K).

4.2.2 Musikalisches Modell

Musikalisches Wissen über die Abfolge von Noten kann möglicherweise die Erkennungsleistung von Transkriptionssystemen verbessern. Derry FitzGerald weist darauf hin, dass dieser Effekt begrenzt ist, wenn die zugrunde liegende Transkription schlechte Ergebnisse liefert [Fit06, S.258]. Musikalische Modelle sind im Bereich der Musikwissenschaften verbreitet, aber nur einige verfolgen einen regelbasierten Ansatz, der auch durch den Computer umgesetzt werden kann [Ler83, Mau08, Rob11].

Besonders interessant ist in diesem Zusammenhang die Modellierung von zeitlichen Strukturen [Die02]. Jouni Paulus benutzt neben der A-Priori-Wahrscheinlichkeit einzelner Kombinationen von Schlagzeugelementen, N-Gramme um die Abfolge von Schlagzeugnoten zu modellieren [Pau03]. Dabei vergleicht er N-Gramme, die aufeinanderfolgende Noten berücksichtigen, als auch periodische N-Gramme, welche den Bezug zur gleichen metrischen Position in vorangegangen Takten herstellen. Dazu ist es aber nötig, zunächst die Taktgrenzen genau zu bestimmen. Dies sieht Kazuyoshi Yoshii als Nachteil gegenüber seiner Methode an, die Referenzschlagzeugmuster aus MIDI-Daten mit den Audiodaten vergleicht [Yos06]. Dabei werden die Referenzmuster in verschiedenen Tempos benutzt, um die Anschläge von Schlagzeugelementen zu verifizieren. Noberto Degara verwendet Hidden-Markov-Modelle, um die Zeit zwischen Anschlägen zu modellieren und damit rhythmische Strukturen zu offenbaren [Deg11].

Auch Olivier Gillet verwendet N-Gramm-Modelle um musikalisches Wissen in der Schlagzeugtranskription zu modellieren [Gil07]. Er erweitert die traditionellen N-Gramme für die Abbildung der Beziehungen auf verschiedenen metrischen Ebenen (Schnellster Puls, Grundschlag, Takt) unter dem Namen Generalized-N-Gramme. Außerdem geht er insbesondere auf die Zweckmäßigkeit der Modellierung von Schlagzeugmustern ein. So sind einige Muster musikalisch irrelevant, werden nie gespielt oder sind zu komplex, um überhaupt von einem Musiker gespielt zu werden. Einige Muster werden sehr häufig unabhängig vom Genre gespielt und wieder andere sind sehr typisch für bestimmte Genres. Insbesondere eintaktige Schlagzeugmuster werden häufig wiederholt, um eine musikalische Phrase zu erzeugen.

4.2.3 Rhythmische Muster

Im Forschungsbereich des Music Information Retrieval finden sich Veröffentlichungen bezüglich rhythmischer Muster in Musik sowohl auf der Signal- als auch auf symbolischen Repräsentationen.

So bildet Simon Dixon die zeitliche Einhüllende des komplexen Musiksignals jeweils über einen Takt und führt auf dieser Grundlage eine Genreerkennung durch [Dix04]. Jouni Paulus und Emiru Tsunoo separieren zunächst das Schlagzeug aus dem Musikstück und erstellen Merkmale (Lautheit, Helligkeit, MFCC) um die rhythmische Ähnlichkeit zwischen Musikstücken zu ermitteln [Pau02] oder verschiedene rhythmische Muster in einem Musikstück zu finden [Tsu09]. Alle drei eben genannten Veröffentlichungen normieren ihre Darstellung auf das Tempo des Musikstücks, um einen rhythmischen Vergleich zwischen Musikstücken zu ermöglichen. Geoffrey Peeters verwendet eine metrische Beschreibung zur Charakterisierung des Rhythmus auf der Grundlage der Anschläge [Pee05]. Dan Ellis errechnet Basis Rhythmusmuster der Bass Drum, Snare Drum und Hi Hat mithilfe der Hauptkomponentenanalyse [Ell04]. Eric Battenberg verwendet neuronale Netze um den Grundschlag in Schlagzeugrhythmen zu ermitteln [Bat12].

Die rhythmische Beschreibung von Musik, welche in symbolischer Form vorliegt, unternimmt unter anderem Florence Levé [Lev11]. Aus 7.000 MIDI-Dateien werden monophone rhythmische Strukturen durch die Position der Noten sowie der Notenlänge und ihrer Intensität extrahiert. Das Schlagzeug wird dabei ausdrücklich nicht benutzt. Er kommt zu dem Ergebnis, dass fünfzehn Noten reichen um für eine Notensequenz zu 70 % genau den einen Song in der Datenbank zu finden, der diese Sequenz beinhaltet. Matthias Mauch wiederum untersucht in seiner Veröffentlichung eine MIDI-Datenbank explizit bezüglich der rhythmischen Muster des Schlagzeugs [Mau12]. Besondere Beachtung findet die Häufigkeit der einzelne Noten, Taktmuster, Häufigkeit der Taktmuster, Wiederholung der Taktmuster und die Identifizierung besonderer Taktarten. Er zeigt unter anderem Parallelen zwischen einem eintaktigen Schlagzeugtakt in der Musik und dem Wort in der Sprache auf. Eine mögliche Anwendung der symbolischen Rhythmusanalyse zeigt George Sioros auf, der Schlagzeugloops auf der Grundlage der Komplexität sortiert und neu kombiniert [Sio11].

4.3 Datenbanken

Für die Evaluierung der Transkription von Schlagzeugspuren sind umfangreiche annotierte Datenbanken erforderlich. Benötigt wird eine Audiospur und eine textuelle Beschreibung, wann welche Trommel oder welches Becken gespielt wird. Nach einer kurzen Einführung über existente Datenbanken, werden die im Zuge dieser Arbeit verwendeten Datenbanken vorgestellt.

Es existieren nur wenige Datenbanken, da deren Erstellung sehr aufwendig ist. Als frei verfügbare Datenbanken sind die MAMI- und ENST-Datenbank zu nennen [Tan05, Gil06]. Bei der MAMI-Datenbank handelt es sich um 30 s lange Ausschnitte aus 49 Titeln kommerzieller CDs westlicher populärer Musik. Sie eignet sich für Experimente bezüglich der Transkription von Schlagzeug in komplexen Musiksignalen. Zehn Schlagzeuger markierten die Anschläge der verschiedenen Schlagzeuginstrumente innerhalb der Datenbank. Dabei bedienten sie sich des MIDI-Dateiformates, da damit gleichzeitig noch Tempo- und metrische Informationen erfasst wurden. Die Annotierung ist frei verfügbar, das Audiomaterial aus Gründen des Urheberrechts nicht. Die Autoren der ENST-Datenbank umgehen die Problematik des Urheberrechts, indem sie eigene Schlagzeugaufnahmen erstellt haben. Die Datenbank beinhaltet einzelne Schläge, Phrasen aus unterschiedlichen Genres, Soli, Begleitung zu CD-Musik und Begleitung von MIDI-Material. Die Datenbank ist für Forschungszwecke verfügbar und für Experimente bezüglich der Transkription von Schlagzeugspuren geeignet.

Andere Veröffentlichungen bedienen sich synthetischen Audiomaterials, welches aus MIDI-Dateien erstellt wurde [Pau03, Gil04, Mir13]. Der Vorteil bei diesem synthetischen Audiomaterial ist die Verfügbarkeit der Annotationen in den zugehörigen MIDI-Dateien. Darüber hinaus kann der Inhalt des Audiomaterials beeinflusst werden, indem zum Beispiel nur bestimmte Instrumente für die Synthese verwendet werden. So ist es möglich, Schlagzeugspuren zu erzeugen, welche zum Beispiel nur aus Bass Drum, Snare Drum und Hi Hat bestehen und alle anderen Instrumente nicht zu berücksichtigen.

Im Zuge der vorliegenden Arbeit werden auch synthetisierte MIDI-Daten und Audioaufnahmen für das Training und die Erkennung verwendet. Bei den MIDI-Dateien handelt es sich um die professionell erstellte MIDIART-Datenbank [Mid13]. Diese umfangreiche Datenbank besteht aus 14.136 Titel. Sowohl die P100-, als auch die BRD4-Datenbank sind Teile dieser Datenbank. Bei der P100-Datenbank handelt es sich um 100 synthetisierte Titel.. Die BRD4-Datenbank besteht aus 504 Titel vier verschiedener Genres. Sie werden für das Genreexperiment mithilfe des Notenfolgemodells benutzt. Die ENST-Datenbank ermöglicht eine Evaluierung der Transkription auf echten Schlagzeugaufnahmen, sowie den Vergleich mit anderen internationalen Veröffentlichungen im Bereich der Transkription von Trommeln und Becken eines Schlagzeugs.

4.3.1 MIDIART

Im Zuge der präsentierten Forschungsarbeiten stand die umfassende professionell erstellte MIDIART-Datenbank zur Verfügung [Mid13]. Auch wenn im weiteren Zuge der Arbeit nur Auszüge dieser Datenbank verwendet werden, so lohnt sich der analytische Blick bezüglich der Tempoverteilung und Taktarten der gesamten Datenbank von 14.136 Dateien. Es wurde jeweils die erste Angabe des Tempos bzw. der Taktart einer MIDI-Datei verwendet. Abbildung 4.6(a) zeigt die Tempoverteilung der Datenbank. Es fällt auf, dass die vier Tempos 100 bpm (288 Titel), 120 bpm (1.007 Titel), 130 bpm (537 Titel) und 200 bpm (240 Titel) deutlich hervorstechen. Die deutliche Spitze bei 120 bpm ist wohl dem geschuldet, dass in der Datenbank viele Schlagertitel vorkommen, welche das „Standard"-Tempo von 120 bpm benutzen. Das Tempo kann durch den Produzenten der MIDI-Datei frei gewählt werden, was wohl auch eine Bevorzugung dieser Tempos berücksichtigt. Die vielen Titel bei 200 bpm entsprechen nicht der realen Tempoverteilung von populärer westlicher Musik. An dieser Stelle hat der Produzent nicht die Viertelnote als Grundschlag gewählt, sondern die Achtelnote. Damit entsprechen diese Titel zumeist den Titeln mit Tempo 100 bpm. Das Wissen über die Tempoverteilung kann als A-Priori-Wissen zum Beispiel in der Tempoerkennung eines Musikstücks verwendet werden [Par94, Kla06b].

Die Anzahl der Titel pro Taktart ist in Abbildung 4.6(b) logarithmisch dargestellt. 91,6 % der Titel stehen im 4/4 Takt. Die Dreiertakte 3/4 mit 3,7 % und 6/8 mit 2,2 % stellen den zweitgrößten Anteil. Die ausgefallenen Taktarten wie 1/4 oder 2/4 sind zwar die ersten Taktarten einer MIDI-Datei, diese wird aber dann noch durch eine weitere Taktartangabe umgeschaltet.

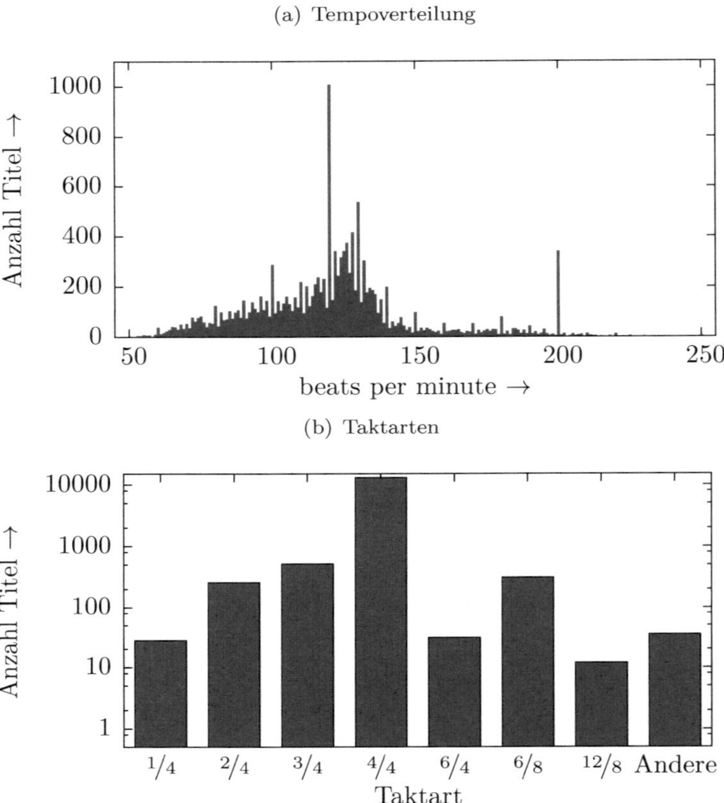

Abbildung 4.6: Tempoverteilung und Taktarten der MIDIART-Datenbank.

4.3.2 P100

Aus der MIDIART-Datenbank werden 100 Titel ausgewählt und als „Playground 100" für Experimente zur Erkennung von Schlagzeugnoten verwendet. Dabei sind je zehn Titel aus den Genres Cha Cha Cha, Samba, Tango, Techno, Rap und Reggae in Anlehnung an die R60-Datenbank zur Anschlagserkennung. Die restlichen 40 Titel werden zufällig aus der gesamten Datenbank ausgewählt. Eine Übersicht über die verwendeten Dateien ist in der Tabelle A.14 im Anhang zu finden.

Für die Transkriptionsexperimente werden die Dateien mit dreizehn verschiedenen Soundfonts synthetisiert. Die verwendeten frei verfügbaren Soundfonts sind im Anhang in Tabelle A.13 angegeben. Die zufällige Auswahl des Soundfonts zur Synthese einer Datei ist der Tabelle A.14 zu entnehmen. Durch die Verwendung der MIDI-Synthese ist es möglich, nur einen spezifischen Teil der Noten, welche in der MIDI-Datei angegeben sind, zu synthetisieren. Um Material für die Transkription von Schlagzeugaufnahmen zu erhalten, wird nur die Schlagzeugspur (Spur 10) der MIDI-Dateien synthetisiert. Von den 47 möglichen Schlaginstrumenten, Trommeln und Becken, welche in einer Standard MIDI-Datei nach der General MIDI-Standard Drum Map den Noten 35 – 81 zugeordnet sind, werden fünfzehn Noten für die Synthese ausgewählt. Sie können in fünf Kategorien eingeteilt werden und sind im Folgenden mit der entsprechenden Notennummer der General MIDI-Standard Drum Map angegeben.

1. Bass Drum [B]: Acoustic Bass Drum (35), Bass Drum (36)
2. Snare [S]: Side Stick (37), Acoustic Snare (38), Electric Snare (40)
3. Hi Hat [H]: Closed Hi Hat (42), Pedal Hi Hat (44), Open Hi Hat (46)
4. Ride [R]: Ride Cymbal 1 (51), Ride Bell (53), Ride Cymbal 2 (59)
5. Cymbals [C]: Crash Cymbal 1 (49), Chinese Cymbal (52), Splash Cymbal (55), Crash Cymbal 2 (57)

In der Abbildung 4.7(a) ist die Anzahl der Schläge pro Kategorie aufgeführt. Mit einem deutlichen Abstand tritt die Hi Hat (74.915) am häufigsten auf, gefolgt von Bass Drum (34.627) und Snare Drum (28.425). Deutlich weniger treten das Ride-Becken (3.938) und die Cymbals (2.736) auf.

Für die Klassifikation ist interessant, wie häufig welche Ereignisse zum gleichen Zeitpunkt auftreten, da sich die Klangeigenschaften dann überlagern. Dafür wurden die Noten auf ein 16tel-Notenraster quantisiert und die Kombination der Kategorien für jeden Rasterpunkt in Abbildung 4.7(b) angegeben. Bei 79.706 Rasterpunkten wird keine Note gespielt. Der häufigste Schlag ist der isolierte Schlag auf der Hi Hat mit 36.773 Anschlägen, gefolgt von 17.271 Anschlägen in der Kombination mit der Bass Drum. Die Kombination aus Snare Drum und Hi Hat tritt 9.571 mal auf. Die ersten sieben Kombinationen bestehen nur aus Bass Drum, Snare Drum und Hi Hat und erst an achter Stelle tritt das Ride-Becken mit 1.493 Schlägen auf. An neunter Stelle treten erstmalig die Cymbals in Kombination mit Bass Drum und Hi Hat mit 1.005 Anschlägen auf.

4.3.3 BRD4

Für die Genreerkennung mit dem Notenfolgemodell wird eine MIDI-Datenbank mit vier verschiedenen Tanzstilen benutzt. Die MIDIART-Datenbank besitzt zu einigen Titeln ein Genreattribut, welches vom Hersteller vergeben wurde. Daraus werden die Tanzstile Rumba, Samba, Tango und Walzer ausgewählt, da sie anhand des Rhythmus zu unterscheiden sind. Tabelle 4.3 zeigt die Anzahl der Titel pro Genre mit der jeweiligen Anzahl der Takte pro Taktart. Beim Betrachten der Taktarten der einzelnen Genres fallen einige Besonderheiten auf. So existieren im Walzer 137 Takte im 4/4-Takt. Es stellt sich heraus, dass es sich um zwei Titel handelt, welche sowohl Segmente im 3/4 als auch im 4/4-Takt besitzen. Die Segmente können jeweils den unterschiedlichen Genres: Walzer und Rock zugeordnet werden. Weiterhin haben sowohl Rumba als auch Samba 6/8-Takte. Für Rumba ist das ein kompletter Titel und für Samba ein Titel mit 87 Takten in 4/4 und 98 Takten in 6/8. Diese ungewöhnlichen Titel verbleiben in der Datenbank, um deren Effekt auf die Genreerkennung zu untersuchen.

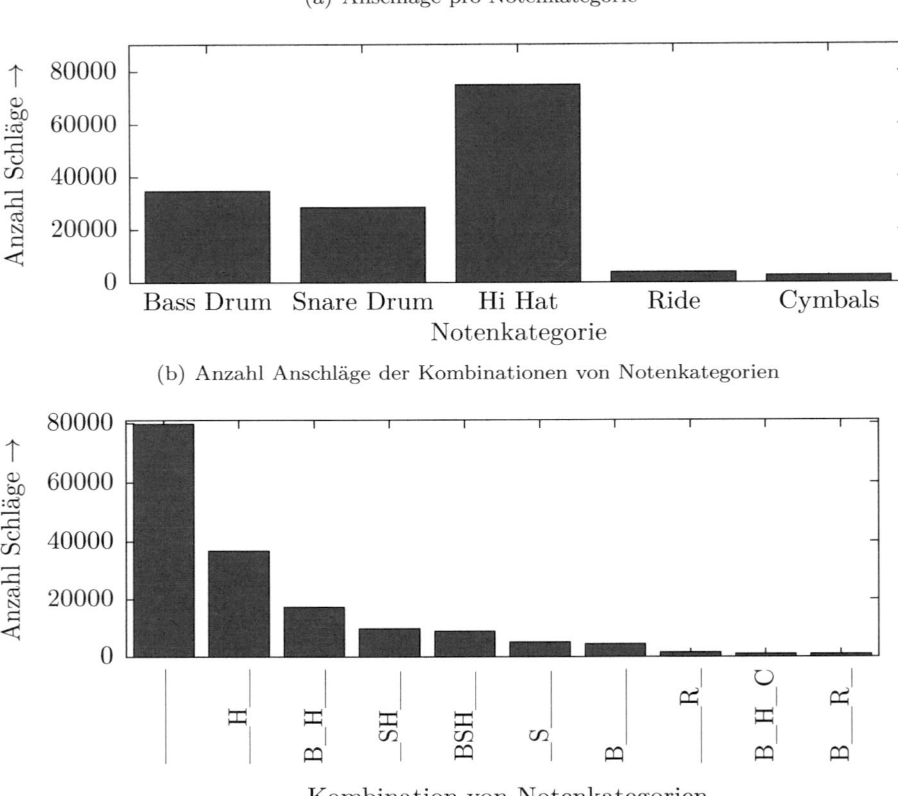

Abbildung 4.7: Anzahl der Anschläge pro Notenkategorie der P100-Datenbank und deren gemeinsames Auftreten bei einer Quantisierung auf Sechzehntelnoten. Die Kategorien sind im unteren Bild durch den jeweiligen Anfangsbuchstaben kodiert (Werte in Tabelle A.12).

4.3.4 ENST

Um das Transkriptionssystem mit realen Schlagzeugdaten zu testen, wird die frei verfügbare ENST-Datenbank verwendet [Gil06]. Die Datenbank wurde von anderen Nutzer als schwierig betrachtet, da sie sehr viele verschiedene Varianten des Schlagzeugspiels enthält, inklusive verschiedenen Stöcken und Besen zum Anspielen der Trommeln und Becken. Die Datenbank ermöglicht den Vergleich der Transkription mit anderen Veröffentlichungen [Gil08, Pau09b]. Es handelt sich um Schlagzeugaufnahmen von drei verschiedenen Schlagzeugern. Für die Evaluierung der Schlagzeugtranskription werden die Minus-One-Titel (MO) verwendet, bei denen die Schlagzeuger frei zu Begleitmusik spielen konnten. Die Begleitmusik wird für die weitere Erkennung ausgeblendet. Es existieren je 21 bis 22 Titel pro Schlagzeuger mit einer Länge von 30 - 75 s. Für die Evaluierung wird der „wet mix“ verwendet, eine Abmischung der

Genre	Titel	Takte pro Taktart						
		2/4	3/4	4/4	6/4	3/8	6/8	9/8
Rumba	138	12	-	12.765	2	-	137	-
Samba	161	102	-	16.125	8	-	98	-
Tango	47	19	-	4.673	-	-	-	-
Waltz	158	141	22.872	137	-	9	3.747	3
Summe	504	274	22.872	33.700	10	9	3.982	3

Tabelle 4.3: Anzahl der Titel pro Genre mit der Anzahl der Takte pro Taktart der Datenbank BRD4.

einzelnen Komponenten des Schlagzeugs, wie er in kommerziellen CDs üblich ist. Im Unterschied zur P100-Datenbank enthalten diese Aufnahmen auch Trommeln wie die Toms, welche nicht evaluiert werden. Die Anzahl der für die Transkription in dieser Arbeit relevanten Trommeln und Becken sind in Tabelle 4.4 aufgeführt. Die Hi Hat

Kategorie	ENST-MO
Bass Drum	10.686
Snare Drum	11.630
Hi Hat	14.158
Ride	3.117
Cymbal	328

Tabelle 4.4: Anzahl der Ereignisse pro Schlagzeugkategorie für die Datenbank ENST (Minus-One-Titel).

tritt mit 14.158 Anschlägen am häufigsten auf, gefolgt von der Snare Drum mit 11.630 Anschlägen und der Bass Drum mit 10.686 Anschlägen. Das Ride-Becken tritt 3.117 mal und die Cymbals 328 mal auf.

4.4 Transkription von Schlagzeugspuren

Die Transkription ist eine Klassifikationsaufgabe, welche die automatische Erkennung der Schlagzeugkategorien

- Bass Drum (B),
- Snare Drum (S),
- Hi Hat (H),
- Ride (R),
- Cymbals (C)

auf der Grundlage von Audiomaterial ermöglicht. Es stellt sich die Frage, ob ein akustisches Modell für jede mögliche Kombination der Schlagzeugkategorien gebildet wird oder ein Detektorklassifikator pro Kategorie. Ein Blick auf die P100-Datenbank und die Häufigkeit der einzelnen Kombinationen in Abbildung 4.7 und Tabelle A.12 im Anhang macht deutlich, dass einige Kombinationen der fünf Kategorien sehr selten auftreten. So werden zum Beispiel nur fünf Mal in der gesamten Datenbank alle fünf Kategorien gleichzeitig gespielt. Insgesamt wären bei fünf Kategorien 32 verschiedene akustische Modelle nötig. Deswegen wird, Jouni Paulus folgend, für jede der fünf Schlagzeugkategorien ein Detektorklassifikator mit zwei akustischen Modellen erstellt: eins für die zu erkennende Kategorie mit allen möglichen auftretenden Kombinationen in denen sie enthalten ist, sowie ein Restmodell für alle anderen Anschläge und Pausen [Pau09b].

Das Ergebnis der Klassifikation ist eine Liste mit Zeiten, die besagt, wann welche Kategorie gespielt wurde. Die Transkription gibt damit Antworten auf die zwei Fragen: Wann wird etwas gespielt? Was wird gespielt? Wie bereits im Literaturüberblick aufgeführt, ergibt die Reihenfolge, in der diese Frage beantwortet wird, verschiedene Strategien der Transkription. Im Zuge dieser Arbeit werden die zwei Vorgehen *Segmentierung und Klassifikation* und *Simultane Segmentierung und Klassifikation* untersucht, deren Transkriptionsablauf in der Abbildung 4.8 dargestellt ist.

Zunächst werden aus dem Audiomaterial Merkmale berechnet. Bei der *simultanen Klassifikation und Segmentierung* dienen sie als Eingabe für die Suche im Erkennungsnetzwerk welches aus zwei akustische Modellen besteht: eines für die zu erkennenden Kategorie und einem Restmodell. Ein akustisches Modell kann beliebig oft wiederholt werden und es kann beliebig oft zwischen den Modellen gewechselt werden. An dieser Stelle unterscheidet sich der Ansatz der *Segmentierung und Klassifikation*, welcher zunächst auf der Grundlage des Spektrums die Anschläge im Signal detektiert, um dann jeden Anschlag entweder dem akustische Modell der aktuellen Kategorie oder dem Restmodell zuzuordnen.

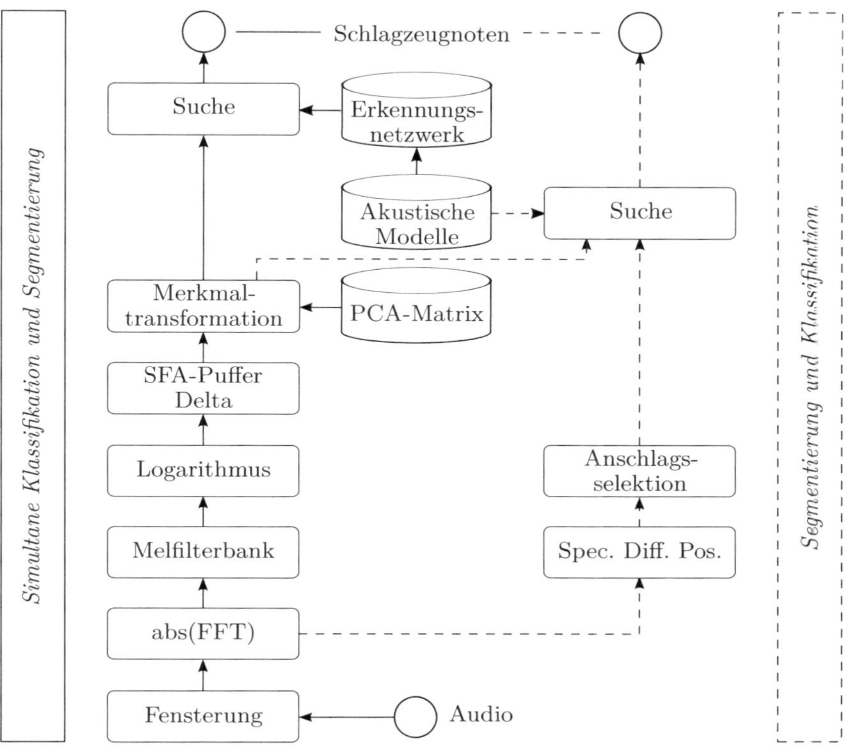

Abbildung 4.8: Ablauf der zwei Vorgehensweisen in der Erkennung von Schlagzeugnoten.

4.4.1 Merkmale

Aus den Schlagzeugaufnahmen mit einer Abtastrate von 44,1 kHz werden zunächst Merkmale errechnet. Die einzelnen Analysefenster haben eine Breite von 46,4 ms und eine Überlappung von 75 %. Nach der Multiplikation mit der Blackman-Fensterfunktion wird das Amplitudenspektrum $X_n(l)$ mit n Spektrallinien für jedes Fenster l berechnet. Für das Training der akustischen Modelle und der späteren Erkennung wird auf das Spektrum eine Melfilterbank mit 30 Kanälen angewendet. Nach der Logarithmierung, Normalisierung und der Berechnung der Δ-Merkmale kommt als sekundäre Merkmalanalyse die Hauptkomponentenanalyse zum Einsatz.

4.4.2 Akustisches Modell

Für jede Kategorie sind zwei akustische Modelle zu trainieren. Ein Modell der jeweiligen Kategorie und ein Restmodell mit allen anderen Anschlägen und Pausen. Nach dem Anschlag einer Kategorie werden 151 ms dem Modell der Kategorie zugeordnet, es sei denn, ein Anschlag der gleichen Kategorie tritt vorher erneut auf, dann verkürzt sich die Zeitspanne entsprechend. Die jeweilige Kategorie wird mit einem Hidden-Markov-Modell (HMM) mit drei Zuständen modelliert und das Restmodell der unbekannten Ereignisse mit einem Gaussian-Mixture-Modell (GMM). Durch die Klassifikation mit Hidden-Markov-Modellen wird die zeitliche Struktur eines Anschlags abgebildet. Sowohl das HMM als auch das GMM werden durch endliche gewichtete Automaten umgesetzt [Tsc12]. Als Eingabe- und Ausgabealphabet gilt mit U für das unbekannte Ereignis des Restmodells:

$$\begin{aligned} X &= \text{Menge aller möglichem Merkmalvektoren,} \\ Y &= \{B, U\} \text{ oder } \{S, U\} \text{ oder ...} \end{aligned}$$

Der Automat übersetzt eine Merkmalvektorfolge in eine Folge von Klassenlabels der Kategorie des aktuellen Detektorklassifikators und des unbekannten Ereignisses. Die Wahrscheinlichkeit des aktuellen Merkmalvektors bezüglich eines Überganges im Automaten wird durch eine multivariate Normalverteilungsdichtefunktion, die dem Übergang zugeordnet ist, ermittelt. Dabei ist $\vec{\mu}$ Mittelwertvektor und Σ die Kovarianzmatrix.

$$p(\vec{x}|\vec{\mu}, \Sigma) = \frac{1}{\sqrt{(2\pi)^N |\Sigma|}} \exp\left(-\frac{1}{2}(\vec{x} - \vec{\mu})^\top \Sigma^{-1} (\vec{x} - \vec{\mu})\right) \tag{4.3}$$

Während des Trainings werden anhand der Trainingsdaten die Normalverteilungsdichtefunktionen geschätzt. Um das Modell besser an die jeweilige Kategorie (Klasse) zu adaptieren, werden während des Trainings die Normalverteilungsdichtefunktionen entlang der größten Varianz geteilt (Split). Es entsteht ein neuer Übergang im Automaten. Auf diese Weise können Mischverteilungsdichtefunktionen durch endliche Automaten abgebildet werden. Das akustische Modell der Kategorie Bass Drum ist in Abbildung 4.9 nach dem ersten Split aufgeführt. Als Eingabesymbol haben die Übergänge den

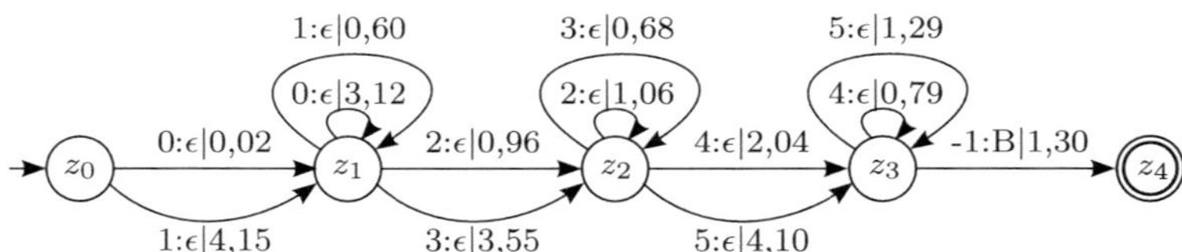

Abbildung 4.9: Akustisches Modell (HMM) der Bass Drum als Automat $\mathcal{A}_\text{B}$ nach dem ersten Split.

Index der entsprechenden Normalverteilungsdichtefunktion und als Ausgabe besitzt der letzte Übergang des Modells das Label der Kategorie. Abbildung 4.10 zeigt das Restmodell mit der Ausgabe des Klassenlabels U für ein unbekanntes Ereignis am letzten Übergang.

4.4.3 Erkennung

Bei der Erkennung werden, wie in Abbildung 4.8 aufgeführt, die zwei Strategien *Simultane Segmentierung und Klassifikation* und *Segmentierung und Klassifikation* unter-

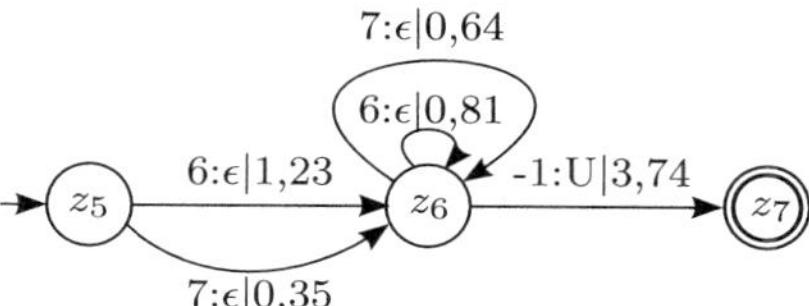

Abbildung 4.10: Akustisches Restmodell (GMM) $\mathcal{A}_\mathrm{U}$ für die unbekannten Ereignisse nach dem ersten Split.

sucht. Da es sich um Detektorklassifikatoren handelt, wird für jede der fünf Kategorien eine separate Klassifikation vorgenommen.

Bei der *simultanen Klassifikation und Erkennung* werden sowohl der Zeitpunkt als auch die entsprechende Kategorie durch das Erkennungsnetzwerk bestimmt. Ein Erkennungsnetz $\mathcal{R}$ ergibt sich durch die Kleensche Hülle der Summe der beiden akustischen Modelle: dem Modell $\mathcal{A}_\mathrm{K}$ der Kategorie und dem Restmodell $\mathcal{A}_\mathrm{U}$.

$$\mathcal{R} = (\mathcal{A}_\mathrm{K} \oplus \mathcal{A}_\mathrm{U})^* \tag{4.4}$$

Abbildung 4.11 zeigt das Erkennungsnetzwerk der beiden akustischen Modelle $\mathcal{A}_\mathrm{B}$ und $\mathcal{A}_\mathrm{U}$. Mithilfe des Erkennungsnetzwerkes kann eine Merkmalvektorfolge in eine

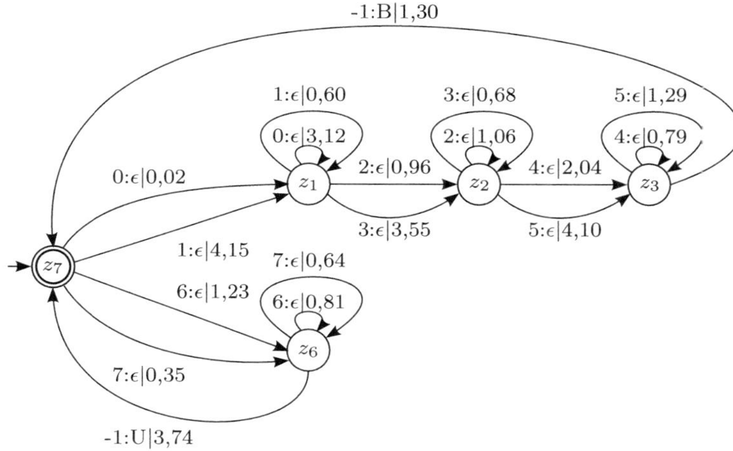

Abbildung 4.11: Erkennungsnetzwerk $\mathcal{R}$ für die *simultane Segmentierung und Klassifikation* der Kategorie Bass Drum. Summe eines HMM und GMM mit Kleenscher Hülle.

Symbolsequenz übersetzt werden. Die Suche geschieht mithilfe der dynamischen Programmierung. Die zeitliche Position des Anschlags einer Kategorie entspricht dem Merkmalvektor, welcher jeweils dem ersten Übergang des HMM zugeordnet wird.

Beim Ansatz der *Segmentierung und Klassifikation* werden zunächst die Anschläge im Musiksignal ermittelt. Dafür wird die Detektionsfunktion Spectral Difference Positive aus dem Abschnitt 2.4.1 verwendet. In Abbildung 2.13 wird deutlich, dass die Detektionsfunktion Spectral Difference Positive zu den besten Ergebnissen führt. Nachdem somit die Anschläge im Musiksignal ermittelt wurden, können diese klassifiziert werden. Dazu werden ab jedem Anschlag 150 ms verwendet oder entsprechend weniger sollte der nächste Anschlag vorher auftreten. Damit ist das Erkennungsnetzwerk die Summe der beiden akustischen Modelle.

$$\mathcal{R} = \mathcal{A}_\mathrm{K} \oplus \mathcal{A}_\mathrm{U} \tag{4.5}$$

4.4.4 Evaluierung

Jeder Detektorklassifikator erzeugt eine Liste mit Zeitpunkten der erkannten Anschläge der jeweiligen Kategorie. Im Falle der Bass Drum daher eine Liste mit Zeitpunkten, wann eine Bass Drum erkannt wurde. Aufgabe der Evaluierung ist der Vergleich dieser Liste mit einer Referenzliste. Dies wurde bereits in Abschnitt 2.6.1 im Zuge der Anschlagserkennung vorgestellt. Es werden die gleichen Kenngrößen Recall, Precision und F-Measure verwendet. Als Toleranz für die Erkennung eines True Positives werden plus minus zwei Analysefenster verwendet, was ±23,2 ms entspricht. Die Wahl der Toleranz orientiert sich an anderen Veröffentlichungen zur Transkription von Schlagzeugspuren mit einer Toleranz von ±30 ms [Pau09b]. Eine Toleranz von ±25 ms entspricht einer 64tel-Note bei einem Tempo von 150 bpm.

Erwähnenswert ist die Tatsache, dass auch die Evaluierung der Listen, und damit die Zuordnung von True Positive, False Positive und False Negative nach Abbildung 2.8 mit endlichen Automaten möglich ist. Dazu ist es zunächst nötig, sowohl die Liste der Referenz als auch der Detektion jeweils als endliche Automaten $\mathcal{A}_\mathrm{R}$ und $\mathcal{A}_\mathrm{D}$ darzustellen. Dabei entspricht jeder Übergang im Graphen einem Zeitpunkt der jeweiligen Liste mit dessen Index als Eingabe und der Zeit als Gewicht. Zusätzlich erhält jeder Zustand eine Schleife als Übergang, um die Auslassungen und Einfügungen zu ermöglichen. Das Erkennungsnetzwerk ergibt sich dann als das kartesische Produkt der beiden Automaten.

$$\mathcal{R} = \mathcal{A}_\mathrm{R} \times \mathcal{A}_\mathrm{D} \tag{4.6}$$

Der Sachverhalt ist in Abbildung 4.12 graphisch veranschaulicht. Die diagonalen Übergänge im Erkennungsnetzwerk $\mathcal{R}$ entsprechen den True-Positive-Zuordnungen, die vertikalen den False Negative und die horizontalen den False-Positive-Zuordnungen. In dem Beispiel wurde für die Referenz der Zeitpunkt 3 s und für die Detektion 2,5 s gewählt. Das Gewicht an den Schleifen, hier 30, kann frei gewählt werden, solange das Gesamtgewicht eines horizontalen und vertikalen Übergangs größer als die Toleranz für einen True Positive ist. Die Ermittlung des besten Pfades durch den Graphen ermöglicht die optimale Abbildung der Referenzzeitpunkte auf die Detektionszeitpunkte, ohne einen Anschlag doppelt zu verwenden. Um dies sicherzustellen ist eine Aufbereitung der Gewichte nötig, da die diagonalen Übergänge nur verwendet werden sollen,

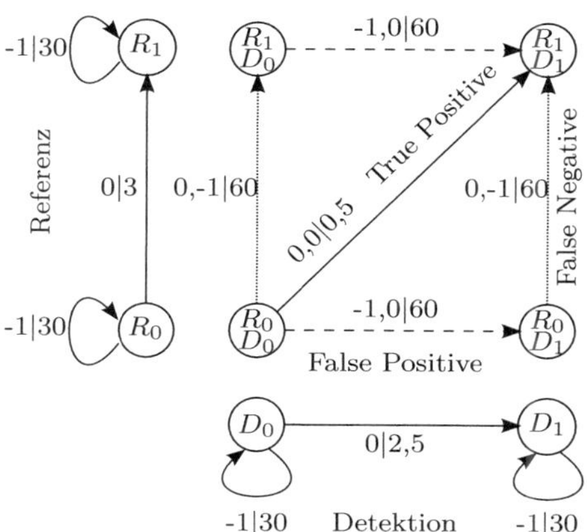

Abbildung 4.12: Evaluierung von Referenz und Detektionslisten mit Zeitpunkten über endliche Automaten durch das kartesische Produkt.

wenn die zeitliche Differenz der beteiligten Zeitpunkte innerhalb der Toleranz für eine True Positive Zuordnung liegt. Ansonsten darf dieser Übergang nicht verwendet werden.

Demzufolge bedarf die Berechnung der Gewichte der diagonalen Übergänge im Erkennungsnetzwerk $\mathcal{R}$ besondere Beachtung. An diesen Übergängen ist das Gewicht zunächst der Absolutwert der Differenz der Gewichte. Für das Beispiel in Abbildung 4.12 ergibt sich 0,5 s. Sollte diese zeitliche Differenz innerhalb des Toleranzbereiches für einen True Positive liegen, wird dieser Wert als Gewicht beibehalten. Wichtig ist, dass das Gewicht des vertikalen und horizontalen Übergangs höher ist, damit in diesem Falle der diagonale Übergang benutzt wird. Genau das Gegenteil ist der Fall, wenn die Differenz größer ist als die zulässige Toleranz eines True Positives. In diesem Fall darf der diagonale Übergang auf keinen Fall benutzt werden. Dies wird sichergestellt indem das Gewicht der Diagonalen neu gesetzt wird. Dabei muss es größer sein als die Summe der Gewichte eines horizontalen und vertikalen Übergangs. Im Falle des Beispiels in Abbildung 4.12 müsste das Gewicht größer als 120 sein.

4.4.5 Ergebnisse P100-Datenbank

Die vorgestellten Ergebnisse der P100-Datenbank beruhen auf einer 10-fachen Kreuzvalidierung der 100 zur Verfügung stehenden Dateien. Insgesamt wurden damit 10 komplette Trainingsdurchläufe ausgeführt, wobei jeweils 90 Dateien für das Training der Modelle und die restlichen 10 Dateien als Testset verwendet wurden. Damit ist jede der 100 Dateien genau einmal für die Evaluierung verwendet worden.

Die Ergebnisse sind für die P100-Datenbank sowohl für den Ansatz *Segmentierung und Klassifikation*, als auch für die *simultane Segmentierung und Klassifikation* in der Abbildung 4.13 dargestellt. Die dazugehörigen Wertetabellen A.15 und A.17 befinden sich im Anhang. Zunächst ist offensichtlich, dass der Ansatz der *Simultanen Segmen-*

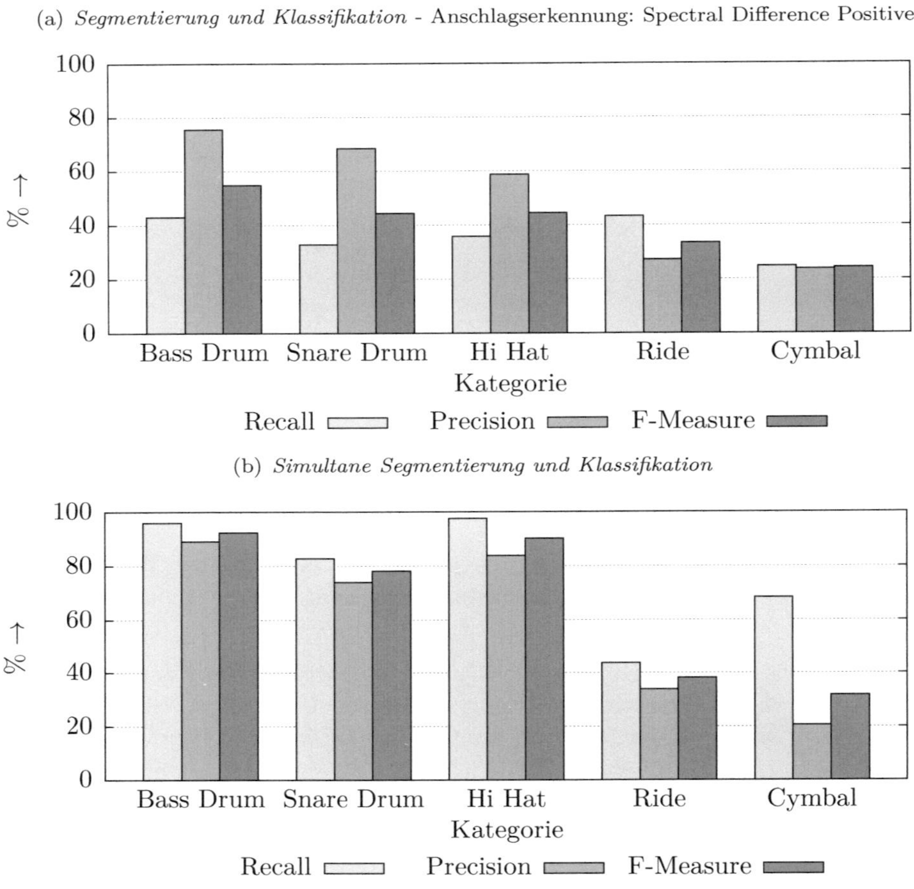

Abbildung 4.13: Ergebnisse der Transkription auf der P100-Datenbank in Prozent bei 10-facher Kreuzvalidierung (Werte in den Tabellen A.15 und A.17).

tierung und Klassifikation in Abbildung 4.13(b) für alle Schlagzeugkategorien zu den besseren Ergebnissen führt. Aus der Sicht des F-Measure ergibt sich für die *simultane Segmentierung und Klassifikation* eine Reihenfolge der Kategorien mit Bass Drum 92,4 %, Hi Hat 90,1 %, Snare Drum 78,1 %, Ride 38,1 % und Cymbals 31,7 %.

Zum Vergleich seien hier die Ergebnisse des F-Measure in geordneter Reihenfolge für den Ansatz der *Segmentierung und Klassifikation* aufgeführt: Bass Drum 54,8 %, Hi Hat 44,5 %, Snare Drum 44,4 %, Ride 33,4 % und Cymbals mit 24,2 %. Bei diesem Ansatz fällt weiterhin auf, dass die Precision für Bass Drum, Snare Drum und Hi Hat deutlich höher ist als der Recall. Sowohl Bass Drum, Snare Drum und Hi Hat werden schlechter erkannt als beim Ansatz der *simultanen Segmentierung und Klassifikation*. Insbesondere die Hi Hat wird deutlich schlechter erkannt. Eine mögliche Ursache ist die Tatsache, dass durch die automatische Anschlagserkennung nicht alle Anschläge erkannt werden. Da die Hi Hat mit 74.915 Anschlägen deutlich häufiger vorkommt als alle anderen Kategorien, dürfte sich das im Erkennungsergebnis der Hi Hat auswirken.

Da es sich bei der P100-Datenbank um synthetisierte Audiodateien handelt, ist es möglich, alle Anschläge im Signal exakt aus der MIDI-Datei auszulesen, und so die fehlerbehaftete Anschlagserkennung zu umgehen. Die Erkennungsergebnisse, ebenfalls mit 10-facher Kreuzvalidierung, sind in Abbildung 4.14 dargestellt. In der Tat werden die

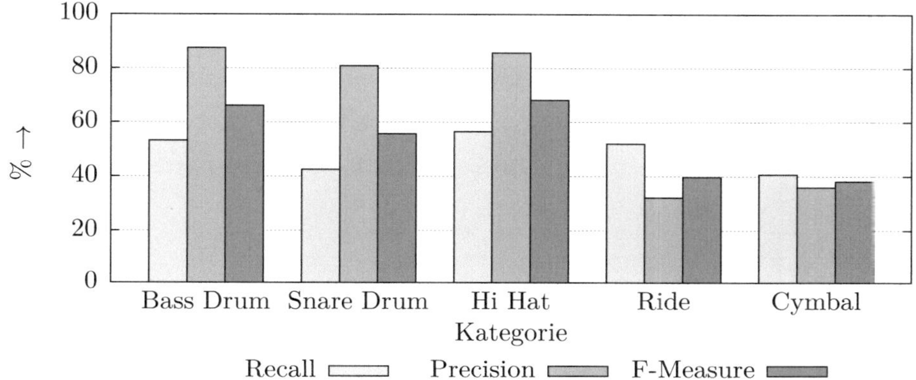

Abbildung 4.14: Ergebnisse der Transkription auf der P100-Datenbank in Prozent bei 10-facher Kreuzvalidierung. Ansatz: *Segmentierung und Klassifikation* unter Verwendung der korrekten Anschläge aus der MIDI-Datei (Werte in Tabelle A.16).

Erkennungsergebnisse gegenüber der fehlerbehafteten Anschlagserkennung Spectral Difference Positive deutlich besser. Es ergibt sich bezüglich des F-Measures folgende Reihenfolge: Hi Hat 68,1 %, Bass Drum 66,2 %, Snare Drum 55,7 %, Ride 39,8 % und Cymbals mit 38,2 %. Im Falle des Ride-Beckens und der Cymbals sind die Ergebnisse sogar besser als beim Ansatz der *simultanen Segmentierung und Klassifikation*.

4.4.6 Ergebnisse ENST Datenbank

Die ENST-Datenbank ermöglicht eine Einschätzung der Algorithmen auf realen Schlagzeugaufnahmen. Die Ergebnisse in Abbildung 4.15 sind mit einer 3-fachen Kreuzvalidierung entstanden. Insgesamt besteht die Datenbank aus Aufnahmen von drei verschiedenen Schlagzeugern, welche jeweils ein anderes Schlagzeug spielen. Dabei wurden die Aufnahmen von zwei Schlagzeugern wurden für das Training verwendet und die des dritten als Testset. Das zu erkennende Schlagzeug ist damit nicht Bestandteil des Trainingsmaterials, was die Erkennung erschwert. Die F-Measure Ergebnisse für den Ansatz *simultane Segmentierung und Klassifikation* sind: Hi Hat 81,2 %, Bass Drum 75,0 %, Snare Drum 71,7 %, Ride 54,7 % und Cymbals 31,9 %. Auch bei der ENST-Datenbank sind die Ergebnisse des Ansatzes *Segmentierung und Klassifikation* schlechter als für die *Simultane Segmentierung und Klassifikation* mit Ausnahme der

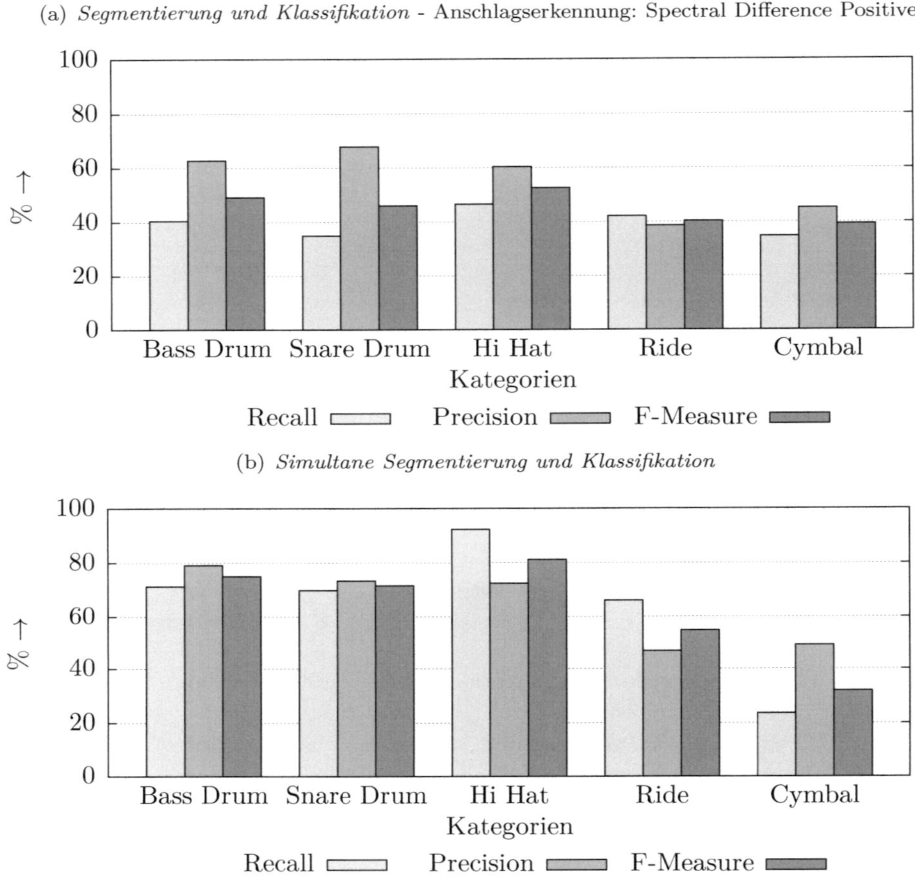

Abbildung 4.15: Ergebnisse der Transkription auf der ENST-Datenbank in Prozent bei 3-facher Kreuzvalidierung (Werte in den Tabellen A.18 und A.19).

Cymbals. Die Evaluierung lieferte folgende F-Measure Werte: Hi Hat 52,78 %, Bass Drum 49,3 %, Snare Drum 46,1 %, Ride 40,3 % und Cymbals 39,3 %.

Der Vergleich mit den Ergebnissen von Jouni Paulus zeigt ein schlechteres Ergebnis für die Bass Drum (75,0 % gegenüber 91,8 %) ein gleiches Abschneiden für die Hi Hat (81,2 % gegenüber 81,8 %) und ein besseres Ergebnis für die Snare Drum (71,7% gegenüber 62,7 %) [Pau09b]. Das ist insofern überraschend, das keine einheitliche Tendenz zwischen den Kategorien festzustellen ist. Vermutlich liegt die Ursache in der unterschiedlichen Berechnung der Merkmale und den zahlreichen Möglichkeiten der Parametrisierung des Klassifikators.

4.4.7 Schlussfolgerungen

Verglichen werden können zum einen die zwei unterschiedlichen Transkriptionsansätze *Segmentierung und Klassifikation* und *Simultane Segmentierung und Klassifikation* und zum anderen die Abhängigkeit des vorgestellten Systems von den der zugrunde liegenden Daten: synthetische vs. reale Schlagzeugaufnahmen.

Sowohl für die P100-Datenbank als auch für die ENST-Datenbank sind die Ergebnisse (mit Ausnahme von Ride und Cymbals bei ENST) für den Ansatz *Simultane Segmentierung und Klassifikation* besser als für den Ansatz *Segmentierung und Klassifikation*. Im Falle der automatischen Anschlagserkennung mithilfe der Detektionsfunktion Spectral Difference Positive sind sowohl nicht erkannte Anschläge als auch zeitlich nicht ganz korrekte Anschläge die Ursache. Die Spectral Difference Positive detektiert die Anschläge etwas später als sie in der MIDI-Datei kodiert sind. Damit kann trotzdem ein Ereignis richtig klassifiziert werden, aber bei der Evaluierung kann es vorkommen, dass Referenz und erkannter Anschlag einen größeren zeitlichen Abstand, als durch das die Toleranz von ±23 ms vorgegebenen haben. Bei der P100-Datenbank können statt der automatisch ermittelten Anschläge auch die „richtigen“ Anschläge aus den MIDI-Dateien ausgelesen werden. In diesem Falle werden die Erkennungsergebnisse besser (Vergleich Abbildung 4.13(a) und 4.14), aber sie sind immer noch schlechter als für den Ansatz der *simultanen Segmentierung und Klassifikation*. Eine mögliche Ursache liegt im Training. Momentan ist das Training ist für beide Ansätze gleich, aber die Evaluierung bei dem Ansatz *Segmentierung und Klassifikation* klassifiziert nur jeweils 151 ms nach einem detektierten Anschlag. Möglicherweise verbessert ein angepasstes Training, was auch jeweils nur 151 ms nach einem Anschlag berücksichtigt, die Erkennung. Das Modell der jeweiligen Kategorie bleibt gleich, aber das Restmodell würde sich ändern.

Zum Schluss der Vergleich der zugrunde liegenden Daten: synthetische (P100) vs. reale Schlagzeugaufnahmen (ENST). Die Ergebnisse der ENST-Datenbank sind etwas schlechter als auf der P100-Datenbank. Zum Beispiel ist der F-Measure für die Bass Drum bei *simultaner Segmentierung und Klassifikation* mit 75,0 % 17 Prozent schlechter als die 92,4 % der P100-Datenbank. Das Ride-Becken führt dagegen auf der ENST-Datenbank mit 54,7 % gegenüber 38,1 % zu besseren Ergebnissen. Zum Abschluss sei noch der Frage nachgegangen, warum das Ride-Becken und die Cymbals soviel schlechter erkannt werden als Bass Drum, Snare Drum und Hi Hat? Zum einen treten deutlich weniger Anschläge des Ride Beckens (3.938) und der Cymbals (2.736) gegenüber den anderen Kategorien auf (vgl. Abbildung 4.7) und zum anderen werden insbesondere die Cymbals häufig mit anderen Kategorien zusammen angeschlagen, z. Bsp. zu Beginn eines Taktes mit der Bass Drum. Beide Tatsachen erschweren es dem Klassifikator, sich richtig auf das Cymbal oder das Ride zu adaptieren und sauber von den anderen Ereignissen zu trennen. Eine angepasste Merkmalextraktion, welche insbesondere höhere Frequenzanteile berücksichtigt, könnte eine Lösung sein.

4.5 Notenfolgemodell

Das Notenfolgemodell bietet die Möglichkeit, die Beziehung gleichzeitig gespielter Noten, sowie deren zeitliche Abfolge zu modellieren. Die Modellierung erfolgt mit gewichteten endlichen Automaten. Der Ansatz wird anhand von Schlagzeugrhythmen und damit der zeitlichen Beziehung von Trommeln und Becken präsentiert. Mit dem Modell ist es möglich, die Transkription durch die Einbeziehung musikalischen Wissens zu verbessern, rhythmische Ähnlichkeit abzubilden und eine Genreerkennung auf der Grundlage von Notenabfolgen durchzuführen.

4.5.1 Parallelen zur Sprachverarbeitung

Die hierarchische Struktur von Sprache wird in der automatischen Sprachverarbeitung berücksichtigt. So werden aus dem akustischen Signal zunächst Phoneme, die kleinsten bedeutungstragenden Einheiten der Sprache, ermittelt. Eine Aneinanderreihung von Phonemen bildet ein Wort. Die zulässige Abfolge von Phonemen und ihre Wahrscheinlichkeiten wird damit durch die zulässigen Wörter einer Sprache vorgegeben. In der Sprachverarbeitung wird dieser Sachverhalt durch ein Lexikon abgebildet, welches alle zulässigen Wörter und die dafür zulässigen Phonemfolgen definiert. Ein Wort kann durchaus durch verschiedene Phonemfolgen repräsentiert werden, womit Aussprache als auch Dialekt berücksichtigt werden können. Auch die Abfolge von Wörtern ist in einer Sprache nicht beliebig. Es folgt die nächste hierarchische Ebene, das Sprachmodell. Darin wird die zulässige Abfolge von Wörtern definiert. Diese hierarchische Struktur kann in der automatischen Sprachverarbeitung mit gewichteten endlichen Automaten abgebildet werden [Moh08].

Es stellt sich die Frage, ob eine äquivalente hierarchische Struktur auch in der Musik zu finden ist? Dazu ist es zunächst nötig, die kleinste bedeutungstragende Einheit in Musik zu finden. Mehryar Mohri entwickelt ein musikalisches Phonem aus Audiomaterial, indem er ein Clustering von Merkmalvektoren vornimmt [Moh10b]. Jeremy Reed verwendet musikalische Phoneme im Bereich der automatischen Annotation von Musik mit Tags [Ree09]. Matthias Mauch definiert den Akkord als kleinste Einheit und modelliert mit Methoden der Sprachverarbeitung deren Abfolge [Mau08]. In der vorgestellten Arbeit wird eine Gruppe von Noten zum gleichen Zeitpunkt einem Phonem gleichgesetzt. Weiterhin entspricht ein Takt einem Wort und die Abfolge von Takten einer Art Sprache. Die Entsprechungen in der Übersicht:

- Phonem – Noten zum gleichen Zeitpunkt
- Wort – Takt
- Sprache – Abfolge von Takten

Die folgenden Abschnitte sind den nötigen Anpassungen gewidmet, um dem Unterschied in der metrischen Struktur von Musik gegenüber Sprache gerecht zu werden. Gelingt dies, können die in der Sprachverarbeitung weit verbreiteten Technologien der gewichteten endlichen Automaten auch in der Musikverarbeitung sinnvoll eingesetzt werden.

4.5.2 Das System

Das Ziel ist das Training eines rhythmischen Modells, um Schlagzeugmuster in der Abfolge von Schlagzeugnoten zu erkennen. Abbildung 4.16 zeigt das System im Überblick mit dem rhythmischen Modell $\mathcal{R}$ oben in der Mitte. Eingabe in das System sind zu-

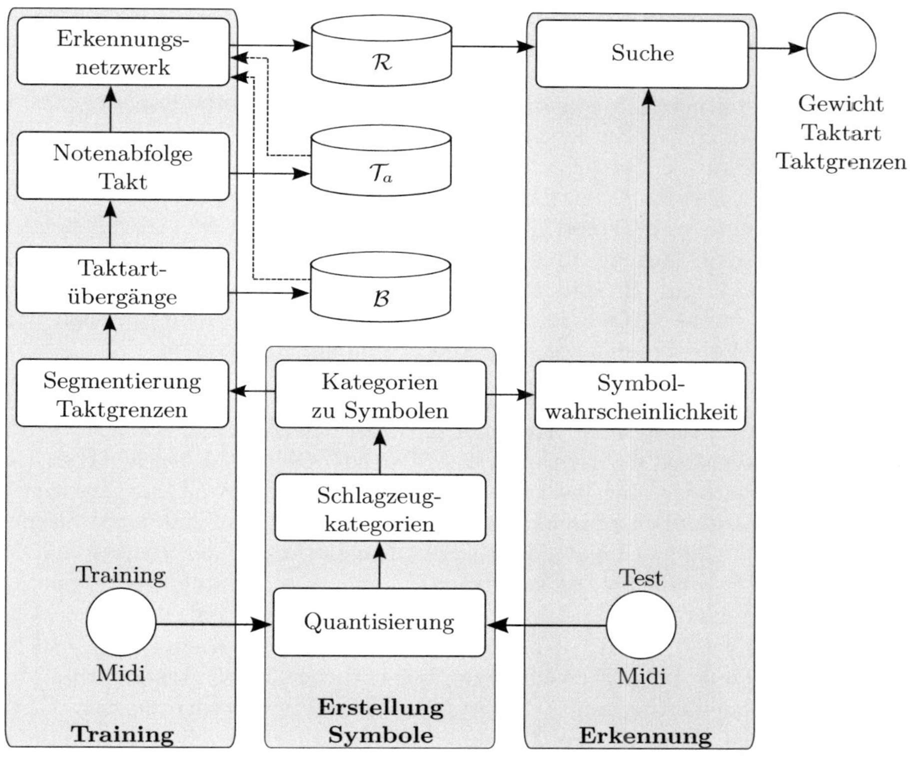

Abbildung 4.16: Training des rhythmischen Modells $\mathcal{R}$ zur Modellierung von Notenfolgen. Das rhythmische Modell ist die Komposition der Taktartmodelle $\mathcal{T}_a$ und des Taktartfolgemodells $\mathcal{B}$.

nächst MIDI-Daten, daher symbolische Daten. Sie ermöglichen die Untersuchung des Ansatzes ohne die fehlerbehaftete Transkription von Musik, da die benötigten Noten direkt ausgelesen werden können. In einem späteren Schritt kann die Ausgabe eines Klassifikators, wie in Abschnitt 4.4 vorgestellt, als Eingabe für das System dienen. In der Systemübersicht sind drei Modelle in der Mitte angeordnet. Das Taktartfolgemodell $\mathcal{B}$ modelliert die Abfolge von Taktarten und mögliche Taktartwechsel. Pro Taktart existiert ein Taktartmodell $\mathcal{T}_a$, welches die Abfolge von Schlagzeugnoten pro Takt enthält. Zusammen bilden sie das rhythmische Modell $\mathcal{R}$.

Die folgenden drei Abschnitte beschreiben die drei wesentlichen Bestandteile des Systems. Die Aufarbeitung von MIDI-Dateien zu Symbolfolgen, das Training der eben angesprochenen Modelle und die Erkennung. Die Erkennung liefert Aussagen über die Taktgrenzen, Taktarten und das Gewicht der jeweiligen Symbolfolge bezüglich des Modells $\mathcal{R}$.

4.5.3 Erstellung der Symbole

Die Erstellung der Symbole ist die Vorverarbeitung von MIDI-Daten zur Verwendung im Training und der Erkennung. Es beinhaltet die Quantisierung der Noten auf ein Raster mit festen zeitlichen Abständen, die Einordnung von Noten in Kategorien und die Zusammenfassung von Kategorien zu einem Symbol pro Zeitpunkt. Die Schlagzeugnoten werden auf ein Raster mit dem festen zeitlichen Abstand einer Sechzehntelnote quantisiert. Das Raster ist damit tempounabhängig, da die tatsächliche Länge einer Sechzehntelnote vom Tempo eines Musikstücks abhängig ist. Anschließend werden die Noten eines Schlagzeugs fünf Kategorien zugeordnet. Die fünf Kategorien sind Bass Drum, Snare Drum, Hi Hat, Ride und Cymbal. Die Zuordnung der gespielten Noten aus der General MIDI-Standard Drum Map sind dabei die gleichen wie in Abschnitt 4.3.2 bei der Vorstellung der P100-Datenbank angegeben.

Der Zusammenfassung verschieden klingender Noten liegt die Überlegung zugrunde, dass der eigentliche Klang einer Trommel nicht entscheidend ist, sondern vielmehr ihre Funktion hinsichtlich der rhythmischen Struktur. Ob es sich bei der Bass Drum um eine akustische oder eine elektronische handelt ist irrelevant für ihre zeitliche Positionierung. Die fünf Schlagzeugkategorien werden zu einem Symbol pro Zeitpunkt kombiniert. Mit N möglichen Kategorien ergibt sich die Anzahl der Symbole mit $M = 2^N$, womit sich 32 Symbole für den konkreten Fall von $N = 5$ Kategorien ergeben. Mit der Menge von Symbolen $\mathcal{S} = \{s_0, ...s_{M-1}\}$ kann ein Musikstück als die Symbolfolge $\mathbf{S}$ mit $S(k) \in \mathcal{S}$ und $k = 0, \ldots, K-1$ beschrieben werden. Dabei besitzt ein Musikstück K Symbole. Die Symbolfolge $\mathbf{S}$ beachtet zwei wesentliche Charakteristiken von Musik, welche bei der Modellierung mit Automaten berücksichtigt werden müssen. Erstens, verschiedene Noten zum gleichen Zeitpunkt werden zu einem Symbol vereint und zweitens, die metrische Regelmäßigkeit wird durch die Quantisierung auf ein Raster abgebildet. $\mathbf{S}$ besitzt ein leeres Symbol für Rasterpunkte, an denen keine Note gespielt wird, womit die zeitliche Struktur des Musikstücks im Automaten erhalten bleibt.

4.5.4 Training

Zunächst wird die Symbolfolge $\mathbf{S}$ beim Training in Takte aufgeteilt und die Taktarten aufeinanderfolgender Takte im Modell $\mathcal{B}$ gespeichert. Das Modell $\mathcal{B}$ ist ein Bigramm-Modell, welches die Taktart des ersten Taktes eines Liedes, die Abfolge aufeinanderfolgender Taktarten und die Taktart des letzten Taktes speichert. Abbildung 4.17 zeigt das Modell $\mathcal{B}$ für 138 Rumba-Titel mit der Häufigkeit der einzelnen Übergänge.

Es existieren Takte mit vier verschiedenen Taktarten im Trainingsmaterial. 137 Titel beginnen mit einem 4/4-Takt und einer mit einem 6/8-Takt. Der Titel, der mit einem 6/8-Takt beginnt hat 137 Takte, alle in 6/8. Er ist im unteren Teil der Abbildung modelliert und stellt eine Ausnahme für das Genre Rumba dar. Für alle anderen

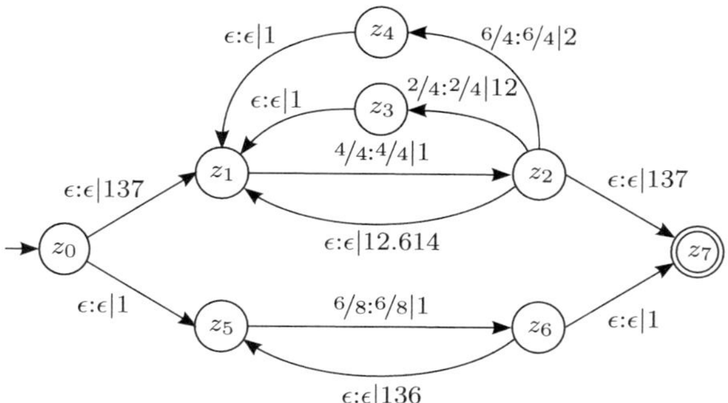

Abbildung 4.17: Beispiel des Taktartfolgemodells $\mathcal{B}$ für 138 Rumba Titel. Die Übergänge sind mit Eingabe- sowie Ausgabesymbol beschriftet und den Häufigkeiten als Gewichte.

Titel folgt ein 4/4-Takt zumeist auf einen 4/4-Takt (12.614), zwölf Mal wird ein 2/4-Takt eingefügt und zweimal tritt ein 6/4-Takt auf, welcher als 4/4-Takt + 2/4-Takt interpretiert werden kann. Für die weitere Verarbeitung ist das Bigramm-Modell als Transduktor aufgebaut, wobei die Eingabesymbole gleich den Ausgabesymbolen ist. Dies ist für die spätere Komposition mit den einzelnen Taktartmodellen wichtig.

Das Taktartmodell $\mathcal{T}_a$ modelliert die Abfolge von Noten eines Taktes. Das häufigste Schlagzeugmuster, welches in dem Lied *Message in a Bottle* im Refrain gespielt wird, ist in Abbildung 4.18 zu sehen. Das Eingabesymbol ist eine Kombination der Schlag-

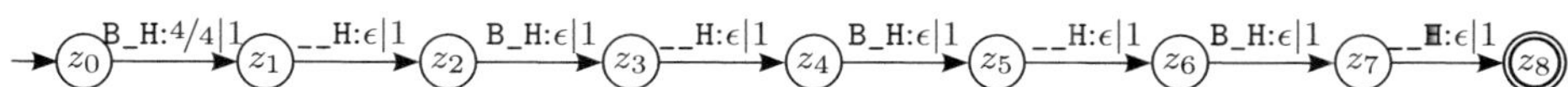

Abbildung 4.18: Endlicher Automat eines Taktes des Musikstücks *Message in a Bottle*. Die Übergänge sind mit Häufigkeiten beschriftet und aus Gründen der Anschaulichkeit entspricht jeder Übergang statt einer Sechzehntelnoten einer Achtelnote. Eingabesymbole sind die möglichen Kombinationen der Schlagzeugnotenkategorien und Ausgabesymbol die Taktart des Taktes.

zeugkategorien und kann ein leeres Symbol sein, wenn keine Note zu dem aktuellen Rasterpunkt gespielt wird. Das Ausgabesymbol ist die Taktart an dem ersten Übergang des Taktes, für die restlichen Übergänge wird ein leeres Symbol ϵ ausgegeben.

Damit ergeben sich als Eingabe- und Ausgabealphabet:

X = { _____, ____C, ___R_, ___RC, __H__,
__H_C, __HR_, __HRC, _S___, _S__C,
_S_R_, _S_RC, _SH__, _SH_C, _SHR_,
_SHRC, B____, B___C, B__R_, B__RC,
B_H__, B_H_C, B_HR_, B_HRC, BS___,
BS__C, BS_R_, BS_RC, BSH__, BSH_C,
BSHR_, BSHRC}

$$Y = \{\epsilon, 2/4, 3/4, 4/4, \ldots\}$$

Für jede mögliche Taktart wird ein Taktartmodell erstellt. Jeder Takt im Trainingsmaterial wird dem entsprechenden Taktartmodell hinzugefügt. Er führt zu einem Pfad im Taktartmodell. Verschiedene Takte des Trainingsmaterials können gleiche Übergang verwenden, wenn sie das gleiche Eingabesymbol haben. Die Zähler dieser Übergange werden erhöht, womit diese Übergänge im späteren Modell wahrscheinlicher sind. Damit werden typische rhythmische Muster besser bewertet. Im Training werden nur komplette Takte hinzugefügt. Takte ohne Noten werden entfernt, da sie keine Informationen über mögliche Notenabfolgen enthalten. Abbildung 4.19 zeigt das Taktartmodell $\mathcal{T}_{4/4}$ für alle Takte des Refrains von *Message in a Bottle* mit Wahrscheinlichkeiten als Gewichte. Der Takt aus Abbildung 4.18 findet sich ganz oben im

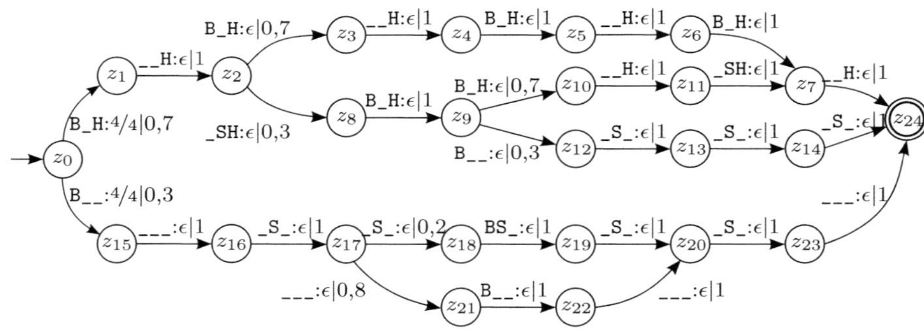

Abbildung 4.19: Endlicher Automat aller Takte des Refrains des Liedes *Message in a Bottle* als Taktartmodell $\mathcal{T}_{4/4}$. Die Übergänge sind mit Wahrscheinlichkeiten beschriftet und aus Gründen der Anschaulichkeit entspricht jeder Übergang statt einer Sechzehntelnoten einer Achtelnote.

Modell wieder. Er ist der häufigste Takt in dem Refrain, was sich auch im besten Pfadgewicht ausdrückt. Insgesamt können fünf verschiedene Schlagzeugmuster im Refrain beobachtet werden, was zu fünf verschiedenen Wegen im Modell führt. Zu 70 % fangen die Takte mit der Kombination aus Bass Drum und Hi Hat an und zu 30 % wird nur die Bass Drum gespielt. Nachdem alle Takte des Trainingsmaterials dem jeweiligen Taktartmodell $\mathcal{T}_a$ hinzugefügt wurden, erfolgt die Minimierung der Modelle. Die Taktartmodelle des Trainings werden dann summiert und mit dem Taktartfolgemodell komponiert. Es entsteht das rhythmische Modell $\mathcal{R}$ als Erkennungsnetzwerk.

$$\mathcal{R} = \bigoplus_{a \in Y} (min(\mathcal{T}_a)) \circ \mathcal{B} \tag{4.7}$$

An dieser Stelle wird auch offensichtlich, warum das Taktartfolgemodell die Taktart sowohl als Eingabe- als auch als Ausgabesymbol besitzt. Nach der Komposition übersetzt das Erkennungsnetzwerk immer noch von Notensymbolen in Taktarten. Im Prinzip wird das entsprechende Taktartmodell an die entsprechende Stelle im Bigramm-Modell gesetzt.

4.5.5 Erkennung

Für die Erkennung dient das rhythmische Modell $\mathcal{R}$ als Erkennungsnetzwerk. Eingabe ist eine Symbolsequenz **S**, bei der die Taktgrenzen und die Taktarten nicht bekannt sind. Mithilfe der dynamischen Programmierung wird der beste Weg in $\mathcal{R}$ für eine gegebene Symbolsequenz **S** gesucht. Die Ausgabe der Erkennung ist ein Label der Taktart zu Beginn eines jeden Taktes und ein Gesamtgewicht, was eine Aussage zulässt, wie gut die Sequenz **S** zum verwendeten rhythmischen Modell $\mathcal{R}$ passt. Um Schlagzeugsequenzen zu erkennen, welche nicht Teil des Trainings waren, ist es möglich, einzelne Symbole in der Symbolsequenz **S** zu wechseln. Jedes Symbol s_i aus $\mathcal{S}$ kann mit einer bestimmten Wahrscheinlichkeit $p(k, s_i)$ zu jedem Zeitpunkt k auftreten.

$$p(k, s_i) = \begin{cases} a & \text{for } s_i = S(k) \\ \frac{1-a}{M-1} & \text{for } s_i \neq S(k) \end{cases} \tag{4.8}$$

Wenn MIDI-Daten genutzt werden, so ist das aktuelle Symbol $S(k)$ bekannt. Die Wahrscheinlichkeit zu verteilen dient in dem Falle einzig und allein dem Zweck, im Training ungesehene Symbolfolgen zu erkennen. Deswegen wird eine sehr hohe Wahrscheinlichkeit von $a = 0,99$ für das aktuelle Symbol vergeben und die kleine Restwahrscheinlichkeit wird zwischen den anderen $M - 1$ Symbolen verteilt. Der Wechsel verschlechtert das Gesamtgewicht eines Pfades. Sollte das vorgestellte Modell als Nachverarbeitung einer Transkription eingesetzt werden, so können an dieser Stelle die vom Klassifikator ermittelte Wahrscheinlichkeiten verwendet werden.

4.5.6 Experiment Genreerkennung

Eine mögliche Anwendung des rhythmischen Modells ist die Genreerkennung. Um anhand er Abfolge von Schlagzeugnoten das Genre zu bestimmen, wird pro Genre ein rhythmisches Modell $\mathcal{R}_g$ trainiert. Es wird die im Abschnitt 4.3.3 vorgestellte BRD4-Datenbank mit den vier Genres Rumba, Samba, Tango und Walzer verwendet. Dementsprechend werden vier rhythmische Modelle trainiert. Sie modellieren die Schlagzeugmuster der einzelnen Genres. Eine Genreerkennung ist möglich, da jedes Genre typische Schlagzeugmuster besitzt. Mittels dynamischer Programmierung wird der beste Pfad einer Notensequenz **S** aus dem Testset für jedes rhythmische Modell bestimmt. Das Modell mit dem besten Pfadgewicht bestimmt das Genre des Teststücks.

Zusätzlich bestimmt die Ausgabe des besten rhythmischen Modells $\mathcal{R}_g$ die Taktgrenzen und die Taktart des Musikstücks. Die Taktart des gesamten Musikstücks ist die Taktart, der die meisten Takte des Musikstücks angehören. Um die Erkennungsergebnisse zu erhalten wird eine 10-fache Kreuzvalidierung durchgeführt.

Die Genreklassifikation mit einer 10-fachen Kreuzvalidierung der 504 Dateien führt zu einer Erkennungsrate von 88,9 %±2,8 %. Die relative hohe Erkennungsrate kann durch die Verwendung von MIDI-Daten und der Erkennung von vier rhythmisch verschiedenen Genres erklärt werden. Die Verwechslungsmatrix ist in Abbildung 4.20 zu sehen. Bei der Vorstellung der BRD4-Datenbank in Abschnitt 4.3.3 wurde auf Titel mit

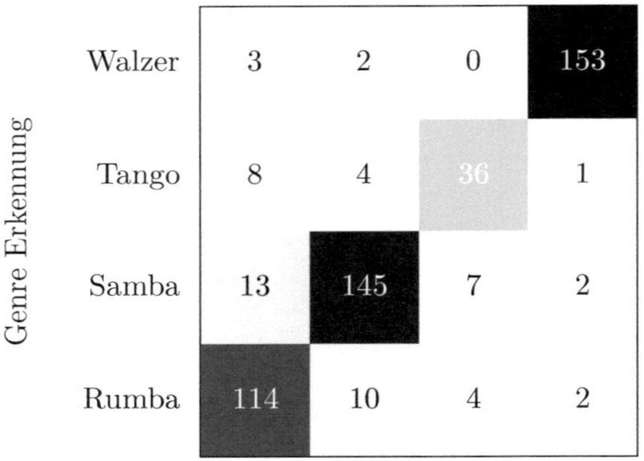

Abbildung 4.20: Verwechslungsmatrix der Genreerkennung auf der Grundlage der Abfolge von Schlagzeugnoten auf dem BRD4-Datensatz.

untypischen Taktarten einzelner Genres hingewiesen. Ihr Einfluss wird bei den Erkennungsergebnissen deutlich. So passen zum Beispiel die zwei als Rumba klassifizierten Walzer zu den Schlagzeugmustern des Rumbatitels in 6/8 und die Schlagzeugmuster der zwei als Walzer klassifizierten Sambatitel zu den 4/4-Takten, welche im Walzer auftreten. Es wurde erwartet, dass diese Fehler durch das Taktartfolgemodell $\mathcal{B}$ unterdrückt werden. Dies ist nicht der Fall. Eine mögliche Lösung ist die Anpassung des Verhältnisses der Gewichte des Taktartfolgemodells $\mathcal{B}$ und des Taktartmodells $\mathcal{T}_a$. Im Bereich der automatischen Sprachverarbeitung geschieht dies durch den Sprachmodellfaktor. Andere Verwechslungen werden dadurch hervorgerufen, dass die Schlagzeugsequenzen eines Titels einfach besser zu dem eines anderen Genres passen. So sind einige Grundmuster in verschiedenen Genres verbreitet.

4.5.7 Schlussfolgerungen und zukünftige Anwendungsmöglichkeiten

Die Modellierung eintaktiger Schlagzeugmuster mit gewichteten endlichen Automaten ist möglich. Für das Training und die Erkennung wurden zunächst MIDI-Dateien verwendet und eine mögliche Anwendung, die Genreerkennung demonstriert. Weitere Arbeiten können den Ansatz auf Audiomaterial als Eingang ausweiten. Dabei ist zu erwähnen, dass das musikalische Wissen, welches durch das Training in das Modell fließt, durchaus aus symbolischen Quellen wie MIDI-Dateien stammen kann.

Das musikalische Wissen kann z. B. unterstützend in der Transkription verwendet werden, um untypische oder unmögliche zeitliche Abfolgen von erkannten Trommeln und Becken zu erkennen und zu korrigieren [Pau09a]. Die dazu nötige Transkription, sowie eine Einführung in die Erstellung eines zeitlichen Rasters auf der Grundlage des schnellsten Pulses sind Bestandteil dieser Arbeit. Bei der Verwendung von realem Audiomaterial ist die Bestimmung eines Rasters mit einem bestimmten Notenwert, wie hier vorgestellt dem einer Sechzehntelnote, schwierig. Zwar können Periodizitäten festgestellt werden, aber deren Zuordnung zu einer bestimmten metrischen Ebene ist fehlerbehaftet [Sep06, Kla06b]. Abhilfe kann die Festlegung eines Rasters im Zeitbereich schaffen. So kann der Abstand zweier Rasterpunkte in Abhängigkeit des Tempos unterschiedliche Notenwerte annehmen. Denkbar wäre ein Intervall zwischen 100 – 200 ms, was bei einem Musikstück in 120 bpm zu einem Sechzehntelnoten-Raster mit einem 125 ms Zeitintervall und bei einem Titel in 70 bpm zu einem 32tel-Raster mit einem zeitlichen Intervall von 107 ms führen würde.

Die Modellierung musikalischen Wissens mit endlichen Automaten wurde anhand von Schlagzeugnoten demonstriert. Weitere Arbeiten könnten andere Instrumente mit einbeziehen um auch deren rhythmische Interaktionen zu berücksichtigen. Auch die Modellierung von Akkordfolgen ist denkbar. Eine weitere Anwendung wäre die Modellierung der Ähnlichkeit verschiedener Schlagzeugrhythmen. So kann ein rhythmisches Modell pro Musikstück erstellt werden, um dann ein Pfadgewicht für die Notenfolge eines anderen Musikstücks zu ermitteln. Benutzt der Schlagzeuger die gleichen oder ähnliche Rhythmen, wird das in einem guten Pfadgewicht im rhythmischen Modell deutlich. Insbesondere ergeben sich interessante Einsatzmöglichkeiten in Musikproduktionsprogrammen, indem Schlagzeugloops bezüglich der Ähnlichkeit sortiert werden könnten.

5 Zusammenfassung und Ausblick

Die rhythmische Analyse von Musik wurde in den drei Kapiteln Anschlagserkennung, metrisches Modell sowie Transkription und Notenfolgemodell aus teilweise unterschiedlichen Perspektiven vorgestellt. Die einzelnen Algorithmen und Modelle wurden mit konkreten Erkennungsaufgaben wie der Genreerkennung oder der Transkription von Trommeln und Becken des Schlagzeugs verknüpft. Einen Überblick über die Zusammenhänge der einzelnen Teile der Arbeit ermöglicht Abbildung 5.1. Schwerpunkte der Arbeit sind durch grau abgesetzte Blöcke gekennzeichnet. Zusätzlich sind die Kapitel mit den zugehörigen Veröffentlichungen des Autors versehen. In der Zusammenfassung werden im Folgenden die wesentlichen wissenschaftlichen Beiträge jedes Kapitels vorgestellt und ein Ausblick für weitere Forschungsarbeiten gegeben.

Anschlagserkennung (Kapitel 2)

Bei der Anschlagserkennung werden automatisch die Anschläge der Instrumente in einem Audiosignal ermittelt.

- Auf der Grundlage des MPEG-7-Merkmals Audio Spectrum Envelope wurde eine Detektionsfunktion entwickelt, die für die Erkennung der Anschläge geeignet ist.
- Die frei verfügbare Datensätze waren, sowohl für ein separates Trainings- und Testset als auch für signifikante Aussagen bezüglich der Ergebnisse, zu klein. Durch die Erstellung der R60-Datenbank mit 10.238 manuell annotierten Anschlägen, konnten diese Probleme überwunden werden.
- Im Zuge der Arbeit wurden die Parameter der Anschlagsselektion auf einem Trainingsset ermittelt und die Evaluierung auf einem zum Trainingsset disjunkten Testset durchgeführt.
- Mit der besten Detektionsfunktion Spectral Difference Positive konnten 85,8 % der Referenzanschläge des R60-Testsets erkannt werden.

Die Evaluierung der Anschlagserkennung wurde für komplexe Anschläge, daher Musik mit verschiedenen gleichzeitig spielenden Instrumenten, evaluiert. Die systematische Evaluierung anderer Anschlagstypen, unter der Nutzung disjunkter Datensätze für das Training und Evaluierung ist wünschenswert. Eine Anwendung auf das Sprachsignal setzt eine Definition des Anschlags in der Sprache voraus. Für die Unterscheidung von Stille, stimmloser und stimmhafter Sprache sind die vorgestellten Ansätze denkbar.

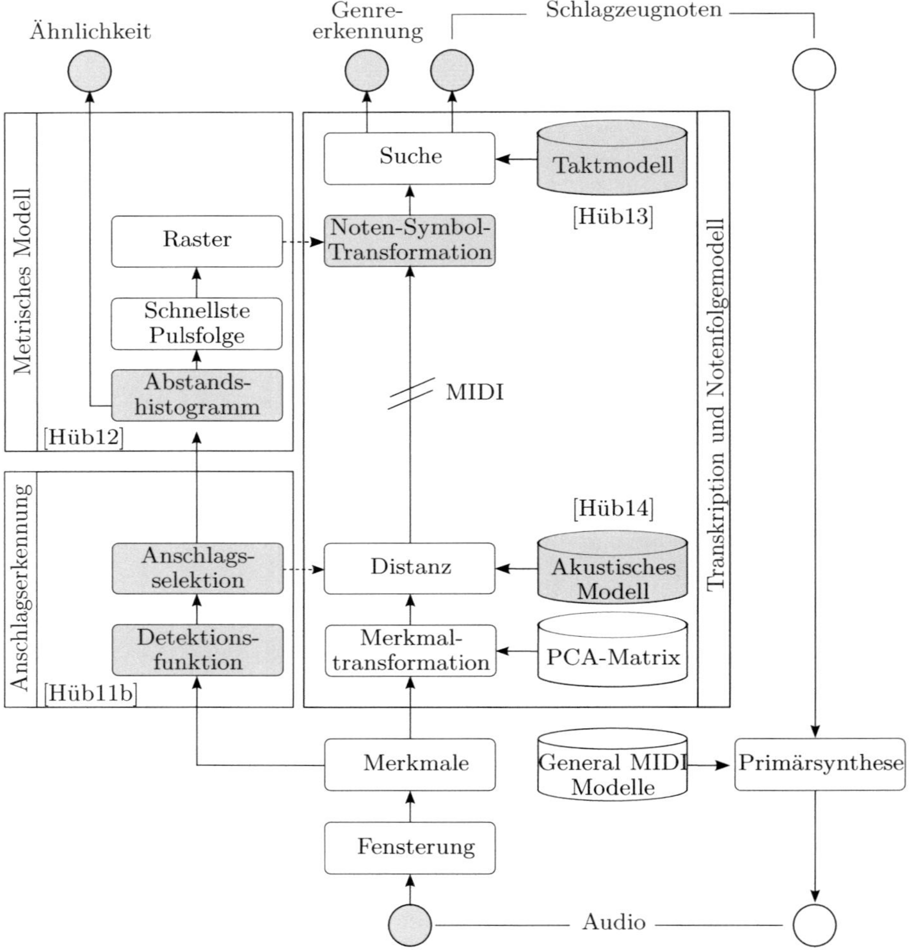

Abbildung 5.1: Überblick über die vorliegende Arbeit. Die Blöcke mit wichtigen wissenschaftlichen Beiträgen sind grau hinterlegt. Außerdem wurden Veröffentlichungen des Autors den Kapiteln zugeordnet.

Metrisches Modell (Kapitel 3)

Über die Abstände der Anschläge kann das Anschlagsabstandshistogramm gebildet werden.

- Metrische Eigenschaften von Musik können durch Anschlagsabstandshistogramme abgebildet werden.
- Die Histogramme wurden hinsichtlich dominanter metrischer Ebenen, der Regelmäßigkeit und der Anschlagsdichte interpretiert.
- Die Histogramme können für die Abbildung rhythmischer Ähnlichkeit verwendet werden.
- Die Ähnlichkeit diente als Grundlage eines Experiments zur Erstellung von Empfehlungslisten. Die Empfehlung von drei Titeln pro Titel der R60-Datenbank ergab, dass im besten Fall 89,4 % der empfohlenen Titel das gleiche Genre haben wie der Anfragetitel. Titel gleichen Genres gelten als ähnlich.

Für die Erstellung von Empfehlungen wurden Datenbänke mit rhythmisch geprägten Genres, wie Rumba oder Samba, verwendet. Weitere Experimente auf allgemeineren Datenbänken sind wünschenswert.

Transkription (Kapitel 4)

Bei der Transkription wurden die Trommeln und Becken in einer Schlagzeugaufnahme erkannt. Sie wurden zu den fünf Kategorien Bass Drum, Snare Drum, Hi Hat, Ride und Cymbal zusammengefasst.

- Pro Kategorie wurde ein Klassifikator mit zwei akustischen Modellen erstellt: eines für die Kategorie und ein Restmodell für die anderen Anschläge und Pausen. Diese Konfiguration wird als Detektorklassifikator bezeichnet.
- Die akustische Modellierung erfolgte mit einem Hidden-Markov-Modell für die Kategorie und einem Gaussian-Mixture-Modell für alle anderen Anschläge und Pausen.
- Es wurden zwei Ansätze der Transkription untersucht: *simultane Segmentierung und Klassifikation* anhand eines Erkennungsnetzwerks und *Segmentierung und Klassifikation* mit vorheriger Bestimmung der Anschläge. Der Ansatz der *simultanen Segmentierung und Klassifikation* führte zu besseren Erkennungsergebnissen.
- Das Training und die Erkennung erfolgte zum einen mit synthetisierten MIDI-Daten, der P100-Datenbank, und zum anderen mit realen Schlagzeugaufnahmen, der ENST-Datenbank. Die Erkennungsergebnisse waren auf synthetischen Daten erwartungsgemäß besser. So wurden zum Beispiel für die Bass Drum im besten Fall 95,9 % der Referenzanschläge der P100-Datenbank erkannt. Zum Vergleich: Die Erkennungsrate der Bass Drum auf der ENST-Datenbank beträgt 71,3 %.

Die Transkription ergab für die Bass Drum, Snare Drum und die Hi Hat zufrieden stellende Ergebnisse. Um die Erkennungsergebnisse für das Ride-Becken und die Cymbals zu verbessern, sind möglicherweise andere Merkmale zielführend. Desweiteren wäre ein Vergleich der Erkennungsergebnisse von den hier vorgestellten Detektorklassifikatoren mit einem Klassifikator, der jede mögliche Notenkombination als eigene Klasse besitzt, sinnvoll.

Notenfolgemodell (Kapitel 4)

Das Notenfolgemodell modelliert die Abfolge von Noten mit gewichteten endlichen Automaten.

- Angelehnt an die Sprachverarbeitung entsprechen gleichzeitig gespielte Noten einem Phonem, ein Takt einem Wort und die Abfolge von Takten einer Sprache.
- Erstmalig wurde die Abfolge von Noten mit gewichteten endlichen Automaten vorgestellt.
- Durch die Quantisierung der Noten entspricht jeder Übergang im Automaten einem definierten Notenwert. Gleichzeitig gespielte Noten werden zu einem Symbol zusammengefasst.
- Pro Taktart existiert ein Taktartmodell, welches mögliche Abfolgen von Noten in einem Takt speichert.
- Auf der Grundlage der Abfolge von Schlagzeugnoten konnte eine Genreerkennung für die Genres Rumba, Samba, Tango und Walzer durchgeführt werden. Das Experiment führt zu einer Erkennungsrate von 88,9 %.

In der Zukunft ist die Anwendung des vorgestellten Verfahrens als Nachverarbeitung der Transkription umzusetzen. Besondere Aufmerksamkeit kommt dafür der automatischen Ermittlung eines Rasters für die Quantisierung der Noten zu. Eine Möglichkeit, diese Raster zu erstellen, beruht auf den Anschlagsabstandshistogrammen. Eine Erweiterung des Modells auf andere Instrumente ist empfehlenswert.

A Anhang

A.1 Anschlagserkennung

R60	Train	Test	Original
Cha/Cha038		X	ChaChaCha/Albums-Pais_Tropical-05
Cha/Cha039	X		ChaChaCha/Albums-Pais_Tropical-06
Cha/Cha046		X	Cha/Cha046ChaChaCha/Media-103405
Cha/Cha048	X		Cha/Cha048ChaChaCha/Media-103407
Cha/Cha049		X	Cha/Cha049ChaChaCha/Media-103408
Cha/Cha087	X		Cha/Cha087ChaChaCha/Media-104106
Cha/Cha088		X	Cha/Cha088ChaChaCha/Media-104107
Cha/Cha104	X		Cha/Cha104ChaChaCha/Media-106007
Cha/Cha106		X	Cha/Cha106ChaChaCha/Media-106101
Cha/Cha110	X		Cha/Cha110ChaChaCha/Media-106105
Ele/Ele001		X	Elektro/01 Daso - Sam n Max
Ele/Ele002	X		Elektro/02 Format B - like_a_techmachine
Ele/Ele003		X	Elektro/03 Gabriel Ananda - Doppelwhipper-cmc
Ele/Ele004	X		Elektro/03-mylo-muscle_cars
Ele/Ele005		X	Elektro/04 Gui Boratto - shebang
Ele/Ele006	X		Elektro/05 Trentemoeller - Killer Kat A - Moonbotica
Ele/Ele007		X	Elektro/Ellen Allien 01 Come
Ele/Ele008	X		Elektro/08 gui_boratto–arquipelago
Ele/Ele009		X	Elektro/09 Moonbootica - Watt Bird - Moonbotica
Ele/Ele010	X		Elektro/10 Booka Shade Mandarine girl (album version)
Hip/Hip001		X	HipHop/Brand Nubian - The Return
Hip/Hip002	X		HipHop/Group Home - Supa Star
Hip/Hip003		X	HipHop/Jay Z - D'Evils
Hip/Hip004	X		HipHop/Jeru The Damaja - Ain't The Devil Happy
Hip/Hip005		X	HipHop/Jeru The Damaja - Frustrated Nigga
Hip/Hip006	X		HipHop/Rapper Big Pooh - Heart Of The City
Hip/Hip007		X	HipHop/Mos Def - Mathematics
Hip/Hip008	X		HipHop/Nas - Represent
Hip/Hip009		X	HipHop/O.C. - My World
Hip/Hip010	X		HipHop/Pep Love - Fight Club
Reg/Reg001		X	Reggae/06 - Lonely Woman - Horace Andy
Reg/Reg002	X		Reggae/12 - Gentleman - Unconditional Love
Reg/Reg003		X	Reggae/13-bob_marley-waiting_in_vain-dgn

Fortsetzung nächste Seite

Fortsetzung

R60	**Train**	**Test**	**Original**
Reg/Reg004	X		Reggae/15 - Night Nurse - Gregory Isaacs
Reg/Reg005		X	Reggae/Don Carlos Gold - Hog And Goat
Reg/Reg006	X		Reggae/Earth, Stone - In Time To Come
Reg/Reg007		X	Reggae/John Holt - Why Cant I Touch You
Reg/Reg008	X		Reggae/Leroy Smart - Sharon
Reg/Reg009		X	Reggae/Michael Palmer - No More Lean Boot
Reg/Reg010	X		Reggae/Wailing Souls - Jah Give Us Life To Live
Sam/Sam020		X	Samba/Albums-Latin_Jam3-06
Sam/Sam034	X		Samba/Albums-Pais_Tropical-04
Sam/Sam040		X	Samba/Media-103506
Sam/Sam045	X		Samba/Media-103705
Sam/Sam046		X	Samba/Media-103706
Sam/Sam070	X		Samba/Media-105402
Sam/Sam073		X	Samba/Media-105416
Sam/Sam080	X		Samba/Media-106003
Sam/Sam082		X	Samba/Media-106106
Sam/Sam083	X		Samba/Media-106107
Tan/Tan024		X	Tango/Albums-StrictlyDancing_Tango-03
Tan/Tan027	X		Tango/Albums-StrictlyDancing_Tango-06
Tan/Tan028		X	Tango/Albums-StrictlyDancing_Tango-07
Tan/Tan032	X		Tango/Albums-StrictlyDancing_Tango-11
Tan/Tan033		X	Tango/Albums-StrictlyDancing_Tango-12
Tan/Tan034	X		Tango/Albums-StrictlyDancing_Tango-13
Tan/Tan052		X	Tango/Media-104506
Tan/Tan067	X		Tango/Media-105107
Tan/Tan072		X	Tango/Media-105317
Tan/Tan080	X		Tango/Media-105806

Tabelle A.1: Titel der R60-Datenbank mit der jeweiligen Zuordnung zum R60-Testset oder R60-Trainingsset. Cha Cha Cha, Samba und Tango sind aus dem Ballroom Dance Set entnommen.

Traingsdaten Bello-Komplex und Testdaten Bello-Komplex

Detektionsfunktion	**Recall**	**Precision**	**F-Measure**
High Frequency Content	87,1	87,7	87,4
Spectral Difference	86,3	83,0	84,6
Spectral Difference Positive	81,5	93,6	87,2
Spectral Envelope	76,4	73,7	75,0
Spectral Envelope Positive	74,5	79,5	77,0
Spectral Envelope Bandwise	70,5	89,3	78,8

Tabelle A.2: Ergebnisse der Anschlagserkennung mit Trainingsdaten Bello-Komplex und Testdaten Bello-Komplex in Prozent.

Detektionsfunktion	c	M	δ	**TP**	**FP**	**FN**	**d**	**m**
High Frequency Content	0,6	3	0,05	236	33	35	8	9
Spectral Difference	0,4	4	0,04	234	48	37	3	9
Spectral Difference Positive	0,2	11	0,01	221	15	50	0	15
Spectral Envelope	0,2	12	0,01	207	74	64	1	11
Spectral Envelope Positive	0,2	12	0,02	202	52	69	2	14
Spectral Envelope Bandwise	0,2	9	0,02	191	23	80	2	13

Tabelle A.3: Durch das Training ermittelte Parameter c mit $f_g = 0,5cf_A$, M und δ der Anschlagsselektion und die Zuordnung der Anschläge für Trainingsdaten Bello-Komplex und Testdaten Bello-Komplex. Zusätzliche Angabe der doppelten Anschläge d (2 Detektionen pro Referenz) und der zusammengefassten Anschläge m (2 Referenzen für eine Erkennung).

Traingsdaten Bello-Komplex und Testdaten Leveau-Komplex

Detektionsfunktion	Recall	Precision	F-Measure
High Frequency Content	64,3	68,3	66,2
Spectral Difference	77,1	49,7	60,5
Spectral Difference Positive	77,1	53,9	63,5
Spectral Envelope	54,9	45,0	49,5
Spectral Envelope Positive	47,9	45,1	46,4
Spectral Envelope Bandwise	58,5	55,5	57,0

Tabelle A.4: Ergebnisse der Anschlagserkennung mit Trainingsdaten Bello-Komplex und Testdaten Leveau-Komplex in Prozent.

Detektionsfunktion	c	M	δ	TP	FP	FN	d	m
High Frequency Content	0,6	3	0,05	211	98	117	4	2
Spectral Difference	0,4	4	0,04	253	256	75	13	4
Spectral Difference Positive	0,2	11	0,01	253	216	75	5	4
Spectral Envelope	0,2	12	0,01	180	220	148	3	3
Spectral Envelope Positive	0,2	12	0,02	157	191	171	3	5
Spectral Envelope Bandwise	0,2	9	0,02	192	154	136	3	3

Tabelle A.5: Durch das Training ermittelte Parameter c mit $f_g = 0,5cf_A$, M und δ der Anschlagsselektion und die Zuordnung der Anschläge für Trainingsdaten Bello-Komplex und Testdaten Leveau-Komplex. Zusätzliche Angabe der doppelten Anschläge d (2 Detektionen pro Referenz) und der zusammengefassten Anschläge m (2 Referenzen für eine Erkennung).

Traingsdaten Bello-Komplex und Testdaten R60-Test

Detektionsfunktion	Recall	Precision	F-Measure
High Frequency Content	80,4	82,4	81,4
Spectral Difference	83,8	85,8	84,8
Spectral Difference Positive	81,1	93,0	86,6
Spectral Envelope	68,3	82,7	74,8
Spectral Envelope Positive	65,4	88,5	75,2
Spectral Envelope Bandwise	64,7	88,0	74,5

Tabelle A.6: Ergebnisse der Anschlagserkennung mit Trainingsdaten Bello-Komplex und Testdaten R60-Test in Prozent.

Detektionsfunktion	c	M	δ	TP	FP	FN	d	m
High Frequency Content	0,6	3	0,05	4.228	905	1.033	279	79
Spectral Difference	0,4	4	0,04	4.409	730	852	191	72
Spectral Difference Positive	0,2	11	0,01	4.265	319	996	7	83
Spectral Envelope	0,2	12	0,01	35.94	754	1.667	21	81
Spectral Envelope Positive	0,2	12	0,02	3.441	449	1.820	8	64
Spectral Envelope Bandwise	0,2	9	0,02	3.402	465	1.859	10	74

Tabelle A.7: Durch das Training ermittelte Parameter c mit $f_g = 0,5cf_A$, M und δ der Anschlagsselektion und die Zuordnung der Anschläge für Trainingsdaten Bello-Komplex und Testdaten R60-Komplex-Test. Zusätzliche Angabe der doppelten Anschläge d (2 Detektionen pro Referenz) und der zusammengefassten Anschläge m (2 Referenzen für eine Erkennung).

Traingsdaten R60-Train und Testdaten R60-Test

Detektionsfunktion	Recall	Precision	F-Measure
High Frequency Content	83,8	87,8	85,7
Spectral Difference	86,5	87,6	87,0
Spectral Difference Positive	85,8	92,4	89,0
Spectral Envelope	72,9	78,8	75,7
Spectral Envelope Positive	75,5	84,2	79,6
Spectral Envelope Bandwise	78,5	78,9	78,7

Tabelle A.8: Ergebnisse der Anschlagserkennung mit Trainingsdaten R60-Train und Testdaten R60-Test in Prozent.

Detektionsfunktion	c	M	δ	TP	FP	FN	d	m
High Frequency Content	0,3	1	0,01	4.407	614	854	129	74
Spectral Difference	0,3	6	0,02	4.553	647	708	62	75
Spectral Difference Positive	0,2	7	0,01	4.515	374	746	38	89
Spectral Envelope	0,1	1	0,04	3.837	1.035	1.424	106	84
Spectral Envelope Positive	0,2	8	0,01	3.970	744	1.291	21	75
Spectral Envelope Bandwise	0,2	10	0	4.132	1.103	1.129	33	88

Tabelle A.9: Durch das Training ermittelte Parameter c mit $f_g = 0,5cf_A$, M und δ der Anschlagsselektion und die Zuordnung der Anschläge für Trainingsdaten R60-Train und Testdaten R60-Test. Zusätzliche Angabe der doppelten Anschläge d (2 Detektionen pro Referenz) und der zusammengefassten Anschläge m (2 Referenzen für eine Erkennung).

A.2 Metrisches Modell

Detektions-funktion	**Merkmal**	**Länge der Empfehlungsliste**				
		1	2	3	4	5
Manuell	Histogramm $\vec{h}$	83,3	81,7	80,0	74,2	69,0
	Ausschnitt $\vec{h}^{(ex)}$	83,3	85,0	83,3	81,3	79,0
	Statistik $\vec{h}^{(stat)}$	58,3	52,5	51,1	50,0	46,7
Spectral Difference Positive	Histogramm $\vec{h}$	86,7	83,3	80,0	73,3	67,0
	Ausschnitt $\vec{h}^{(ex)}$	90,0	91,7	89,4	85,4	83,7
	Statistik $\vec{h}^{(stat)}$	60,0	56,7	56,6	54,6	52,3
Spectral Envelope Positive	Histogramm $\vec{h}$	73,3	73,3	67,2	61,7	56,7
	Ausschnitt $\vec{h}^{(ex)}$	78,3	75,8	71,7	69,6	67,0
	Statistik $\vec{h}^{(stat)}$	41,7	38,3	38,3	37,5	35,0

Tabelle A.10: Ähnlichkeitsindex auf der R60-Datenbank in Prozent.

Detektions-funktion	**Merkmal**	**Länge der Empfehlungsliste**				
		1	2	3	4	5
Spectral Difference Positive	Histogramm $\vec{h}$	82,8	80,2	79,1	78,6	77,9
	Ausschnitt $\vec{h}^{(ex)}$	77,8	77,1	76,7	76,2	75,4
	Statistik $\vec{h}^{(stat)}$	47,0	44,9	44,6	44,2	43,2
Spectral Envelope Positive	Histogramm $\vec{h}$	78,7	74,0	73,2	71,9	70,7
	Ausschnitt $\vec{h}^{(ex)}$	70,2	68,6	67,2	66,3	65,2
	Statistik $\vec{h}^{(stat)}$	28,2	28,5	28,4	28,6	28,7

Tabelle A.11: Ähnlichkeitsindex auf dem Ballroom Dance Set in Prozent.

A.3 Transkription und Notenfolgemodell

Nr.	Kombination	Anzahl	Prozent
1	_____	79.706	47,31
2	__H__	36.773	21,83
3	B_H__	17.271	10,25
4	_SH__	9.571	5,68
5	BSH__	8.646	5,13
6	_S___	4.951	2,93
7	B____	4.342	2,57
8	___R_	1.493	0,88
9	B_H_C	1.005	0,59
10	B__R_	960	0,56
11	BS___	828	0,49
12	B___C	773	0,45
13	_S_R_	560	0,33
14	__HR_	244	0,14
15	B_HR_	236	0,14
16	BSH_C	233	0,13
17	____C	212	0,12
18	_SH_C	156	0,09
19	BS_R_	155	0,09
20	_SHR_	117	0,06
21	BS__C	89	0,05
22	__H_C	43	0,02
23	_S__C	35	0,02
24	BSHR_	18	0,01
25	BS_RC	13	-
26	B__RC	10	-
27	BSHRC	5	-
28	_S_RC	3	-
29	B_HRC	2	-

Tabelle A.12: Häufigkeit der Kombinationen von Notenkategorien bei der Quantisierung auf ein 16tel-Noten-Raster der P100-Datenbank.

Nr.	Datei	MB	URL
01	32MbGMStereo	31	http://www.ntonyx.com/sf_f.htm
02	GeneralUser_GS _Fluid-Synth_v1.43	30	http://www.schristiancollins.com
03	FluidR3_GM.sf2	142	http://packages.debian.org/search?keywords=fluid-soundfont-gm
04	PC51f.sf2	61	http://www.personalcopy.com
05	TimGM6mb.sf2	6	http://ocmnet.com/saxguru/Timidity.htm
06	Unison.SF2	28	http://www.personalcopy.com
07	ChoriumRevA.SF2	28	http://www.hammersound.net
08	merlin_gold.sf2	35	http://ocmnet.com/saxguru/Timidity.htm
09	merlin_vienna.sf2	102	http://ocmnet.com/saxguru/Timidity.htm
10	a340.sf2	78	http://soundfonts.homemusician.net/collections_soundfonts/airfont_340.html
11	CrisisGeneralMidi1.8.sf2	230	http://www.bismutnetwork.com/10Music/Crisis/Soundfont1.8.php
12	RealFont_2_1.SF2	103	http://blog.ginchen.de/2008/02/02/besserer-midi-sound/
13	SGM-180 v1.5.sf2	180	http://blog.ginchen.de/2008/02/02/besserer-midi-sound/

Tabelle A.13: Verwendete frei verfügbare Soundfonts SF2 mit Quellenangabe zur Synthese von MIDI-Dateien.

Datei	SF2	Titel	Interpret	Produktgruppe	Genre
CL0533/533GOGET	09	Go get the cup	David Hanselmann		
CL0742/742LENIN	10	Leningrad	Billy Joel		
CL2078/2078JAGE	11	Zehn kleine Jägermeister	Toten Hosen		
CL2223/2223WENN	13	Wenn du nicht wärst	Petra Frey		
CL2225/2225DUBI	12	Du bist der Wind der meine Flügel trägt	Leonard		
CR0653/CR0653IS	01	I Said Never Again (But Here We Are)	Rachel Stevens		
CR1044/CR1044AN	02	Another Day	Jamie Lidell	Englisch	8_Beat
CR1177/CR1177PE	03	Peaceful Easy Feeling	The Eagles	Englisch, Oldies	8_Beat
CR1201/CR1201MY	04	My Heart Will Go On	Tischmusikversion	Instrumental	8_Beat
CR1448/CR1448YO	05	You're My Best Friend	Queen	Englisch, Oldies	8_Beat
CS0208/G0208_CE	06	Celebration	Fun Factory		
CS0410/G0410_EI	07	Einmal um die ganze Welt	Karel Gott		
CS0435/G0435_GE	08	Geh deinen Weg	Die Weiltaler		
CS0452/G0452_PI	09	Pizza Wundaba	Die Höhner		
CS0904/CS0904S0	12	Give A Little Love	Shari Belafonte (Albert Hammond)	Englisch, Oldies	Reggae
CS0920/G0920_LA	11	La Paloma (instr.)	Traditional Instrumental	Instrumental, Internationale_Evergreens, Standard, Traditionell	Rhumba, Tango
CS0932/CS0932S0	10	Im Wagen vor mir fährt so'n aale Simbel	Adam und die Mickys	Deutsch, Fasching_und_Gaudi	Swingfox
CS1000/CS1000G1	11	Pflaster	Ich + Ich	Deutsch, Deutsche_Popmusik	Beat
CU3138/CU3138AN	12	A new beginning	Stephen Gately		
GA0011/GA0011MA	13	Man of Mystery	Shadows		
ML1001/1001SACR	05	1 - 2 - Polizei	Mo-Do	Pop, Deutsch	Techno
ML1048/1048ALLT	06	All that she wants	Ace of Base	Pop, Englisch	Techno, Reggae
ML1189/1189BLUE	01	Blue Jeans	Squeezer	Pop, Englisch	Dancefloor, Cha_cha
ML1193/1193BRTI	07	Böörti Vogts	Stefan Raab & die Bekloppten	Pop, Deutsch	Techno
ML1209/1209BUON	12	Buona sera	Ralph Bendix	Oldies, Deutsch	Tango, Jive
ML1226/1226CARA	13	Caramba caracho ein Whisky	Heino	Volkstuemlich, Deutsch	Tango, Fox

Fortsetzung nächste Seite

Fortsetzung

Datei	SF2	Titel	Interpret	Produktgruppe	Genre
ML1236/1236CHAC	02	Cha cha Medley 2 (instrumental Orchester)	Max Greger jun.	Instrumental, Standard, Kurzmedley	Cha_cha
ML1250/1250CIND	03	Cinderella Baby	Drafi Deutscher	Deutsch, Schlager_60er	Cha_cha
ML1332/1332DERB	08	Der Berg ruft	K 2	Pop, Deutsch	Techno
ML1337/1337DERD	01	Der deutsche Hitmix No.2 Block E:	Diesmal will ich Liebe/Mike Bauhaus - Ibiza/Ibo - Nachts wenn alles	Deutsch, Hitmix, Kurzmedley, Schlager_90er	Discofox
ML1664/1664GOTT	09	Got to get it	Culture Beat	Pop, Englisch	Techno
ML1707/1707HARM	01	Harmonika Tango (instrumental Akkordeon)	Familie Leimer	Instrumental	Tango, Beguine
ML1757/1757HIER	02	Hier kommt die Maus	Stefan Raab	Pop, Deutsch	Funk, Rap
ML2098/2098LIFE	10	Life	Haddaway	Pop, Englisch	Techno
ML2147/2147MAMM	02	Mamma Lorraine	G. G. Anderson	Schlager_90er, Englisch	Discofox
ML2172/2172MAXD	11	Max don't have sex with your ex	E-rotic	Pop, Englisch	Techno
ML2317/2317OHSH	03	Oh shit Frau Schmidt	Der Wolf	Pop, Deutsch	Rap
ML2544/2544SHAN	03	Sha na na na (laß uns leben)	Brunner & Brunner	Schlager_90er, Deutsch	Slow, Beat
ML2551/2551SIEI	04	Sie ist weg	Die Fantastischen Vier	Pop, Deutsch	Rap
ML2660/2660TANG	02	Tango mit Fernando	Kristina Bach	Schlager_90er, Deutsch, Weibliche_Interpreten	Tango
ML2685/2685THER	12	The real thing	2 Unlimited	Pop, Englisch	Techno
ML2759/2759VIVA	08	Viva la Mexico	Klaus & Klaus	Schlager_90er, Deutsch	Samba
ML2831/2831WHAT	13	What is love	Haddaway	Pop, Englisch	Techno
ML2838/2838WHEN	09	When will I see you again	Thomas Anders	Deutsch, Internationale_Popmusik, Oldies	Disco, Samba
ML2877/2877WOLF	04	Wolfgang Petry Hitmix	Wolfgang Petry	Deutsch, Hitmix, Kurzmedley, Schlager_90er	Discofox
ML2982/2982OLOL	05	Olé olé auf Gran Canaria	Melina & Mike	Schlager_90er, Deutsch, Mega_Hits, Duette	Beat
ML3036/3036OHDU	06	Oh du schöner Westerwald	Heinz	Volkstuemlich, Deutsch	Beat, Marsch
ML3058/3058MITD	10	Mit dir kam die Liebe	Maria Bonelli	Schlager_90er, Deutsch	Disco, Samba
ML3084/3084OHDO	03	Oh Donna Clara	Max Raabe	Oldies, Deutsch	Disco, Tango
ML3162/3162MENI	05	Men in black	Will Smith	Pop, Englisch	Rap
ML3264/3264ESWA	06	Es war Sommer	Stefan Raab	Pop, Deutsch	Funk, Rap

Fortsetzung nächste Seite

Fortsetzung

Datei	SF2	Titel	Interpret	Produktgruppe	Genre
ML3296/3296POLE	11	Polenmädchen	Heino	Fasching_und_Gaudi, Deutsch	Samba
ML3301/3301WENN	12	Wenn die Sonn schön schingk	Bläck Fööss	Fasching_und_Gaudi, Deutsch, Koelsche_Hits	Samba
ML3308/3308SARA	07	SARAGOSSA-Medley Part 1 (6.20 min)	Mendocino, Wolly Bully, Candida, Chirpy chirpy cheep cheep, Yummy yummy,	Englisch, Fasching_und_Gaudi, Medleys	Fox
ML3345/3345SCHI	04	Schickeria	Rainhard Fendrich	Pop, Deutsch	Cha_cha
ML3527/3527BABY	13	Baby come back	Caught in the Act	Pop, Englisch	Samba, Dancefloor
ML3581/3581BLAU	01	Blaue Augen	Blümchen	Pop, Deutsch, Weibliche_Interpreten	Techno, Dancefloor
ML3590/3590REME	07	Remember the time	Nana	Pop, Englisch	Pop, Rap
ML3595/3595TERR	08	Terra Promessa	Eros Ramazotti	Pop, Englisch	Funk, Rap
ML3681/3681DREA	09	Dreams	Nana	Pop, Englisch	Pop, Rap
ML3864/3864DERL	04	Der letzte Tango	Frans Bauer	Schlager_90er, Deutsch	Tango
ML3933/3933GOOD	08	Good sign	Emilia	Pop, Englisch, Weibliche_Interpreten	Pop, Reggae
ML3943/3943ALLE	13	Alles roger	Roger Whittaker	Schlager_90er, Deutsch	Reggae
ML3978/3978IFEE	01	I feel lonely	Sasha	Pop, Deutsch	Reggae
ML3997/3997VOLA	02	Volare	Al Bano Carrisi	Englisch, Pop, Italienisch_und_Spanisch, Mega_Hits	Pop, Reggae
ML4026/4026HAPP	09	Happy Birthday	Truck Stop	Country, Deutsch	Country
ML4089/4089TIRI	10	Tiritomba	Helmut Lotti	Klassik, Deutsch	Konzertmarsch
ML4206/4206MORN	11	Morning has broken	Cat Stevens	Oldies, Englisch	Ballade
ML4432/4432FRIS	12	Frischer Wind	Alpenoberkrainer	Volkstuemlich, Instrumental	Polka
ML4506/4506DROI	13	Droids	The Force	Instrumental	Disco
ML4542/4542LETS	05	Let's get loud	Jennifer Lopez	Pop, Englisch, Weibliche_Interpreten	Cha_cha, Disco
ML4621/4621VIVA	01	Viva Holiday	Frans Bauer	Schlager_90er, Deutsch	Samba
ML4981/4981HOLD	03	Hol dir das Abenteuer	Black & White	Pop, Deutsch	Pop, Reggae
ML5018/5018EVER	01	Everybody (Grand Prix Nr.1)	Tanel Padar, Dave Benton & 2XL	Englisch, Pop	Funk

Fortsetzung nächste Seite

Fortsetzung

Datei	SF2	Titel	Interpret	Produktgruppe	Genre
ML5283/5283QUIZ	06	Quizas quizas quizas	Helmut Lotti	Italienisch_und_Spanisch, Pop	Cha_cha
ML5558/5558MOLI	02	Happy Sound	Moliendo Cafe Combo	Instrumental	Samba
ML5565/5565TANG	05	Happy Sound	Tango Soiree Akkordeon	Instrumental	Tango
ML5628/5628BAIL	02	Gaby Baginsky	Baila Baila tanz heut nacht für mich	Deutsch, Schlager_2000er, Weibliche_Interpreten	Discofox
ML5894/5894JENN	10	Jenny from the block	Jennifer Lopez	Englisch, Pop, Weibliche_Interpreten	Funk, Rap
ML6068/6068ESGI	03	Es gibt nichts Gutes ausser man t	Stefanie Hertel & Stefan Mross	Deutsch, Duette	Samba
ML6224/6224VOLA	04	Volare	Gipsy Kings	Italienisch_und_Spanisch, Oldies, Party_Hits	Samba
ML6624/6624WIED	07	Wie damals in Paris	Blue Diamonds	Deutsch, Deutsche_Evergreens, Oldies	Cha_cha
ML6626/6626ISHO	04	I shot the Sheriff	Eric Clapton	Englisch, Internationale_Evergreens, Oldies, Rock	Reggae
ML6685/6685MANK	05	Man kann nicht immer nur gewinnen	Gaby Baginsky	Deutsch, Schlager_2000er, Weibliche_Interpreten	Reggae
ML6873/6873SERV	08	DJ Ötzi	Servus die Wadln	Deutsch, Party_Hits	Cha_cha
ML7033/7033KISS	06	Kiss and say goodbye	UB 40	Englisch, Pop	Reggae
ML7158/7158TANG	06	Friedel Hensch und die Cyprys	Tango Max	Deutsch, Neuerscheinungen, Oldies	Tango
ML7294/7294DUHA	07	Du hast mich 1000 mal belogen (Tango Version)	Eddy Holland	Deutsch, Neuerscheinungen, Schlager_2000er, Standard	Tango
ML7345/7345STAR	07	Stars are blind	Paris Hilton	Aktuelle_ChartTitel, Englisch, Neuerscheinungen, Pop, Weibliche_Interpreten	Reggae
ML7743/7743ABRI	03	A bärige Weihnacht	Hansi Hinterseer		
ML7957/7957NICH	09	Nichts bringt mich runter	Ich + Ich	Aktuelle_ChartTitel, Deutsch, Neuerscheinungen, Pop	Cha_cha
ML8037/8037HAUS	10	Haus am See	Peter Fox	Aktuelle_ChartTitel, Deutsch, Neuerscheinungen, Pop	Cha_cha, Pop
ML8091/8091DANC	04	Dance with somebody	Mando Diao	Aktuelle_ChartTitel, Englisch, Neuerscheinungen, Pop	Disco

Fortsetzung nächste Seite

Fortsetzung

Datei	SF2	Titel	Interpret	Produktgruppe	Genre
ML8265/8265MONS	11	Monsta	Culcha Candela	Aktuelle_ChartTitel, Deutsch, Neuerscheinungen, Party_Hits, Pop	Pop, Rap
ML8449/8449DISC	08	Disco Pogo (Klingelingeling)	Die Atzen	Aktuelle_ChartTitel, Neuerscheinungen, Party_Hits	Disco, Reggae
MM0010/MM0010EL	05	Can't help falling in love	Elvis Presley		
PR3087/PR3087DI	06	Immer freundlich lächeln	Die Höhner		
PR3426/PR3426WI	08	Wir flogen einmal hinauf zu den Sternen	Oliver Haidt		
PR3555/PR3555KE	09	Keiner kennt mich so wie Du	Petra Frey		
PR3580/PR3580LO	07	Love, sex and sunshine	Mr President		

Tabelle A.14: Dateiliste der P100-Datenbank mit den Metadaten Titel, Interpret, Produktgruppe und Genre des Herstellers [Mid13]. Pro Datei ist der für die Synthese verwendete Soundfont SF2 durch die zugehörige Nummer aus Tabelle A.13 angegeben.

P100-Datenbank

Kategorie	Split	Iteration	Recall	Precision	F-Measure
Bass Drum	3	1	43,1	75,5	54,8
Snare Drum	3	4	32,8	68,5	44,4
Hi Hat	0	1	35,8	58,8	44,5
Ride	1	1	43,3	27,2	33,4
Cymbal	3	4	24,8	23,7	24,2

Tabelle A.15: Ergebnisse Transkription P100-Datenbank mit 10-facher Kreuzvalidierung in Prozent. Ansatz: *Segmentierung und Klassifikation* mit den Anschlägen der Spectral Difference Positive. Es wird jeweils das beste Modell angegeben (Split und Iteration).

Kategorie	Split	Iteration	Recall	Precision	F-Measure
Bass Drum	3	1	53,2	87,5	66,2
Snare Drum	3	5	42,5	80,9	55,7
Hi Hat	0	1	56,5	85,7	68,1
Ride	1	1	52,0	32,2	39,8
Cymbal	3	4	40,7	36,0	38,2

Tabelle A.16: Ergebnisse Transkription P100-Datenbank mit 10-facher Kreuzvalidierung in Prozent. Ansatz: *Segmentierung und Klassifikation* mit den korrekten Anschlägen aus der MIDI-Datei. Es wird jeweils das beste Modell angegeben (Split und Iteration).

Kategorie	Split	Iteration	Recall	Precision	F-Measure
Bass Drum	3	5	95,9	89,1	92,4
Snare Drum	3	5	82,8	74,0	78,1
Hi Hat	0	0	97,6	83,8	90,1
Ride	2	1	43,6	33,8	38,1
Cymbals	3	4	68,4	20,6	31,7

Tabelle A.17: Ergebnisse Transkription P100-Datenbank mit 10-facher Kreuzvalidierung in Prozent. Ansatz: *Simultane Segmentierung und Klassifikation.* Es wird jeweils das beste Modell angegeben (Split und Iteration).

ENST-Datenbank

Kategorie	Split	Iteration	Recall	Precision	F-Measure
Bass Drum	3	1	40,5	62,8	49,3
Snare Drum	2	5	35,0	67,8	46,1
Hi Hat	2	1	46,7	60,4	52,7
Ride	3	5	42,2	38,6	40,3
Cymbal	3	1	34,7	45,2	39,3

Tabelle A.18: Ergebnisse Transkription ENST-Datenbank mit 3-facher Kreuzvalidierung in Prozent. Ansatz: *Segmentierung und Klassifikation* mit den Anschlägen der Spectral Difference Positive. Es wird jeweils das beste Modell angegeben (Split und Iteration).

Kategorie	Split	Iteration	Recall	Precision	F-Measure
Bass Drum	3	2	71,3	79,1	75,0
Snare Drum	3	5	69,9	73,4	71,7
Hi Hat	2	0	92,3	72,5	81,2
Ride	3	5	66,2	46,7	54,7
Cymbals	3	5	23,6	49,0	31,9

Tabelle A.19: Ergebnisse Transkription ENST-Datenbank mit 3-facher Kreuzvalidierung in Prozent. Ansatz: *Simultane Segmentierung und Klassifikation*. Es wird jeweils das beste Modell angegeben (Split und Iteration).

B Abbildungsverzeichnis

C Tabellenverzeichnis

D Symbole und Abkürzungen

$\mathcal{A}$ .... Gewichteter endlicher Automat

$\mathcal{A}_\mathrm{D}$ .... Automat Detektionszeitpunkte

$\mathcal{A}_\mathrm{K}$ .... Automat einer Schlagzeugkategorie

$\mathcal{A}_\mathrm{R}$ .... Automat Referenzzeitpunkte

$\mathcal{A}_\mathrm{U}$ .... Automat Restmodell (unbekannt)

$\mathcal{B}$ .... Taktartfolgemodell als Automat

$\mathcal{R}$ .... Erkennungsnetzwerk

$\mathcal{S}$ .... Symbol

$\mathcal{T}_a$ .... Taktartmodell als Automat

$\mathbf{S}$ .... Symbolfolge

$\underline{X}_n$ .... Komplexes Spektrum

f_A .... Abtastrate

ASE .... Audio Spectrum Envelope

bpm .... beats per minute

CD .... Compact Disc

DF .... Detektionsfunktion

F .... F-Measure

FP% .... False Positive Rate

GMM .... Gaussian-Mixture-Modell

HMM .... Hidden-Markov-Modell

MIDI .... Musical Instrument Digital Interface

MIR .... Music Information Retrieval

MIREX .... Music Information Retrieval Evaluation eXchange

MP3 .... MPEG-1 Layer 3

MPEG .... Moving Expert Picture Group

PCM .... Pulse Code Modulation

PRE .... Precision

RCL .... Recall

ROC .... Receiver Operating Curve

SD .... Spectral Difference

SDP .... Spectral Difference Positive

SE .... Spectral Envelope

SEB .... Spectral Envelope Bandwise

SEP .... Spectral Envelope Positive

TP% .... True Positive Rate

UASR .... Unified Approach for Speech Synthesis and Recognition

E Literaturverzeichnis

[Alo05] Miguel Alonso, Gaël Richard und Bertrand David: *Extracting Note Onsets from Musical Recordings.* In *ICME, IEEE International Conference on Multimedia and Expo*, Seiten 896–899, 2005. [Seite 83]

[Ari10] Christopher Ariza und Michael Scott Cuthbert: *Music21: A Toolkit for Computer-Aided Musicology and Symbolic Music Data.* In *ISMIR, 11th International Society for Music Information Retrieval Conference*, Seiten 637–424, Utrecht, Niederlande, 2010. [Seite 2]

[Auc04] Jean-Julien Aucouturier und Francois Pachet: *Improving Timbre Similarity: How High's the Sky?* In Journal Negative Results in Speech and Audio Sciences, Band 1, 2004. [Seite 14]

[Bö12] Sebastian Böck, Florian Krebs und Markus Schedl: *Evaluating the online capabilities of Onset Detection Methods.* In *ISMIR, 13th International Society for Music Information Retrieval Conference*, Seiten 49–54, Porto, Portugal, 2012. [Seiten 29, 30, 31, 43]

[Bas07] Christoph Bastuck: *An Extensible and Multiperspective Approach for Music Similarity.* In *MIREX, 3rd Music Information Retrieval Evaluation eXchange*, Wien, Österreich, 2007. [Seite 13]

[Bat12] Eric Battenberg und David Wessel: *Analyzing Drum Patterns Using Conditional Deep Belief Networks.* In *ISMIR, 13th International Society of Music Information Retrieval Conference*, Seiten 37–42, Porto, Portugal, 2012. [Seite 85]

[Bec04] Mary E Beckman, Julia Bell Hirschberg und Stefanie Shattuck-Hufnagel: *The Original ToBI System and the Evolution of the ToBI Framework.* In Prosodic Models and Transcription: Towards Prosodic Typology, Seiten 9–54, 2004. [Seite 20]

[Bel03] Juan Pablo Bello und Mark Sandler: *Phase-based Note Onset Detection for Music Signals.* In *ICASSP, Proceedings IEEE International Conference on Acoustics, Speech, and Signal Processing*, Band 5, Seiten 441–444, Hong Kong, 2003. [Seiten 28, 31]

[Bel04] Juan Pablo Bello, Chris Duxbury, Mike Davies und Mark Sandler: *On the Use of Phase and Energy for Musical Onset Detection in the Complex Domain.* In Signal Processing Letters, IEEE, Band 11(6), Seiten 553–556, 2004. [Seiten 28, 31]

[Bel05] Juan Pablo Bello, Laurent Daudet, Samer Abdallah, Chris Duxbury, Mike Davies und Mark Sandler: *A Tutorial on Onset Detection in Musical Signals.* In IEEE Transactions on Speech and Audio Processing, Band 13(5), Seiten 1035–1047, 2005. [Seiten 24, 25, 28, 29, 30, 31, 41, 42, 45, 50]

[Ben13] Emmanouil Benetos, Simon Dixon, Dimitrios Giannoulis, Holger Kirchhoff und Anssi Klapuri: *Automatic music transcription: challenges and future directions.* In Journal of Intelligent Information Systems, Seiten 1–28, 2013. [Seiten 12, 14, 75, 81]

[Ber04] Adam Berenzweig, Beth Logan, Daniel P. W. Ellis und Brian P. W. Whitman: *A Large-Scale Evaluation of Acoustic and Subjective Music-Similarity Measures.* In Computer Music Journal, Band 28(2), Seiten 63–76, 2004. [Seite 14]

[Bil93] Jeffrey A. Bilmes: *Timing is of the Essence: Perceptual and Computational Techniques for Representing, Learning, and Reproducing Expressive Timing in Percussive Music.* Diplomarbeit, MIT, 1993. [Seiten 18, 62]

[BM10] Thierry Bertin-Mahieux, Douglas Eck und Michael Mandel: *Automatic Tagging of Audio: The State-of-the-Art.* In Wenwu Wang (Herausgeber): *Machine Audition: Principles, Algorithms and Systems*, Kapitel 14, Seiten 334–352. IGI Publishing, 2010. [Seiten 8, 12]

[Bro10] Steven Brown und Weishaar Kyle: *Speech is Heterometric: the Changing Rhythm of Speech.* In *Speech Prosody, 5th International Conference*, Chicago, USA, 2010. [Seite 73]

[Bus00] Christoph Busch, Ero Rademer, Martin Schmucker und Stephen Wolthusen: *Concepts for a Watermarking Technique for Music Scores.* In *Proc. 3rdInternational Conference on Visual Computing.* Citeseer, 2000. [Seite 14]

[Byr02] Donald Byrd: *Problems of Music Information Retrieval in the Real World.* In Information Processing and Management, Band 38(2), Seiten 249–272, 2002. [Seite 4]

[Can06] Chris Cannam, Christian Landone, Mark Sandler und Juan Pablo Bello: *The Sonic Visualiser: A Visualisation Platform for Semantic Descriptors from Musical Signals.* In *ISMIR, 7th International Society for Music Information Retrieval Conference*, Victoria, Kanada, 2006. [Seite 32]

[Car05] Alexandru Caruntu, Gavril Toderean und Alina Nica: *Automatic Silence/ Unvoiced/ Voiced Classifcation of Speech Using a Modified Teager Energy Feature.* In *WSEAS Int. Conf. on Dynamical Systems and Control*, Seiten 62–65, Venedig, Italien, 2005. [Seite 51]

[Cas03] Michael A. Casey und et al.: *All-XM.zip, Audio Reference Software(ISO/IEC 15938-4:2001).* `http://mpeg7.doc.gold.ac.uk/mirror/index.html`, 2003. [Online; abgerufen 25.03.104]. [Seite 38]

[Cas08] Michael A. Casey, Remco Veltkamp, Masataka Goto, Marc Leman, Christophe Rhodes und Malcolm Slaney: *Content-Based Music Information Re-*

trieval: Current Directions and Future Challenges. In Proceedings of the IEEE, Band 96(4), Seiten 668–696, 2008. [Seiten 9, 13]

[Cav12] Sofia Cavaco und Hugo Almeida: *Automatic Cymbal Classification Using Non-Negative Matrix Factorization.* In *Systems, Signals and Image Processing (IWSSIP), 2012 19th International Conference on*, Seiten 468–471, 2012. [Seite 82]

[Cel08] Òscar Celma: *Music Recommendation and Discovery in the Long Tail.* Doktorarbeit, Universitat Pompeu Fabra, Barcelona, 2008. [Seite 14]

[Cha11] Vijay Chandrasekhar, Matt Sharifi und David Ross: *Survey and Evaluation of Audio Fingerprinting Schemes for Mobile Query-by-Example Applications.* In *ISMIR, 12th International Society for Music Information Retrieval Conference*, Seiten 801–806, Miami (Florida), USA, 2011. [Seiten 11, 14]

[Che98] James C.C. Chen und Arbee L.P. Chen: *Query by Rhythm: An Approach for Song Retrieval in Music Databases.* In *8th International Workshop on Research Issues In Data Engineering 'Continuous-Media Databases and Applications'*, Seiten 139–146, Orlando, USA, 1998. [Seite 14]

[Che08] Wai Ling Cheung und Guojun Lu: *Music Emotion Annotation by Machine Learning.* In *2008 IEEE 10th Workshop on Multimedia Signal Processing*, Seiten 580–585, 2008. [Seite 12]

[Col05] Nick Collins: *A Comparison of Sound Onset Detection Algorithms with Emphasis on Psychoacoustically Motivated Detection Functions.* In *AES, Proceedings of the Audio Engineering Society 118th Convention*, Barcelona, Spanien, 2005. [Seiten 25, 28, 31]

[Cun12] Sally Jo Cunningham, David Bainbridge und J. Stephen Downie: *The Impact of MIREX on Scholarly Research.* In *ISMIR, 13th International Society of Music Information Retrieval Conference*, Seiten 259–264, Porto, Potugal, 2012. [Seite 4]

[Cus10] Ian R. Cushing und Volker Dellwo: *The role of speech rhythm in attending to one of two simultaneous speakers.* In *Speech Prosody, 5h International Conference*, Chicago (Illinois), USA, 2010. [Seite 20]

[Dau83] R.M. Dauer: *Stress-timing and Syllable-timing reanalyzed.* In Journal of Phonetics, Band 11, Seiten 51–62, 1983. [Seiten 19, 73]

[Dau01] Laurent Daudet: *Transients Modeling by Pruned Wavelet Trees.* In *ICMC, Proceedings International Computer Music Conference*, Seiten 18–21, 2001. [Seite 28]

[Dav11] Matthew E.P. Davies, Norberto Degara und Mark D. Plumbley: *Measuring the Performance of Beat Tracking Algorithms Using a Beat Error Histogram.* In IEEE Signal Processing Letters, Band 18(3), Seiten 157–160, 2011. [Seite 54]

[Deg11] Norberto. Degara, Matthew E.P. Davies, Antonio Pena und Mark D. Plumbley: *Onset Event Decoding Exploiting the Rhythmic Structure of Polyphonic Music.* In IEEE Journal of Selected Topics in Signal Processing, Band 5(6), Seiten 1228–1239, 2011. [Seiten 15, 26, 29, 31, 85]

[Des00] Peter Desain und Luke Windsor (Herausgeber): *Rhythm Perception and Production.* Swets & Zeitlinger, 2000. [Seite 15]

[Die02] Thomas G. Dietterich: *Machine Learning for Sequential Data: A Review.* In *Structural, Syntactic, and Statistical Pattern Recognition*, Seiten 15–30. Springer-Verlag, 2002. [Seite 85]

[Dit04] Christian Dittmar und Christian Uhle: *Further Steps Towards Drum Transcription of Polyphonic Music.* In *AES, Proceedings of the Audio Engineering Society 116th Convention*, Berlin, Deutschland, 2004. [Seite 82]

[Dit12] Christian Dittmar, Kay F. Hildebrand, Daniel Gaertner, Manuel Winges, Florian Müller und Patrick Aichroth: *Audio Forensics meets Music Information Retrieval – A Toolbox for Inspection of Music Plagiarism.* In *EUSIPCO, Proceedings of the 20th European Signal Processing Conference*, Seiten 1249–1253, Bukarest, Romänien, 2012. [Seite 14]

[Dix03] Simon Dixon, Elias Pampalk und Gerhard Widmer: *Classification of Dance Music by Periodicity Patterns.* In *ISMIR, 4th International Society for Music Information Retrieval Conference*, Seiten 159–165, Baltimore (Maryland), USA, 2003. [Seiten 57, 58]

[Dix04] Simon Dixon, Fabien Gouyon und Gerhard Widmer: *Towards Characterization of Music via Rhythmic Patterns.* In *ISMIR, 5th International Society for Music Information Retrieval Conference*, Seiten 509–516, Barcelona, Spanien, 2004. [Seiten 54, 75, 85]

[Dix05] Simon Dixon und Gerhard Widmer: *MATCH: A Music Alignment Tool Chest.* In *ISMIR, 6th International Society for Music Information Retrieval Conference*, Seiten 492–497, London, UK, 2005. [Seite 12]

[Dix06] Simon Dixon: *Onset Detection Revisited.* In *DAFx-06, 9th Int. Conference on Digital Audio Effects*, Montreal, Kanada, 2006. [Seiten 29, 30, 31, 36, 42, 43]

[Don09] Justin Donaldson und Paul Lamere: *Using Visualizations for Music Discovery.* In *ISMIR, 10th International Society for Music Information Retrieval Conference - Tutorial*, Kobe, Japan, 2009. `http://de.slideshare.net/plamere/using-visualizations-for-music-discovery`. [Seite 14]

[Dow03] J. Stephen Downie: *Music Information Retrieval.* In Annual Review of Information Science and Technology, Band 37(1), Seiten 295 – 340, 2003. [Seiten 2, 3, 135]

[Dow08] J. Stephen Downie: *The Music Information Retrieval Evaluation Exchange (2005 and 2007): A Window into Music Information Retrieval Research.*

In Acoustical Science and Technology, Band 9(4), Seiten 247–255, 2008. [Seiten 4, 29]

[Dow09] J Stephen Downie, Donald Byrd und Tim Crawford: *Ten Years of ISMIR: Reflections on Challenges and Opportunities.* In *ISMIR, 10th International Society for Music Information Retrieval Conference*, Seiten 13–18, Kobe, Japan, 2009. [Seite 3]

[Duc14] Frank Duckhorn: *Suchraumoptimierung mit gewichteten endlichen Automaten in der akustischen Mustererkennung.* Doktorarbeit, TU Dresden, Professur für Systemtheorie und Sprachtechnologie, 2014. [Seite 80]

[Dux02] Chris Duxbury, Mark Sandler und Mike Davies: *A Hybrid Approach to Musical Note Onset Detection.* In *DAFx-02, 5th Int. Conference on Digital Audio Effects*, Seiten 33–38, 2002. [Seiten 28, 31, 36]

[Eck07] Douglas Eck, Paul Lamere, Thierry Bertin-Mahieux und Stephen Green: *Automatic Generation of Social Tags for Music Recommendation.* In *Advances in Neural Information Processing Systems*, Seiten 385–392, 2007. [Seite 12]

[Ell04] Daniel P.W. Ellis und John Arroyo: *Eigenrhythms: Drum Pattern Basis Sets for Classification and Generation.* In *ISMIR, 5th International Society for Music Information Retrieval Conference*, Seiten 554–559, Barcelona, Spanien, 2004. [Seite 85]

[Ell07a] Daniel P.W. Ellis: *Beat Tracking by Dynamic Programming.* In Journal of New Music Research, Band 36, Seiten 51–60, 2007. [Seiten 12, 54]

[Ell07b] Daniel P.W. Ellis und Graham E. Poliner: *Identifying 'Cover Songs' with Chroma Features and Dynamic Programming Beat Tracking.* In *ICASSP, Proceedings IEEE International Conference on Acoustics, Speech, and Signal Processing*, Band 4, Seiten 1429–1432, Honolulu (Hawaii), USA, 2007. [Seite 14]

[Eyb10] Florian Eyben, Sebastian Böck, Björn Schuller und Alex Graves: *Universal Onset Detection with Bidirectional Long Short-Term Memory Neural Networks.* In *ISMIR, 11th International Society for Music Information Retrieval Conference*, Seiten 589–594, Utrecht, Niederlande, 2010. [Seiten 29, 31]

[Fit03] Derry Fitzgerald, Bob Lawlor und Eugene Coyle: *Prior Subspace Analysis for Drum Transcription.* In *AES, Proceedings of the Audio Engineering Society 114th Convention*, 2003. [Seite 82]

[Fit04] Derry FitzGerald: *Automatic Drum Transcription and Source Separation.* Doktorarbeit, Dublin Institute of Technology, 2004. [Seite 82]

[Fit06] Derry FitzGerald und Jouni Paulus: *Unpitched Percussion Transcription.* In Anssi Klapuri und Manuel Davy (Herausgeber): *Signal Processing Methods for Music Transcription*, Seiten 131–162. Springer US, 2006. [Seiten 76, 77, 81, 85]

[Fle98] Neville H. Fletcher und Thomas D. Rossing: *The Physics of Musical Instruments.* Springer, 1998. [Seite 77]

[Foo01] Jonathan Foote und Shingo Uchihashi: *The Beat Spectrum: A New Approach to Rhythm Analysis.* In *ICME, IEEE International Conference on Multimedia and Expo*, Seiten 881–884, 2001. [Seiten 53, 54]

[Fra82] Paul Fraisse: *Rhythm and Tempo*, Kapitel The Psychology of Music. New York: Academic Press, 1982. [Seite 15]

[Fre06] Adrian Freed: *Music MetaData Quality: A Multiyear Case Study Using the Music of Skip James.* In *AES, Proceedings of the Audio Engineering Society 121th Convention*, San Francisco, CA, 2006. [Seite 8]

[Fri02] Anders Friberg: *Swing Ratios and Ensemble Timing in Jazz Performance : Evidence for a Common Rhythmic Pattern.* In Music Perception, Band 19(3), Seiten 333–349, 2002. [Seite 16]

[Fu11] Zhouyu Fu, Guojun Lu, Kai Ming Ting und Dengsheng Zhang: *A survey of Audio-Based Music Classification and Annotation.* In IEEE Transactions on Multimedia, Band 13(2), Seiten 303 – 319, 2011. [Seiten 11, 12, 15]

[Fuh09] Ferdinand Fuhrmann, Martín Haro und Perfecto Herrera: *Scalability, Generality and Temporal Aspects in Automatic Recognition of Predominant Musical Instruments in Polyphonic Music.* In *ISMIR, 10th International Society for Music Information Retrieval Conference*, Seiten 321–326, Kobe, Japan, 2009. [Seite 12]

[Ghi95] Asif Ghias, Jonathan Logan, David Chamberlin und Brian C. Smith: *Query by Humming: Musical Information Retrieval in an Audio Database.* In *Proceedings of the third ACM international Conference on Multimedia*, MULTIMEDIA '95, Seiten 231–236, New York, NY, USA, 1995. [Seite 14]

[Gia13] Dimitrios Giannoulis und Anssi Klapuri: *Musical Instrument Recognition in Polyphonic Audio Using Missing Feature Approach.* In IEEE Transactions on Audio, Speech, and Language Processing, Band 21(9), Seiten 1805–1817, 2013. [Seite 12]

[Gil03] Olivier Gillet und Gaël Richard: *Automatic Labelling of Tabla Signals.* In *ISMIR, 4th International Society for Music Information Retrieval Conference*, Baltimore (Maryland), USA, 2003. [Seiten 83, 84]

[Gil04] Olivier Gillet und Gaël Richard: *Automatic Transcription of Drum Loops.* In *ICASSP, Proceedings IEEE International Conference on Acoustics, Speech, and Signal Processing*, Band 4, Seiten 269–272, Montreal, Kanada, 2004. [Seiten 82, 83, 84, 86]

[Gil05a] Olivier Gillet und Gaël Richard: *Indexing and Querying Drum Loops Databases.* In *CBMI, Proceedings of International Workshop on Content Based on Multimedia and Indexing*, Riga, Lettland, 2005. [Seite 75]

[Gil05b] Olivier Gillet und Gaël Richard: *Drum Loops Retrieval from Spoken Queries.* In Journal of Intelligent Information Systems, Band 24, Seiten 159–177, 2005. [Seite 75]

[Gil06] Olivier Gillet und Gaël Richard: *ENST-Drums: an Extensive Audio-Visual Database for Drum Signals Processing.* In *ISMIR, 7th International Society for Music Information Retrieval Conference*, Seiten 156–159, Victoria, Kanada, 2006. [Seiten 84, 86, 90]

[Gil07] Olivier Gillet und Gaël Richard: *Supervised and Unsupervised Sequence Modelling for Drum Transcription.* In *ISMIR, 8th International Society for Music Information Retrieval Conference*, Seiten 219–224, Wien, Österreich, 2007. [Seiten 83, 84, 85]

[Gil08] Olivier Gillet und Gaël Richard: *Transcription and Separation of Drum Signals From Polyphonic Music.* In IEEE Transactions on Audio, Speech, and Language Processing, Band 16(3), Seiten 529–540, 2008. [Seiten 82, 83, 84, 91]

[Gki12] Aggelos Gkiokas, Vassilis Katsouros, George Carayannis und Themos Stafylakis: *Music Tempo Estimation and Beat Tracking by Appliying Source Separation and Metrical Relations.* In *ICASSP, Proceedings IEEE International Conference on Acoustics, Speech, and Signal Processing*, Seiten 421–424, Kyoto, Japan, 2012. [Seite 54]

[Goo01] Michael Good: *MusicXML: An Internet-Friendly Format for Sheet Music.* In *Proceedings of the XML 2001 Conference*, Orlando, USA, 2001. [Seiten 6, 7]

[Gou01] F. Gouyon und P. Herrera: *Exploration of Techniques for Automatic Labeling of Audio Drum Tracks Instruments.* In *Proceedings of MOSART Workshop on Current Research Directions in Computer Music*, 2001. [Seite 82]

[Gou02] Fabien Gouyon, Perfecto Herrera und Pedro Cano: *Pulse-Dependent Analyses of Percussive Music.* In *AES, 22nd International Conference on Virtual, Synthetic and Entertainment Audio*, 2002. [Seiten 12, 18, 55, 56, 57, 59, 60, 63]

[Gou04a] Fabien Gouyon und Simon Dixon: *Dance Music Classification: A Tempo-Based Approach.* In *ISMIR, 5th International Society for Music Information Retrieval Conference*, Seiten 501–504, Barcelona, Spanien, 2004. [Seite 65]

[Gou04b] Fabien Gouyon, Simon Dixon, Elias Pampalk und Gerhard Widmer: *Evaluating Rhythmic Descriptors for Musical Genre Classification.* In *AES, 25th International Conference*, London, UK, 2004. [Seiten 54, 57, 58, 63, 65, 72]

[Gou05] Fabien Gouyon: *A Computational Approach to Rhythm Description: Audio Features for the Computation of Rhythm Periodicity Functions and their use in Tempo Induction and Music Content Processing.* Doktorarbeit, Department of Technology of the University Pompeu Fabra, 2005. [Seiten 12, 15]

[Gou06] Fabien Gouyon, Anssi P. Klapuri, Simon Dixon, Miguel Alonso, George Tzanetakis, Christian Uhle und Pedro Cano: *An Experimental Comparison of Audio Tempo Induction Algorithms.* In *IEEE Transactions on Speech and Audio Processing*, Band 14, Seiten 1832—-1844, 2006. [Seiten 12, 30, 32, 54, 69]

[Gro10] Peter Grosche, Meinard Müller und Craig Stuart Sapp: *What Makes Beat Tracking Difficult? A Case Study on Chopin Mazurkas.* In *ISMIR, 11th International Society for Music Information Retrieval Conference*, Seiten 649–654, Utrecht, Niederlande, 2010. [Seite 54]

[Gro12a] Peter Grosche, Bjorn Schuller, Meinard Müller und Gerhard Rigoll: *Automatic Transcription of Recorded Music.* In Acta Acustica united with Acustica, Band 98(2), Seiten 199–215, 2012. [Seite 12]

[Gro12b] Peter Matthias Grosche: *Signal Processing Methods for Beat Tracking, Music Segmentation, and Audio Retrieval.* Doktorarbeit, Saarländische Universitäts- und Landesbibliothek, Postfach 151141, 66041 Saarbrücken, 2012. [Seiten 12, 15, 26, 54]

[Gru09] Matthias Gruhne, Christian Dittmar und Daniel Gärtner: *Improving Rhythmic Similarity Computation by Beat Histogramm Transformations.* In *ISMIR, 10th International Society for Music Information Retrieval Conference*, Seiten 177–182, Kobe, Japan, 2009. [Seiten 38, 39, 54, 57, 58, 65, 66, 73]

[Hai03] Stephen Webley Hainsworth: *Techniques for the Automated Analysis of Musical Audio.* Doktorarbeit, Cambridge, 2003. [Seite 32]

[Ham07] Allan Hamish, Daniel Müllensiefen und Geraint Wiggins: *Methodological Considerations in Studies of Musical Similarity.* In *ISMIR, 8th International Society for Music Information Retrieval Conference*, Seiten 473–478, Wien, Österreich, 2007. [Seite 13]

[HE02] Ludger Hofmann-Engl: *Rhythmic Similarity: A Theoretical and Empirical Approach.* In *Proceedings of the Seventh International Conference on Music Perception and Cognition*, Seiten 564–567, 2002. [Seite 13]

[Hir59] Ira J. Hirsh: *Auditory Perception of Temporal Order.* In The Journal of the Acoustical Society of America, Band 31(6), Seiten 759–767, 1959. [Seite 16]

[Hir09] Daniel Hirst: *The Rhythm of Text and the Rhythm of Utterances: from Metrics to Models.* In *Interspeech, 10th Annual Conference of the International Speech Communication Association*, Seiten 1519–1522, Brighton, UK, 2009. [Seiten 19, 51]

[Hof98] Rüdiger Hoffmann: *Signalanalyse und -erkennung.* Springer-Verlag Berlin Heidelberg, 1998. [Seiten 6, 27]

[Hof07] Rüdiger Hoffmann, Matthias Eichner und Matthias Wolff: *Analysis of Verbal and Nonverbal Acoustic Signals with the Dresden UASR System.* In Anna Esposito, Marcos Faundez-Zanuy, Eric Keller und Maria Marinaro (Herausgeber): *Verbal and Nonverbal Communication Behaviours. COST Action 2102 International Workshop, Vietri sul Mare*, Band 4775 der Reihe *Lecture Notes in Artificial Intelligence*, Seiten 200–218. Springer-Verlag, 2007. [Seiten 18, 77]

[Hol08] Andre Holzapfel und Y. Stylianou: *Rhythmic Similarity of Music based on Dynamic Periodicity Warping.* In *ICASSP, Proceedings IEEE International Conference on Acoustics, Speech, and Signal Processing*, Seiten 2217–2220, Las Vegas (Nevada), USA, 2008. [Seite 54]

[Hol12] Andre Holzapfel, Matthew E.P. Davies, Jose R. Zapata, Joao L. Oliveira und Fabien Gouyon: *On the Automatic Identification of Difficult Examples for Beat Tracking: Towards Building New Evaluation Datasets.* In *ICASSP, Proceedings IEEE International Conference on Acoustics, Speech, and Signal Processing*, Seiten 89–92, Kyoto, Japan, 2012. [Seite 32]

[Hos05] Toru Hosoya, Motoyuki Suzuki, Akinori Ito und Shozo Makino: *Lyrics Recognition from a Singing Voice Based on Finite State Automaton for Music Information Retrieval.* In *ISMIR, 6th International Society for Music Information Retrieval Conference*, Seiten 532–535, London, UK, 2005. [Seite 12]

[Hüb11a] Stephan Hübler und Rüdiger Hoffmann: *Comparing the Rhythmical Characteristics of Speech and Music — Theoretical and Practical Issues.* In Anna Esposito, Amir Hussain, Marcos Faundez Zanuy und Anton Nijholt (Herausgeber): *Toward Autonomous, Adaptive, and Context-Aware Multimodal Interfaces: Theoretical and Practical Issues*, Band 6456 der Reihe *Lecture Notes in Computer Science (LNCS)*, Seiten 376–386. Springer-Verlag, Berlin, 2011. [Seite 19]

[Hüb11b] Stephan Hübler und Rüdiger Hoffmann: *Evaluation of Onset Detection Algorithms in Popular Polyphonic Music on a Large Scale Database.* In *AES, Proceedings of the Audio Engineering Society 130th Convention*, London, UK, 2011. [Seite 112]

[Hüb12] Stephan Hübler und Rüdiger Hoffmann: *A Study on the Metrical Structure of Music with Similarity Experiments.* In *Speech Prosody, 6th International Conference*, Seiten 506–509, Shanghai, China, 2012. [Seite 112]

[Hüb13] Stephan Hübler und Rüdiger Hoffmann: *Modelling Drum Patterns with Weighted Finite-State Transducers.* In *ICASSP, Proceedings IEEE International Conference on Acoustics, Speech, and Signal Processing*, Seiten 719–723, Vancouver, Kanada, 2013. [Seite 112]

[Hüb14] Stephan Hübler, Johannes Völkner und Rüdiger Hoffmann: *Transkription von Schlagzeugaufnahmen unter Verwendung des UASR-Systems.* In Rüdiger Hoffmann (Herausgeber): *ESSV, Elektronische Sprachsignalverarbeitung. Tagungsband der 25. Konferenz, Dresden, 26. – 28. 3.*, Band 71 der Reihe *Studientexte zur Sprachkommunikation*, Seiten 256–263, Dresden, Deutschland, 2014. TUDPress. [Seite 112]

[Hur99] David Huron: *Music Research Using Humdrum: A User's Guide.* Stanford, California: Center for Computer Assisted Research in the Humanities, 1999. [Seite 2]

[Jan93] Peter M. Janker: *Sprechrhythmus, Silbe, Ereignis? Eine experimentalphonetische Untersuchung zu den psychoakustisch relevanten Parametern zur rhythmischen Gliederung sprechsprachlicher Äußerungen.* Doktorarbeit, Universität München, 1993. [Seiten 51, 73]

[Jeh05] Tristan Jehan: *Creating Music by Listening.* Doktorarbeit, Massachusetts Institute of Technology, 2005. [Seite 12]

[Jod13] Cyril Joder und Björn Schuller: *OFF-Line Refinement of Audio-to-Score Alignment by Observation Template Adaption.* In *ICASSP, Proceedings IEEE International Conference on Acoustics, Speech, and Signal Processing*, Seiten 206–210, Vancouver, Kanada, 2013. [Seite 12]

[Kü04] Marco Kühne, Matthias Wolff, Matthias Eichner und Rüdiger Hoffmann: *Voice Activation Using Prosodic Features.* In *Interspeech, 8th International Conference on Spoken Language Processing*, Seiten 3001–3004, Jeju, Korea, 2004. [Seite 20]

[Kam12] Marius Kaminskas und Francesco Ricci: *Contextual Music Information Retrieval and Recommendation: State of the Art and Challenges.* In Computer Science Review, Band 6(2–3), Seiten 89–119, 2012. [Seite 13]

[Kas66] Michael Kassler: *Toward Music Information Retrieval.* In Perspectives of New Music, Band 4(2), Seiten 59–67, 1966. [Seite 3]

[Kel03] Eric Keller und B Zellner Keller: *How Much Prosody Can You Learn from Twenty Utterances.* In Linguistik online, Band 17(5/03), Seite 58, 2003. [Seite 20]

[Kel05] Eric Keller: *A Phonetician's View of Signal Generation for Speech Synthesis.* In Robert Vich (Herausgeber): *Electronic Speech Signal Processing, 16th Conference, Prague*, Band 36 der Reihe *Studientexte zur Sprachkommunikation*, Seiten 13–20. TUDpress, Dresden, Deutschland, 2005. [Seiten 19, 20, 51]

[Kel07] Eric Keller: *Beats for Individual Timing Variation.* In A. Esposito, M. Bratanic, E. Keller und M. Marinaro (Herausgeber): *The Fundamentals of Verbal and Non-verbal Communication and the Biometric Issue*, Seiten 115–128. IOS Press, Amsterdam, Niederlande, 2007. [Seiten 19, 20, 51]

[Kia11] ML Mat Kiah, BB Zaidan, AA Zaidan, A Mohammed Ahmed und Sameer Hasan Al-bakri: *A Review of Audio Based Steganography and Digital Watermarking.* In International Journal of Physical Sciences, Band 6(16), Seiten 3837–3850, 2011. [Seiten 13, 14]

[Kim06] Hyoung-Gook Kim, Nicolas Moreau und Thomas Sikora: *MPEG-7 Audio and Beyond : Audio Content Indexing and Retrieval.* Wiley, 2006. [Seiten 37, 38]

[Kim10] Youngmoo E. Kim, Erik M. Schmidt, Raymond Migneco, Brandon G. Morton, Patrick Richardson, Jeffrey Scott, Jacquelin A. Speck und Douglas Turnbull: *State of the Art Report: Music Emotion Recognition: A State of the Art Review.* In *ISMIR, 11th International Society for Music Information Retrieval Conference*, Seiten 255–266, Utrecht, Niederlande, 2010. [Seite 12]

[Kir09] Alexis Kirke und Eduardo Reck Miranda: *A Survey of Computer Systems for Expressive Music Performance.* In ACM Computing Surveys, Band 42(1), Seiten 3:1–3:41, 2009. [Seite 12]

[Kir11] Holger Kirchhoff und Alexander Lerch: *Evaluation of Features for Audio-to-Audio Alignment.* In Journal of New Music Research, Band 40(1), Seiten 27–41, 2011. [Seite 12]

[Kla99] Anssi Klapuri: *Sound Onset Detection by Appliying Psychoacoustic Knowledge.* In *ICASSP, Proceedings IEEE International Conference on Acoustics, Speech, and Signal Processing*, Band 6, Seiten 3089–3092, Phoenix (Arizona), USA, 1999. [Seiten 28, 31, 83]

[Kla06a] Anssi Klapuri und Manuel Davy (Herausgeber): *Signal Processing - Methods for Music Transcription.* Springer Science + Business Media LLC, 2006. [Seiten 12, 64]

[Kla06b] Anssi P. Klapuri, Antti J. Eronen und Jaako T. Astola: *Analysis of the Meter of Acoustic Musical Signals.* In IEEE Transactions on Audio, Speech and Language Processing, Band 14(1), Seiten 342–355, 2006. [Seiten 12, 18, 54, 55, 56, 87, 109]

[Kom97] Ralf Kompe: *Prosody in Speech Understanding Systems*, Band 1307 der Reihe *Lecture Notes in Computer Science.* Springer, 1997. [Seite 20]

[Kon10] Yuki Konishi und Masanobu Miura: *Estimating Musical Score and Proficiency at Playing Drums.* In *ICA 2010, Proceedings of 20th International Congress on Acoustics*, Sydney, Australien, 2010. [Seite 75]

[Kot08] Bojan Kotnik, Pierre Sendorek, Sergey Astrov, Turgay Koc, Tolga Ciloglu, Laura Docío Fernández, Eduardo Rodríguez Banga, Harald Höge und Zdravko Kacic: *Evaluation of Voice Activity and Voicing Detection.* In *Interspeech, 9th Annual Conference of the International Speech Communication Association*, Seiten 1642–1645, Brisbane, Australien, 2008. [Seite 51]

[Kot12] Alexios Kotsifakos, Panagiotis Papapetrou, Jaakko Hollmén, Dimitrios Gunopulos und Vassilis Athitsos: *A Survey of Query-by-Humming Similarity Methods.* In *Proceedings of the 5th International Conference on Pervasive Technologies Related to Assistive Environments*, Seiten 5:1–5:4, Heraklion, Kreta, Griechenland, 2012. [Seite 14]

[KP13] Maximos A Kaliakatsos-Papakostas, Andreas Floros und Michael N Vrahatis: *evoDrummer: deriving rhythmic patterns through interactive genetic algorithms.* In *Evolutionary and Biologically Inspired Music, Sound, Art and Design*, Seiten 25–36. Springer, 2013. [Seite 75]

[Kri04] A.G Krishna und T.V. Sreenivas: *Music Instrument Recognition: From Isolated Notes to Solo Phrases.* In *ICASSP, Proceedings IEEE International Conference on Acoustics, Speech, and Signal Processing*, Seiten 265–268, Montreal, Kanada, 2004. [Seite 19]

[Lac06] Alexandre Lacoste und Douglasm Eck: *A Supervised Classification Algorithm for Note Onset Detection.* In EURASIP Journal on Advances in Signal Processing, Band 2007, Seiten 153–176, 2006. [Seiten 29, 31]

[Lam08] Paul Lamere: *Social Tagging and Music Information Retrieval.* In Journal of New Music Research, Band 37(2), Seiten 101–114, 2008. [Seite 13]

[Lar07] Olivier Lartillot und Petri Toiviainen: *MIR in Matlab (II): A Toolbox for Musical Feature Extraction from Audio.* In *ISMIR, 8th International Society for Music Information Retrieval Conference*, Seiten 127–130, Wien, Österreich, 2007. [Seite 36]

[Las14] Last.fm: *Tags Message in a Bottle.* `http://www.lastfm.de/music/The+Police/_/Message+in+a+Bottle/+tags`, 2014. [Online; abgerufen 19.03.2014]. [Seite 10]

[Lee08] Kyogu Lee und Malcolm Slaney: *Acoustic Chord Transcription and Key Extraction From Audio Using Key-Dependent HMMs Trained on Synthesized Audio.* In IEEE Transactions on Audio, Speech, and Language Processing, Band 16(2), Seiten 291–301, 2008. [Seite 12]

[Leh77] Ilse Lehiste: *Isochrony Reconsidered.* In Journal of Phonetics, Band 5, Seiten 253–263, 1977. [Seiten 19, 73]

[Ler83] Fred Lerdahl und Ray Jackendoff: *The Generative Theory of Tonal Music.* MIT Press, 1983. [Seiten 15, 16, 17, 18, 85]

[Lev04] Pierre Leveau, Laurent Daudet und Gael Richard: *Methodology and Tools for the Evaluation of Automatic Onset Detection Algorithms in Music.* In *ISMIR, 5th International Society for Music Information Retrieval Conference*, Seiten 72–75, Barcelona, Spanien, 2004. [Seiten 29, 30, 33]

[Lev08] Daniel Levitin: *This is Your Brain on Music - Understanding a Human Obsession.* Atlantic Books, 2008. [Seite 15]

[Lev11] Florence Levé, Richard Groult, Guillaume Arnaud, cyril Séguin, Rémi Gaymay und Mathieu Giraud: *Rhythm Extraction from Polyphonic Symbolic Music.* In *ISMIR, 12th International Society for Music Information Retrieval Conference*, Seiten 375–380, Miami (Florida), USA, 2011. [Seite 86]

[Lid07] Thomas Lidy, Andreas Rauber, Antonio Pertusa und Jose Manuel Inesta: *Improving Genre Classification by Combination of Audio and Symbolic*

Descriptors using a Transcription System. In *ISMIR, 8th International Society for Music Information Retrieval Conference*, Seiten 61– 66, Wien, Österreich, 2007. [Seiten 57, 58]

[Liu03] Ruolun Liu, Niall Griffth, Jaqueline Walker und Peter Murphy: *Time Domain Note Average Energy Based Music Onset Detection.* In *Proceedings of the Stockholm Music Acoustics Conference*, Band 2003, Seiten 7–10, 2003. [Seiten 28, 31]

[Lon04] Justin London: *Hearing in Time – Psychological Aspects of Musical Meter.* Oxford University Press, 2004. [Seiten 16, 17, 18, 59]

[Lon10] Justin London: *Grove Music Online: Rhythm.* http://www.grovemusic.com, 2010. [Online, abgerufen 05.06.2010]. [Seite 15]

[Mü08] Meinhard Müller und Daniel Appelt: *Partielle Musiksynchronisation.* In *DAGA - Fortschritte der Akustik*, Band 34, Seiten 559–560, Dresden, Deutschland, 2008. [Seite 12]

[Mü10] Meinhard Müller: *Neue Entwicklungen im Bereich des Music Information Retrieval.* In *Sprachkommunikation 2010 - 9. ITG-Fachtagung*, Bochum, Deutschland, 2010. [Seite 3]

[Mag07] Magix: *Samplitude 9.0 Professional.* `www.samplitude.com`, 2007. [Computer Software]. [Seite 8]

[Mag08] Terence Magno und Carl Sable: *A Comparison of Signal-Based Music Recommendation to Genre Labels, Collaborative Filtering, Musicological Analysis, Human Recommendation and Random Baseline.* In *ISMIR, 9th International Society for Music Information Retrieval Conference*, Seiten 161–166, Philadelphia, USA, 2008. [Seiten 2, 13, 62]

[Mas96] Paul Masri: *Computer Modeling of Sound for Transformation and Synthesis of Musical Signals.* Doktorarbeit, University of Bristol, U.K., 1996. [Seiten 28, 36, 37]

[Mau08] Matthias Mauch, Daniel Müllensiefen, Simon Dixon und Geraint Wiggins: *Can Statistical Language Models be Used for the Analysis of Harmonic Progressions?* In *Proceedings of the 10th International Conference on Music Perception and Cognition*, Sapporo, Japan, 2008. [Seiten 85, 102]

[Mau10] Matthias Mauch und Simon Dixon: *Simultaneous Estimation of Chords and Musical Context From Audio.* In IEEE Transactions on Audio, Speech, and Language Processing, Band 18(6), Seiten 1280–1289, 2010. [Seite 12]

[Mau12] Matthias Mauch und Simon Dixon: *A Corpus-Based Study of Rhythm Patterns.* In *ISMIR, 13th International Society of Music Information Retrieval Conference*, Seiten 163–168, Porto, Portugal, 2012. [Seiten 12, 86]

[McK04] Cori McKay: *Automatic Genre Classification of MIDI Recordings.* Master Thesis, McGill University, Montreal, 2004. [Seite 12]

[McK06] Cori McKay und Ichiro Fujinaga: *Musical Genre Classification: Is It Worth Pursuing and How Can It Be Improved?* In *ISMIR, 7th International Society for Music Information Retrieval Conference*, Victoria, Kanada, 2006. [Seite 9]

[McK07] Martin F. McKinney, D. Moelants, Matthew E.P. Davies und Anssi Klapuri: *Evaluation of Audio Beat Tracking and Music Tempo Extraction Algorithms.* In Journal of New Music Research, Band 36(1), Seiten 1–16, 2007. [Seiten 26, 54]

[MID96] MIDI: *The Complete MIDI 1.0 Detailed Specification.* The MIDI Manufacturers Association, Los Angeles, 1996. Document Version 96.1. [Seite 7]

[Mid13] Midiart: *Midiart Datenbank.* `www.midi.de`, 2013. [Online; abgerufen 02. August 2013]. [Seiten 87, 128]

[Mir13] Marius Miron, Matthew E.P. Davies und Fabien Gouyon: *An Open-Source Drum Transcription System for Pure Data and Max MSP.* In *ICASSP, Proceedings IEEE International Conference on Acoustics, Speech, and Signal Processing*, Seiten 221–224, Vancouver, Kanada, 2013. [Seite 86]

[Moh08] Mehryar Mohri, Fernando Pereira und Michael Riley: *Springer Handbook of Speech Prosessing*, Kapitel Speech Recognition with Weighted Finite-State Transducers, Seiten 559–583. Springer, 2008. [Seiten 77, 102]

[Moh10a] Mehryar Mohri: *Weighted Automata Algorithms.* In Manfred Droste, Werner Kuich und Heiko Vogler (Herausgeber): *Handbook of Weighted Automata*, Kapitel 6, Seiten 213–250. Springer-Verlag Berlin Heidelberg, 2010. [Seiten 77, 80]

[Moh10b] Mehryar Mohri, Pedro J. Moreno und Weinstein Eugene: *Efficient and Robust Music identification with Weighted Finite-State Transducers.* In IEEE Transactions on Audio, Speech and Language Processing, Band 18(1), Seiten 197 – 207, 2010. [Seite 102]

[Moo03] Brian C. J. Moore: *An Introduction to the Psychology of Hearing, Fifth Edition.* Academic Press, 2003. [Seite 16]

[Mül12] Meinard Müller, Masataka Goto und Markus Schedl (Herausgeber): *Multimodal Music Processing*, Band 3 der Reihe *Dagstuhl Follow-Ups.* Schloss Dagstuhl - Leibniz-Zentrum für Informatik, Deutschland, 2012. [Seite 12]

[Mus06] Hans Georg Musmann: *Genesis of the MP3 Audio Coding Standard.* In IEEE Transactions on Consumer Electronics, Band 52(3), Seiten 1043–1049, 2006. [Seite 2]

[Mus12] Bundesverband Musikindustrie: *Musikindustrie in Zahlen 2012*, 2012. [Online; abgerufen 01. Juli 2013]. [Seite 1]

[Mus13] Musicnotes: *Notenblatt Message in a Bottle.* `http://www.musicnotes.com`, 2013. [Erworben am 27.06.2013]. [Seite 7]

[Mus14] Musicbrainz: *Metadaten Message in a Bottle.* `http://musicbrainz.org/recording/b9264011-47c5-4603-b840-7c27b0ccb2b9`, 2014. [Online; abgerufen 19. März 2014]. [Seite 9]

[Ney12] Leon Neyfakh: *When Computers listen to music, what do they hear?* `http://www.boston.com/2012/07/06/music/hzdqdfgsIgEPiWPRe66U8J/story.html`, 2012. [Online; abgerufen 01. Juli 2013]. [Seite 2]

[NkM10] *Spiegelbild der Sprache - Neurokognition von Musik.* `http://www.cbs.mpg.de/\institute/foci/mirror`, 2010. [Online, abgerufen 01.06.2010]. [Seite 19]

[Nov11] Alberto Novello, Martin M.F. McKinney und Armin Kohlrausch: *Perceptual Evaluation of Inter-song Similarity in Western Popular Music.* In Journal of New Music Research, Band 40(1), Seiten 1–26, 2011. [Seite 13]

[Par94] Richard Parncutt: *A Perceptual Model of Pulse Salience and Metrical Accent in Musical Rhythms.* In Music Perception, Band 11, Seiten 409–464, 1994. [Seite 87]

[Par06] Olli Parviainen: *Audio-Zeit- und Pitch-Skalierung.* In Software Developer's Journal Extra, Band 4(10), Seiten 74–80, 2006. [Seite 26]

[Pat03a] D Aniruddh Patel: *Language, Music, Syntax and the Brain.* In Nature Neuroscience, Band 6(7), Seiten 674–681, 2003. [Seite 19]

[Pat03b] D Aniruddh Patel: *Rhythm in Language and Music.* In Annals of the New York Academy of Sciences, Band 999(1), Seiten 140–143, 2003. [Seite 18]

[Pau02] Jouni Paulus und Anssi Klapuri: *Measuring the Similarity of Rhythmic Patterns.* In *ISMIR, 3rd International Society for Music Information Retrieval Conference*, Seiten 150–156, Paris, Frankreich, 2002. [Seite 85]

[Pau03] Jouni K. Paulus und Anssi P. Klapuri: *Conventional and Periodic N-Grams in the Transcription of Drum Sequences.* In *ICME, IEEE International Conference on Multimedia and Expo*, Baltimore, USA, 2003. [Seiten 82, 83, 84, 85, 86]

[Pau04] Steffen Pauws: *Musical Key Extraction from Audio.* In *ISMIR, 5th International Society for Music Information Retrieval Conference*, Barcelona, Spanien, 2004. [Seite 12]

[Pau05] Jouni Paulus und Tuomas Virtanen: *Drum Transcription with Non-Negative Spectrogram Factorisation.* In *EUSIPCO, Proceedings of the 13th European Signal Processing Conference (EUSIPCO)*, Seite 4, 2005. [Seite 82]

[Pau06] Jouni Paulus: *Acoustic Modelling of Drum Sounds with Hidden Markov Models for Music Transcription.* In *ICASSP, Proceedings IEEE International Conference on Acoustics, Speech, and Signal Processing*, Band 5, Seiten 241–244, Prag, Tschechien, 2006. [Seiten 83, 84]

[Pau07] Jouni Paulus und Anssi Klapuri: *Combining Temporal and Spectral Features in HMM-Based Drum Transcription.* In *ISMIR, 8th International Society for Music Information Retrieval Conference*, Seiten 225–228, Wien, Österreich, 2007. [Seiten 83, 84]

[Pau09a] Jouni Paulus: *Signal Processing Methods for Drum Transcription and Music Structure Analysis.* Doktorarbeit, Tampere University of Technology, 2009. [Seiten 75, 81, 109]

[Pau09b] Jouni Paulus und Anssi Klapuri: *Drum Sound Detection in Polyphonic Music with Hidden Markov Models.* In EURASIP Journal on Advances in Signal Processing, 2009. [Seiten 82, 83, 84, 91, 92, 96, 100]

[Pau10] Jouni Paulus, Meinhard Müller und Anssi Klapuri: *Audio-Based Music Structure Analysis.* In *ISMIR, 11th International Society for Music Information Retrieval Conference*, Seiten 625–636, Utrecht, Niederlande, 2010. [Seite 12]

[Pee05] Geoffroy Peeters: *Rhythm Classification Using Spectral Rhythm Patterns.* In *ISMIR, 6th International Society for Music Information Retrieval Conference*, Seiten 644–647, London, UK, 2005. [Seite 85]

[Pee07] G. Peeters: *Template-Based Estimation of Time-Varying Tempo.* In EURASIP Journal on Advances in Signal Processing, Band 1, Seite 14, 2007. [Seite 58]

[Pee11] Geoffroy Peeters: *Spectral and Temporal Periodicity Representations of Rhythm for the Automatic Classifcation of Music Audio Signal.* In IEEE Transactions on Audio, Speech and Language Processing, Band 19, Seiten 1242 –1252, 2011. [Seiten 15, 53, 57, 58, 66]

[Pfl06] Martin Pfleiderer: *Rhythmus - Psychologische, theoretische und stilanalytische Aspekte populärer Musik.* transcript Verlag Bielefeld, 2006. [Seite 15]

[Poh09] Tim Pohle, Dominik Schnitzer, Markus Schedl, Peter Knees und Gerhard Widmer: *On Rhythm and General Music Similarity.* In *ISMIR, 10th International Society for Music Information Retrieval Conference*, Seiten 525–530, Kobe, Japan, 2009. [Seiten 13, 14]

[Pol07] Graham E. Poliner, Daniel P.W. Ellis, Andreas F. Ehmann, Emilia Gomez, Sebastian Streich und Beesuan Ong: *Melody Transcription From Music Audio: Approaches and Evaluation.* In IEEE Transactions on Audio, Speech, and Language Processing, Band 15(4), Seiten 1247–1256, 2007. [Seite 12]

[Por03] Robert F Port: *Meter and Speech.* In Journal of Phonetics, Band 31(3), Seiten 599–611, 2003. [Seiten 20, 73]

[Rav07] Emmanuel Ravelli, Juan Pablo Bello und Mark Sandler: *Automatic Rhythm Modification of Drum Loops.* In Signal Processing Letters, IEEE, Band 14(4), Seiten 228–231, 2007. [Seite 75]

[Rav10] Suman Ravuri und Daniel P.W. Ellis: *Cover song detection: From high scores to general classification.* In *ICASSP, Proceedings IEEE International Conference on Acoustics, Speech, and Signal Processing*, Seiten 65–68, Dallas (Texas), USA, 2010. [Seite 14]

[Reb12] Patrick Rebuschat, Martin Rohrmeier, John A. Hawkins und Ian Cross (Herausgeber): *Language and Music as Cognitive Systems.* Ox, 2012. [Seite 18]

[Ree09] Jeremy Reed und Chin-Hui Lee: *On the Importance of Modeling Temporal Information in Music Tag Annotation.* In *ICASSP, Proceedings IEEE International Conference on Acoustics, Speech, and Signal Processing*, Seiten 1873–1876, Taipei, Taiwan, 2009. [Seiten 11, 12, 102]

[Rep96] Bruno. H Repp: *Patterns of Note Onset Asynchronies in Expressive Piano Performance.* In Journal of Acoustic Society of America, Band 100(6), Seiten 3917–3932, 1996. [Seite 25]

[Rob07] Andrew Robertson und Mark D. Plumbley: *B-Keeper: A Beat-Tracker for Live Performance.* In *NIME, Proceedings of the 2007 Conference on New Interfaces for Musical Expression*, Seiten 234–237, New York, USA, 2007. [Seiten 18, 26, 54]

[Röb09a] A Röbel: *Onset Detection by Means of Transient Peak Classification in Harmonic Bands.* In *MIREX, 5th Music Information Retrieval Evaluation eXchange*, Seite 2, 2009. [Seite 29]

[Rob09b] Matthias Robine, Pierre Hanna und Mathieu Lagrange: *Meter Class Profiles for Music Similarity and Retrieval.* In *ISMIR, 10th International Society for Music Information Retrieval Conference*, Seiten 639–644, Kobe, Japan, 2009. [Seiten 12, 54]

[Rod01] Xavier Rodet und Florent Jaillet: *Detection and Modeling of Fast Attack Transients.* In *ICMC, Proceedings International Computer Music Conference*, Seiten 30–33, 2001. [Seiten 24, 26, 28]

[Roh11] Martin Rohrmeier: *Towards a Generative Syntax of Tonal Harmony.* In Journal of Mathematics and Music, Band 5(1), Seiten 35–53, 2011. [Seite 85]

[Rot92] Joseph Rothstein: *MIDI: A Comprehensive Introduction.* A-R Editions, Inc., Madison (Wisconsin), USA, 1992. [Seiten 7, 12]

[Sch85] Walter Andrew Schloss: *On the Automatic Transcription of Percussive Music: From Acoustic Signal to High-Level Analysis.* Doktorarbeit, Stanford University, 1985. [Seite 18]

[Sch98] Eric D. Scheirer: *Tempo and Beat Analysis of Acoustic Musical Signals.* In Journal Acoustic Society of America, Band 103(1), Seiten 588–601, 1998. [Seiten 37, 54, 56]

[Sep01] Jarno Seppänen: *Tatum Grid Analysis of Musical Signals.* In *Proc. IEEE Workshop on Applications of Signal Processing to Audio and Acoustics*, Seiten 131–134, New York, USA, 2001. [Seiten 54, 55]

[Sep06] Jarno Seppänen, Antti Eronen und Jarmo Hiipakka: *Joint Beat & Tatum Tracking from Music Signals.* In *ISMIR, 7th International Society for Music Information Retrieval Conference*, Seiten 23–28, Victoria, Kanada, 2006. [Seiten 55, 109]

[She09] Jialie Shen, John Shepherd, Bin Cui und Kian-Lee Tan: *A Novel Framework for Efficient Automated Singer Identification in Large Music Databases.* In ACM Transactions on Information Systems, Band 27(3), Seiten 18:1–18:31, 2009. [Seite 12]

[Sio11] George Sioros und Carlos Guedes: *Complexity Driven Recombination of MIDI Loops.* In *ISMIR, 12th International Society for Music Information Retrieval Conference*, Seiten 381–386, Miami (Florida), USA, 2011. [Seite 86]

[Sor08] Mohamed Sordo, Oscar Celma, Martin Blech und Enric Guaus: *The Quest for Musical Genres: Do the Experts and the Wisdom of Crowds Agree?* In *ISMIR, 9th International Society for Music Information Retrieval Conference*, Seiten 255–260, Philadelphia, USA, 2008. [Seite 9]

[Spo07] Sonic Spot: *MIDI File Format.* `http://www.sonicspot.com/guide/midifiles.html`, 2007. [Online; abgerufen 02. August 2013]. [Seite 8]

[SS09] Sajad Shirali-Shahreza, Hassan Abolhassani und M.Hassan Shirali-Shahreza: *Fast and Scalable System for Automatic Artist Identification.* In IEEE Transactions on Consumer Electronics, Band 55(3), Seiten 1731–1737, 2009. [Seite 12]

[Sto07] Dan Stowell und Mark D. Plumbley: *Adaptive Whitening for Improved Real-Time Audio Onset Detection.* In *ICMC, Proceedings International Computer Music Conference*, Band 18, 2007. [Seiten 26, 28, 34, 39, 42]

[Sto11] Sebastian Stober und Andreas Nürnberger: *MusicGalaxy: A Multi-focus Zoomable Interface for Multi-facet Exploration of Music Collections.* In Sølvi Ystad, Mitsuko Aramaki, Richard Kronland-Martinet und Kristoffer Jensen (Herausgeber): *Exploring Music Contents*, Band 6684 der Reihe *Lecture Notes in Computer Science*, Seiten 273–302. Springer Berlin Heidelberg, 2011. [Seite 14]

[Stu12] Bob L Sturm: *A Survey of Evaluation in Music Genre Recognition.* In *Proceedings Adaptive Multimedia Retrieval*, Kopenhagen, Dänemark, 2012. [Seite 12]

[Tan05] Koen Tanghe, Micheline Lesaffre, Sven Degroeve, Marc Leman, Bernard De Baets und Jean-Pierre Martens: *Collecting Ground Truth Annotations for Drum Detection in Polyphonic Music.* In *ISMIR, 6th International Society for Music Information Retrieval Conference*, Seiten 50–57, London, UK, 2005. [Seite 86]

[tap14] tape.tv: *Video Meassage in a Bottle.* `http://www.tape.tv/musikvideos/The-Police/Message-In-A-Bottle`, 2014. [Online; abgerufen 18. März 2014]. [Seite 4]

[Tho14] Thomann: *Bild Schlagzeug.* `http://www.thomann.de/de/millenium_mx218bx_combo_set_schwarz.htm`, 2014. [Online; abgerufen 23.03.2013]. [Seite 76]

[Tou04] Godfried Toussaint: *A Comparison of Rhythmic Similarity Measures.* In *ISMIR, 5th International Society for Music Information Retrieval Conference*, Barcelona, Spanien, 2004. [Seite 13]

[Tsc12] Constanze Tschöpe und Matthias Wolff: *Zur Formulierung von Hidden-Markov-Modellen als endliche Transduktoren.* In Matthias Wolff (Herausgeber): *ESSV, Elektronische Sprachsignalverarbeitung. Tagungsband der 23. Konferenz, Cottbus, 29.-31.8.*, Band 64 der Reihe *Studientexte zur Sprachkommunikation*, Seiten 120–128, Cottbus, Deutschland, 2012. TUDPress. [Seite 94]

[Tsu09] Emiru Tsunoo, Nobutaka Ono und Shigeki Sagayama: *Rhythm Map: Extraction of Unit Rhythmic Patterns and Analysis of Rhythmic Structure from Music Acoustic Signals.* In *ICASSP, Proceedings IEEE International Conference on Acoustics, Speech, and Signal Processing*, Seiten 185–188, Taipei, Taiwan, 2009. [Seite 85]

[Tur08] Douglas Turnbull, Luke Barrington, David Torres und Gert Lanckriet: *Semantic Annotation and Retrieval of Music and Sound Effects.* In IEEE Transactions on Audio, Speech and Language Processing, Band 16(2), Seiten 467–476, 2008. [Seite 12]

[Typ05] Rainer Typke, Frans Wiering und Remco C. Veltkamp: *A Survey Of Music Information Retrieval Systems.* In *ISMIR, 6th International Society for Music Information Retrieval Conference*, Seiten 153–160, London, UK, 2005. [Seite 4]

[Tza02] George Tzanetakis und Perry Cook: *Musical Genre Classification of Audio Signals.* In *IEEE Transactions on Speech and Audio Processing*, Band 10, Seiten 293–302, 2002. [Seiten 12, 54, 57, 58]

[Uhl03a] Christian Uhle, Christian Dittmar und Thomas Sporer: *Extraction of Drum Tracks from Polyphonic Music Using Independent Subspace Analysis.* In *ICA, Proceedings of 4th International Symposium on Independent Component Analysis and Blind Signal Separation*, Seiten 843–847, Nara, Japan, 2003. [Seite 82]

[Uhl03b] Cristian Uhle und Juergen Herre: *Estimation of Tempo, Micro Time and Time Signature from Percussive Music.* In *DAFx-03, 6th Int. Conference on Digital Audio Effects*, London, UK, 2003. [Seiten 12, 54, 55, 56]

[Uhl05] Christian Uhle: *Automatisierte Extraktion rhythmischer Merkmale zur Anwendung in Music Information Retrieval-Systemen.* Doktorarbeit, Technische Universität Ilmenau, 2005. [Seiten 15, 56]

[Vol09] Jan Volín und Petr Pollák: *The Dynamic Dimension of the Global Speech-Rhythm Attributes.* In *Interspeech, 10th Annual Conference of the International Speech Communication Association*, Seiten 1543–1546, Brighton, UK, 2009. [Seiten 19, 51]

[Wag08] Petra Wagner: *The Rhythm of Language and Speech: Constraining Factors, Models, Metrics and Applications*, 2008. Habilitationsschrift Rheinischen Friedrich-Wilhelms-Universität Bonn, 290 Seiten. [Seiten 19, 51, 73]

[Wan03] Avery Li-Chun Wang: *An Industrial-Strength Audio Search Algorithm.* In *ISMIR, 4th International Society for Music Information Retrieval Conference*, Seiten 7–13, Baltimore (Maryland), USA, 2003. [Seiten 2, 14]

[Wer04] Steffen Werner, Matthias Eichner, Matthias Wolff und Rüdiger Hoffmann: *Toward Spontanuos Speech Synthesis - Utilizing Language Model Information in TTS.* In IEEE Transactions on Speech and Audio Processing, Band 12(4), Seiten 436–445, 2004. [Seite 20]

[Whi13] Brian Whitman: *How music recommendation works – and doesn't work.* `http://notes.variogr.am/post/37675885491/how-music-recommendation-works-and-doesnt-work`, 2013. [Online; abgerufen 16. Aug. 2013]. [Seite 14]

[Wit99] Marc Wittmann: *Time Perception and Temporal Processing Levels of the Brain.* In Chronobiology International, Band 16(1), Seiten 17–32, 1999. [Seite 15]

[Wol10] Jacek Wolkowicz und Vlado Kesel: *Predicting Development of Research in Music Based on Parallel with Natural Language Processing.* In *ISMIR, 11th International Society for Music Information Retrieval Conference*, Seiten 665–667, Utrecht, Niederlande, 2010. [Seite 19]

[Wol11] Matthias Wolff: *Akustische Mustererkennung*, Band 57 der Reihe *Studientexte zur Sprachkommunikation.* TUDPress, 2011. Habilitationsschrift. [Seiten 45, 79, 80, 81]

[Wol14] Matthias Wolff: *UASR Repository.* `https://github.com/matthias-wolff`, 2014. [Online; abgerufen 18. März 2014]. [Seite 77]

[Yü11] Ali Çagatay Yüksel, Melih Karci Karci und A. Sima Uyar: *Automatic Music Generation Using Evolutionary Algorithms and Neural Networks.* Seiten 354–358, 2011. [Seite 12]

[Yes76] Mauri Yeston: *The Stratification of Musical Rhythm.* Yale University Press, 1976. [Seite 15]

[Yos05] Kazuyoshi Yoshii, Masataka Goto und Hiroshi G. Okuno: *INTER:D: a Drum Sound Equalizer for Controlling Volume and Timbre of Drums.* In

EWIMT, 2nd European Workshop on the Integration of Knowledge, Semantics and Digital Media Technology, Seiten 205–212, 2005. [Seite 75]

[Yos06] Kazuyoshi Yoshii, Masataka Goto, Kazunori Komatani, Tetsuya Ogata und Hiroshi G. Okuno: *An Error Correction Framework Based on Drum Pattern Periodicity for Improving Drum Sound Detection.* In *ICASSP, Proceedings IEEE International Conference on Acoustics, Speech, and Signal Processing*, Band 5, Seiten 237–240, Toulouse, Frankreich, 2006. [Seite 85]

[Yos07] Kazuyoshi Yoshii, Masataka Goto und Hiroshi G. Okuno: *Drum Sound Recognition for Polyphonic Audio Signals by Adaptation and Matching of Spectrogram Templates With Harmonic Structure Suppression.* In Audio, Speech, and Language Processing, IEEE Transactions on, Band 15(1), Seiten 333–345, 2007. [Seite 82]

[Zap12] Jose R. Zapata und Emilia Gómez: *Comparative Evaluation and Combination of Audio Tempo Estimation Approaches.* In *AES, 42nd International Conference*, Ilmenau, Deutschland, 2012. [Seiten 12, 54]

[Zer93] Jan Zera und David M. Green: *Detecting Temporal Onset and Offset Asynchrony in Multicomponent Complexes.* In The Journal of the Acoustical Society of America, Band 93(2), Seiten 1038–1052, 1993. [Seite 16]

[Zho07] Ruohua Zhou und Josua D. Reiss: *Music Onset Detection Combining Energy-Based and Pitch-Based Approaches.* In *MIREX, 3rd Music Information Retrieval Evaluation eXchange*, Seite 2, 2007. [Seite 28]

[Zil02] Aymeric Zils, Francois Pachet, Olivier Delerue und Fabien Gouyon: *Automatic Extraction of Drum Tracks from Polyphonic Music Signals.* In *Proceedings 2nd International Conference on Web Delivering of Music*, Seiten 179–183, Darmstadt, Deutschland, 2002. [Seite 82]

[Zwi82] Eberhard Zwicker: *Psychoakustik.* Berlin Heidelberg New York: Springer Verlag, 1982. [Seite 16]

Studientexte zur Sprachkommunikation

ISSN 0940-6832

Herausgegeben von Rüdiger Hoffmann

Band 75: **Dirk Höpfner: Phonsegmentierte, nichtlineare Zeitskalierung von Sprache.** ISBN: 978-3-944331-93-5. 39,80 EUR

Band 74: **Felix Claus: Beiträge zur automatischen Erkennung von Kindersprache.** ISBN: 978-3-944331-60-7. 39,80 EUR

Band 73: **Frank Duckhorn: Suchraumoptimierung mit gewichteten endlichen Automaten in der akustischen Mustererkennung.** ISBN: 978-3-944331-64-5. 39,80 EUR

Band 72: **Sebastian Päßler: Analyse des menschlichen Ernährungsverhaltens mit Hilfe von Kaugeräuschen.** ISBN: 978-3-944331-54-6. 39,80 EUR

Band 71: Rüdiger Hoffmann (Hg.): **ESSV 2014.** Tagungsband der 25. Konferenz Dresden, 26. – 28. März 2014. ISBN: 978-3-944331-51-5. 39,80 EUR

Band 70: **Martin Krause: Entwurf eines vollimplantierbaren Sensor-Aktor-Wandlerbausteins für die apparative Hörrehabilitation.** ISBN: 978-3-944331-31-7. 39,80 EUR

Band 69: **Hussein Hussein: Prosodic Analysis and Synthesis – Application in Computer-Assisted Language Learning.** ISBN: 978-3-944331-37-9. 39,80 EUR

Band 68: Dieter Mehnert, Ulrich Kordon und Matthias Wolff (Hg.): **Systemtheorie Signalverarbeitung Sprachtechnologie.** Rüdiger Hoffmann zum 65. Geburtstag. ISBN: 978-3-944331-19-5. 39,80 EUR

Band 67: **Hongwei Ding: An Acoustic-phonetic Analysis of Chinese in Comparison with German in Text-to-Speech Systems and Foreign Language Speech Learning.** ISBN: 978-3-944331-23-2. 39,80 EUR

Band 66: **Yitagessu B. Gebremedhin: Speech Recognition-Synthesis System for Amharic.** ISBN: 978-3-944331-14-0. 39,80 EUR

Band 65: Petra Wagner (Hg.): **ESSV 2013.** Tagungsband der 24. Konferenz Bielefeld, 26. – 28. März 2013. ISBN: 978-3-944331-03-4. 49,80 EUR

Ältere Bände siehe www.tudpress.de

TUD*press*
Verlag der Wissenschaften GmbH
Bergstr. 70 | D-01069 Dresden

Tel.: +49 (351) 47 96 97 20
Fax: +49 (351) 47 96 08 19
mail@tudpress.de